Publicado en Estados Unidos por Music Works International.
www.musicworksinternational.com
www.anyonecanbookagig.com

El colofón Anyone Can Book A Gig se ha registrado como marca.

ISBN 979-8-9860257-3-5 libro de texto en tapa dura
ISBN 979-8-9860257-2-8 libro de texto en rústica

Diseño por Nathan Shumaker / nathanshumaker.com

10 9 8 7 6 5 4 3 2 1

Primera Edición

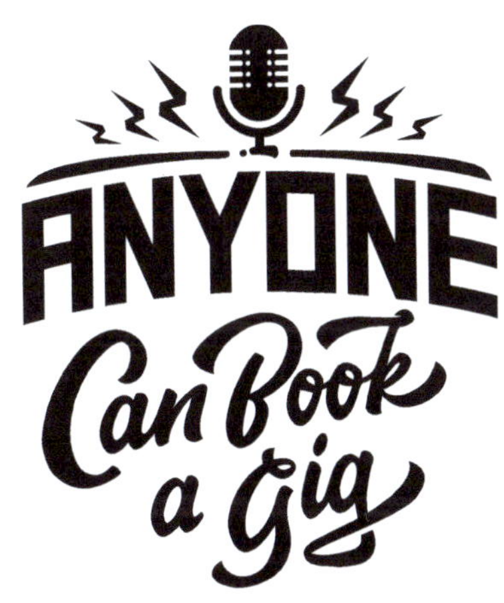

GUÍA DEL ARTISTA PARA UNA GIRA EXITOSA

Primera Edición

Katherine McVicker

Una publicación de Music Works International

BOSTON, FERRARA, CIUDAD DE MÉXICO

CLUB

Materiales esenciales para artistas

Los compradores de este libro de texto nuevo recibirán códigos de acceso de un solo uso que les permitirán acceder a todos los materiales incluidos en la versión actual de **Materiales esenciales para artistas** a través de **anyonecanbookagig.com**

Si no has recibido tu código en el momento de completar el envío, envía un correo electrónico a **libro@anyonecanbookagig.com** con tu: 1) Nombre, 2) País, 3) Lugar de compra, y 4) Foto de tu recibo - mostrando claramente el precio de compra y el minorista.

Una vez comprobado y aprobado el envío, te enviaremos tu código y las instrucciones para acceder a los materiales.

Los estudiantes que hayan comprado el libro de segunda mano pueden adquirir el kit de Materiales esenciales para artistas con un 50% de descuento utilizando el código «LibroUsado50» durante el proceso de compra en el sitio web **anyonecanbookagig.com**

- Hoja de enlaces del libro de texto Anyone Can Book a Gig
- Hoja de trabajo 1.1 - Autoevaluación [.docx]
- Hoja de trabajo 1.2 - Crea tu biografía [.docx]
- Ejemplo 1.1 - Biografía del artista (Corta) [.pdf]
- Ejemplo 1.2 - Biografía del artista (Larga) [.pdf]
- Ejemplo 1.3 - Breve descripción del proyecto [.pdf]
- Ejemplo de EPK de Vijay Iyer Trío - Break Stuff [Link de Youtube]
- Ejemplo: Imágenes de publicidad del sexteto de Vijay Iyer [.jpg]
- BIO - Antonio Sánchez [.pdf]
- Búsqueda de Google sobre ejemplos de pósters de gira [link]
- Flyer de ejemplo de Monty Alexander The Apex Flyer [.pdf]
- Ejemplos de materiales para redes sociales de Nduduzo Makhathini [.mp4 y .jpg]
- Hoja de trabajo 2.1 - Lista de material promocional [.pdf]
- Ejemplo 2.1 - Folder de material promocional (JSFM Duo) [.docx, .png, .pdf]
- Video: ¿Cómo subir un archivo a Google Drive? [Link de YouTube]
- Video Lección 2.2 - Cómo almacenar, organizar y compartir material promocional [integrado en la los Materiales esenciales para artistas]
- Plantilla 2.1 - Hoja de material promocional de la gira [.docx]
- Plantilla 3.1 - Historial de giras [.xlsx]
- Video Lección 3.2 - Tutorial de la Plantilla del Historial de giras [integrado en la los Materiales esenciales para artistas]
- Hoja guía 3.1 - Historial de gira [.pdf]
- Hoja de trabajo 3.1 - Lista de artistas similares [.pdf]
- Video Lección 3.3 - Cómo hablar con los promotores [integrado en la los Materiales esenciales para artistas]
- Ejemplo 3.1 - Solicitudes [.pdf]

- Sitios de streaming (Multi-territoriales [con tableros de análisis para artistas], Híbrido [territorio único y con tablero para artistas], Territorio específico [centrado en un solo territorio y carece de tablero]).
- Hoja de trabajo 3.2 - Glosario de la industria musical [.pdf]
- Ejemplo 4.1 - Hoja de oferta [.pdf]
- Ejemplo 4.2 - Presupuesto del show [.xlsx]
- Video Lección 4.2 - Tutorial de cómo negociar el riesgo [integrado en la los Materiales esenciales para artistas]
- Plantilla 4.1 - Presupuesto de la gira[.xlsx]
- Video lección 4.3 - Tutorial del presupuesto de la gira [integrado en la los Materiales esenciales para artistas]
- Video lección 4.4 - Crear un calendario de la gira [integrado en la los Materiales esenciales para artistas]
- Paquete de hojas de trabajo 5.1 - Crea la portada de tu contrato[.pdf]
- Plantilla 5.1 - Portada del contrato [.docx]
- Paquete de hojas de trabajo 5.1 - Crea la portada de tu contrato [.pdf]
- Paquete de hojas de trabajo 5.2 - Crea tu propio rider: Parte Uno [.pdf]
- Plantilla 5.2 - Rider del contrato (simple) [.docx]
- Plantilla 5.3 - Rider del contrato (largo) [.docx]
- Ejemplo 5.1 - Cláusulas adicionales [.docx]
- Paquete de hojas de trabajo 5.3 - Crea tu propio rider: Parte Dos [.pdf]
- Paquete de hojas de trabajo 5.4 - Documentos contractuales diversos [.pdf]
- Plantilla 5.4 - Hoja informativa [.docx]
- Plantilla 5.5 - Acuerdo de difusión [.docx]
- Plantilla 5.6 - Factura [.docx]
- Video Lección 5.2 - Negociar contratos [integrado en la los Materiales esenciales para artistas]
- Ejemplo 5.2 - Riders (Marcados) [.pdf]
- Sitios web de publicistas [links]
- Hoja de trabajo 6.1 - Crea tu propia marca personal [.docx]
- Ejemplos: Anuncios de Monty Alexander (video de anuncio de Apex 1 y video de anuncio Apex 2) [.mp4]
- Ejemplo: Barrence Whitfield - Newbury Comics - Video promocional de preventa [.mp4]
- Ejemplo: Barrence Whitfield and the Savages You Need To Know This - Booklet promocional [.pdf]
- Hoja de trabajo 6.2 - Escribir un comunicado de prensa [.docx]
- Plantilla 6.1 - Comunicado de prensa [.docx]
- Ejemplo 6.1 - Comunicado de prensa [.pdf]
- Plantilla 6.2 - Base de datos de contactos de prensa
- Plantilla 6.3 - Seguimiento del conteo de boletos

NOTA: La versión en línea actual de ***Materiales esenciales para artistas*** *disponible a través de Anyone Can Book A Gig se ajusta al curso tal y como existe en línea en la actualidad. Dependiendo de las futuras revisiones del curso, el kit de herramientas puede o no incluir todos los materiales mencionados anteriormente.*

Las descargas consistirán probablemente en MÁS materiales y hojas de trabajo recién actualizadas, según lo consideren oportuno los desarrolladores del curso.

Equipo de desarrollo del libro de Music Works International

Katherine McVicker Autora, Directora de MWI

Alice Feldman Desarrollo del libro, Redacción, Edición, Marketing y Desarrollo
Deidra Levasseur Redacción, Producción del curso en línea, Tecnología en línea, Creación de plantillas
David Greenberg Redacción, Producción del libro, Marketing y Desarrollo
Kailey Zercher Edición
Luigi Sidero Inspiración, Conocimientos técnicos, Chef Musical
Éamon Laughlin Producción adicional, Diseño, Edición, Marketing
Pablo Solis Versión en español, Marketing de Latinoamérica
Matt De Léon Versión en español, Marketing de Latinoamérica y Norteamérica
Majo Amieva Versión en español, Marketing de Latinoamérica y Traducción al español
Rachel Klein Edición

Colaboradores

Svetlana Shmulyian Profesora Asociada Adjunta en Columbia University Teachers College / Redacción, Consultoría de Marketing y Promoción, SvetlanaJazz.com
Emily O'Neil Edición, Creación de plantillas, Producción del curso en línea
Julia Hoffman Edición, Redacción
Meesh Fradkin Edición, Redacción, Investigación
Madison Vespa Williams Producción del libro de texto
Meghan McCarney Producción adicional
Ámbar Geerts Traducción al español
Juan Manjarrez Edición de diseño del libro en español
Nathan Shumaker Diseño gráfico, Dirección y diseño de arte del libro de texto, nathanshumaker.com

Ayuda de Producción y Prueba Beta

Randy Harrison Profesor Adjunto Senior en Emerson College, Consultor de marketing y negociación
Mike Casey Redacción, Consultoría de streaming musical, MikeCaseyJazz.com
Javon Jackson Director de Jackie McLean Institute of Jazz at The Hartt School, University of Hartford, Desarrollo del curso y consultoría educativa
Shaun Flynn Estudiante de Hartt School of Music, University of Hartford, Consultoría de desarrollo del curso
Alec Hutson, Zachary McVicker, Joel Smith, Delbert Anderson Asistencia del desarrollo del curso

BIENVENIDO A ANYONE CAN BOOK A GIG

Este libro desarrollado en seis pasos está hecho para enseñarte a cómo bookearte a tí mismo y desarrollar tu carrera a través de presentaciones en vivo. En las primeras secciones haremos un recorrido por diferentes estrategias y te ayudaremos a reunir las herramientas que necesitas a la hora de crear tu propia imagen. Enseguida aprenderás los fundamentos de cómo investigar, hablar con los promotores y negociar honorarios. En la última sección te explicamos lo que necesitas saber para promocionar tus shows y desarrollar tu audiencia.

Desde el primer contacto con un espacio de presentación hasta la planificación estratégica de la gira y la promoción de los shows, te damos las herramientas necesarias para lograr vender tus propios conciertos y alcanzar tus objetivos. Te mostramos cómo TÚ puedes lanzar y dirigir tu carrera tocando en vivo, desde la perspectiva de un agente de booking con 30 años de experiencia.

¿Qué obtendrás con este curso?

Un punto de partida - Utiliza nuestra guía de evaluación para entender dónde te encuentras en tu carrera profesional. Crea una **Biografía de artista**, tu primer recurso para que tu audiencia conozca tus logros, habilidades y lo que te hace único como artista.

Materiales e información - Organiza las herramientas que necesitas para promocionarte. Te decimos cuáles y cómo son los **recursos artísticos imprescindibles** (fotos, paquetes de prensa electrónicos (EPK), material audiovisual y musical). Aprende a tener un **portafolio** siempre disponible para enviarlo rápidamente. También te ayudamos a entender los fundamentos de las plataformas de *streaming* y las redes sociales.

Investigación y desarrollo de tu carrera - Incluimos **hojas de trabajo y plantillas** para ayudarte a crear y mantener un historial de giras, saber quién es tu competencia y encontrar nuevos lugares para tocar. Te proporcionamos información sobre cómo debes solicitar para que te programen.

Información y consejos clave para las giras - Te brindamos un glosario de los términos que se utilizan en la industria de la música en vivo, te damos **herramientas para estimar costos,** y te ayudamos a entender las propuestas y los presupuestos de los eventos para que puedas negociar con confianza. Te explicamos y te proporcionamos ejemplos sencillos de **contratos y riders**, así como **plantillas** para que puedas crear los tuyos.

Marketing y promoción -Te guiamos a través de técnicas especializadas para comercializar tu música. Aprende a **promover shows**, a escribir y publicar un **comunicado de prensa**, a crear una **base de datos de contactos de la industria** y a realizar una **campaña de marketing**. Ahora que has realizado este trabajo de bookear tus shows, tienes que asegurarte de que triunfes y tengas un buen evento. Los conciertos exitosos te llevarán a más conciertos exitosos, los cuales te ayudarán a impulsarte como un artista en vivo.

Es tu negocio, es tu carrera –y no necesitas ser un genio.

Tu carrera musical es **tu trabajo**. Ningún hermano, hermana, padre, madre, amigo, amiga, socio, socia o representante va a invertir más en tu carrera musical que TÚ. Si quieres ganarte la vida como músico, la música es un trabajo –y tu carrera es tu negocio. Este libro desmitifica el negocio de la música en vivo y te dirige hacia el camino del éxito.

En resumen: Para lograrlo, tienes que aprender a tratar tu carrera musical como tu propio negocio. Cualquier negocio requiere formación, materiales, investigación para entender y dirigirse a sus clientes, un plan de negocio detallado y una estimación del riesgo. En la industria musical, tu formación son todos los años que pasas aprendiendo tu oficio. Los materiales son lo que necesitas para lanzar tu carrera (materiales de marketing y promoción). La investigación es la forma de averiguar dónde tocar, a quién le gusta tu música y cómo llegar a tus fans. Un plan de negocio te ayuda a fijarte objetivos y a elaborar una estrategia para alcanzarlos. Entender el riesgo te ayuda a establecer el precio de tu proyecto y a evaluarte, a saber cuándo invertir en la contratación de profesionales y cómo trabajar mejor con los promotores. Te ayudamos a determinar objetivos realizables, procesables y alcanzables.

¿CÓMO PASAMOS DE REPRESENTAR A ARTISTAS INTERNACIONALES A AYUDAR A ARTISTAS COMO TÚ?

Music Works International es una agencia de talentos y una empresa creativa innovadora. En nuestro trabajo como agencia, utilizamos nuestra profunda visión, experiencia y conocimientos para desarrollar las carreras de una lista excepcional de músicos y grupos que abarcan el jazz, la world music y el R&B. Nuestro catálogo incluye músicos aclamados por la crítica como **Branford Marsalis, Christian McBride, Dianne Reeves, Joshua Redman, Richard Bona y Samara Joy.** Visita nuestra página web [www.musicworksinternational.com] para conocer nuestro trabajo.

Utilizamos nuestra experiencia para ampliar la imagen de nuestros talentosos artistas en todas las plataformas sociales e impulsar sus carreras formando audiencias y creando nuevas oportunidades de conciertos en vivo. Además de nuestro historial de exitosas asociaciones y colaboraciones y nuestro gran conocimiento de la industria de las giras internacionales nos proporciona una comprensión única para hacer progresar las carreras artísticas en la industria musical de hoy.

Ahora ofrecemos esta experiencia - acumulada durante años - a artistas de todo el mundo. Tanto si eres estudiante de música, recién obtuviste tu título y comienzas tu carrera profesional o eres un artista emergente que quiere averiguar cómo avanzar y alcanzar sus objetivos, este libro te dará los fundamentos que necesitas para tener éxito como músico profesional.

Las carreras de los músicos de antes

Hasta hace poco, las trayectorias profesionales de los músicos procedían casi exclusivamente de la industria discográfica. Las compañías discográficas controlaban el contenido, la producción, eran propietarias de las ediciones, gestionaban la distribución de los productos físicos, el marketing, la publicidad, los catálogos e incluso proporcionaban apoyo para las giras.

Las carreras de los músicos de ahora

El auge de la web, las redes sociales y el streaming han cambiado radicalmente este modelo. Los artistas disponen ahora de infinitas e instantáneas formas para lograr que su música se escuche en todo el mundo.

Muchos de los servicios y el apoyo que ofrecía el modelo paternalista de la industria discográfica son ahora proporcionados por agencias independientes. Los artistas pueden publicar su propia música mediante la distribución digital, contratar a especialistas en redes sociales y webmasters para crear contenido en línea, organizar recaudaciones para obtener dinero para girar o solicitar becas/apoyos. Y lo que es más importante, **los artistas pueden ser sus propios bookers**.

La nueva realidad de la industria musical, con la flexibilidad y la libertad del control creativo, también obliga a los artistas a asumir más responsabilidad para impulsar sus propias carreras. El programa de Music Works International se centra en ayudarles a dar los pasos necesarios para poner en marcha su carrera profesional.

¿POR QUÉ CREÉ ESTE LIBRO?

NOTA DE LA AUTORA

Cuando emprendí el camino para convertirme en músico profesional tenía 25 años y acababa de graduarme de la Universidad de Massachusetts con una Licenciatura en Sociología. Mis experiencias con la música, tocando el piano y cantando en la escuela y la universidad me motivaron a continuar mi formación en el Berklee College of Music. Establecí un plan a cinco años para ver si podía destacar y mantenerme como músico.

Durante el tiempo que pasé en Berklee como estudiante y más adelante como empleada, me dediqué apasionadamente a desarrollar mi talento musical y a aprender lo más posible en cómo convertirme en la líder de mi grupo y cómo ganar dinero como músico profesional.

Para alcanzar estos objetivos tuve que someterme a un proceso de descubrimiento, como lo han hecho tantos músicos y artistas antes y después de mí.

- Descubrí qué estilos de música se ajustaban mejor a mi talento e interés.
- Aprendí a elegir un repertorio y a crear una biblioteca musical, a formar un grupo y a conseguir un equipo confiable.
- Desarrollé material de marketing: fotografías del grupo, contenido, grabaciones y videos.
- Investigué dónde podía conseguir contratos para mis proyectos en la zona de Boston/Nueva Inglaterra (donde vivía).
- Aprendí cuáles eran las audiencias y los mercados que me permitirían alcanzar mis objetivos financieros.
- Desarrollé relaciones con los propietarios de clubes, hoteles y otras personas que apoyarían nuestros shows.

Mi mercado meta eran eventos corporativos y sociales en hoteles y *venues* de alta categoría en Boston. Durante más de una docena de años, mi banda fue una de las más solicitadas de Boston, recomendada en el Four Seasons, el Ritz Carlton y para eventos en lugares de primera clase, como mansiones en Newport. No solo logré mi objetivo de 5 años de mantenerme tocando música, sino que conseguí una verdadera estabilidad financiera tocando la música que me gustaba. También aprendí los secretos del negocio de la música, lo que me permitió transitar hacia la industria musical profesional como una agente de artistas de fama internacional.

En la actualidad, nuestra empresa **Music Works International**, creada en 2014, programa más de 500 espectáculos al año en todo el mundo. Trabajamos con todo tipo de organizaciones y sitios, desde clubes, teatros y festivales hasta escuelas de música y organizaciones sin fines de lucro. Tenemos actualmente un catálogo de más de 30 de los mejores artistas de jazz, americana y world music. El alcance y la diversidad de lo que hago han cambiado drásticamente desde que comencé mi carrera hace tantos años, pero los fundamentos siguen siendo los mismos: **conocer tu música o la música de tu artista, conocer tu mercado, hacer un plan, crear relaciones, hacer tratos justos y promocionarte**.

Diseñamos este libro para los músicos que quieren avanzar en su carrera artística pero no saben cómo funciona el proceso de contratación o por dónde empezar. No pretende ser un programa exhaustivo sobre lo que hoy se ha convertido en una industria muy compleja. Más bien, la información y las herramientas de este libro buscan promover un alto nivel de comprensión de cómo desarrollar una carrera dando conciertos en vivo y darte la confianza necesaria para empezar. Espero que este libro sea el primer paso en tu viaje para encontrar tu propia definición de éxito y prosperidad en el ámbito de la música.

Katherine McVicker, Boston, MA EE. UU., julio de 2021.

REVISA LOS MATERIALES ESENCIALES PARA ARTISTAS

Temario del libro

El programa del libro repasa los objetivos de **Anyone Can Book a Gig** y te ofrece un desglose detallado de las tareas y las partes prácticas. Te sugerimos que consultes este índice con frecuencia a medida que vayas avanzando.

Este libro se divide en seis módulos:

Paso Uno: Comenzar

Paso Dos: Crear tu negocio

Paso Tres: Investigar y desarrollar

Paso Cuatro: Negociar acuerdos

Paso Cinco: Contratos y riders

Paso Seis: Marketing y Promoción

Si puedes, te recomendamos completar una sección por semana para tener la experiencia de completar el libro en **6 semanas**. Al principio de cada módulo hay una **lista de tareas** que enumera todas las lecturas y ejercicios de esa semana para que te asegures de que no hayas omitido nada. El tiempo promedio para completar cada capítulo es de **entre 3 y 7 horas**. Dependiendo de la etapa en la que te encuentres en tu carrera, algunas hojas de trabajo y tareas pueden requerir más tiempo que otras.

Si quieres, puedes proceder por orden desde el principio hasta el final, o puedes ir directamente a las partes en las que necesites centrarte más. Este libro está dirigido a artistas de todos los niveles de experiencia, así que si ya tienes todo lo que necesitas de los Pasos Uno y Dos, puedes saltar directamente al Paso Tres y empezar a Investigar y Desarrollar para elaborar tu plan estratégico.

Las siguientes herramientas aparecerán a lo largo del curso:

- Hoja de trabajo
- Ejemplo
- Plantilla
- Mini curso en PDF
- Video Lección

Estos documentos fueron creados para ayudarte a comprender e integrar el material del libro. **Las hojas de trabajo y las plantillas** son archivos PDF, Word y Excel que te permiten practicar la teoría del libro. Los artistas de alto nivel a los que representamos utilizan las herramientas que te proporcionamos en este libro. De hecho, las actividades cotidianas en MWI implican referirse constantemente a estos materiales. Mantén estas hojas de trabajo actualizadas en tus **Materiales esenciales para artistas** y verás lo útiles que pueden ser. Los **ejemplos** vienen de nuestra amplia lista de clientes, y son para darte una idea de cómo podrían verse tus hojas de trabajo y tareas una vez completadas. Los **mini cursos** ofrecen información adicional importante sobre la sección que estás leyendo; fueron escritos por expertos en su campo y contienen conocimiento indispensable acerca del sector. Las **video lecciones** son material adicional que te guía y te conduce por el contenido del libro.

Por cada sitio web o link mencionado en el texto, habrá un numero anotado así: [enlace][1]. Que corresponde a nuestras páginas de enlace [Materiales esenciales para artistas], donde podrás hacer click en lugar teclearlo a mano.

Cuando veas esta señal, ¡detente! El libro está organizado en pasos o secciones para ayudarte a dominar los seis temas como bloques de información separados. Revisa lo que has aprendido en la sección que acabas de completar antes de seguir adelante.

Contacto:

Si tienes preguntas sobre el curso o deseas solicitar instrucciones adicionales o una consulta privada, escríbenos a ***course@musicworksinternational.com*** y uno de los miembros de nuestro equipo te responderá con más información.

BOSE

PASO UNO:

COMENZAR

¡Bienvenido al primer paso de Anyone Can Book a Gig!

Esta sección es corta en cuanto a lecturas y material, se trata de una introducción al curso y a tu carrera profesional. Este paso debería de ser rápido y fácil, porque todo se trata de TI. Aquí es donde tendrás que anotar, ya sea en tu computadora o en un cuaderno, toda la información sobre dónde te encuentras en tu carrera hasta el momento. ¿A dónde fuiste a la escuela? ¿Estudiaste con algún músico destacado? ¿Tienes alguna grabación? ¿Tienes algún premio? Se trata de lo que has hecho hasta hoy en día. Este ejercicio, incluye dos hojas de trabajo, que vendrán juntas para ayudarte a crear uno de los recursos más importantes y más útiles: **la biografía de artista**.

Paso Uno: Lista de tareas

Esta lista incluye todos los componentes del **Paso Uno: Comenzar** que tendrás que revisar y completar. Este paso, es una introducción al curso y es el comienzo de tu recorrido profesional. Ten en cuenta que tus respuestas al **Formulario de autoevaluación** y a la **Biografía de artista** pueden ser utilizadas en el futuro para discutir **los objetivos** de tu carrera con agentes, mánagers y otros profesionales de la industria.

- ❏ **Lecturas**
  - ❏ Materiales esenciales para artistas.
  - ❏ Introducción.
  - ❏ ¿Cómo pasamos de representar a artistas internacionales a ayudar a artistas como tú?
  - ❏ ¿Por qué creé este libro?: Nota de la autora.
  - ❏ Revisa los materiales esenciales para artistas.
  - ❏ Temario del curso.
  - ❏ Paso Uno: Comenzar.
- ❏ **Videos [Materiales esenciales para artistas]**
  - ❏ Video 1.1 - Introducción a Anyone Can Book a Gig.
  - ❏ Video 1.2 - Introducción al Paso Uno.
- ❏ **Ejemplos [Materiales esenciales para artistas]**
  - ❏ Ejemplo 1.1 - Biografía del artista (larga).
  - ❏ Ejemplo 1.2 - Biografía del artista (corta).
  - ❏ Ejemplo 1.3 - Breve descripción del proyecto.
- ❏ **Hojas de trabajo [Materiales esenciales para artistas]**
  - ❏ Hoja de trabajo 1.1 - Formulario de autoevaluación.
  - ❏ Hoja de trabajo 1.2 - Crea tu biografía de artista.

EVALÚA TU CARRERA PROFESIONAL

¿En qué punto de tu carrera musical te encuentras actualmente? Para averiguarlo, el primer paso es echar un vistazo crítico a la experiencia que tienes. Revisa tus logros y crea un currículum de conciertos para comprender en qué punto te encuentras en tu carrera para convertirte en músico profesional. La **Hoja de trabajo 1.1 - Formulario de autoevaluación**, que empieza en la página 22, te ayudará a organizar estos logros en un currículum.

El **Formulario de autoevaluación** te pedirá que respondas a preguntas sobre tu formación musical y tu experiencia. También te pedirá que te describas a ti mismo y a tu música de **varias maneras diferentes**. Tómate el tiempo que necesites para responder estas preguntas de forma crítica. En el siguiente paso, utilizarás tus respuestas para construir una **Biografía de artista** para ti y para tus proyectos de gira.

✎ **Hoja de trabajo 1.1 - Formulario de autoevaluación [Materiales esenciales para artistas]**
Completa el formulario de autoevaluación para entender dónde te encuentras en tu carrera artística.

Cuando hayas terminado el formulario de autoevaluación, pasa a la siguiente sección.

FORMULARIO DE AUTOEVALUACIÓN

El **Formulario de autoevaluación** es una herramienta fundamental para comprender en qué punto de tu carrera artística te encuentras y hacia dónde quieres ir. Utilizarás tus respuestas a estas preguntas en el siguiente paso para crear una **Biografía de artista** emocionante, breve y moderna.

Nota: Estas son preguntas que te harán con frecuencia diferentes profesionales de la música (agentes, mánagers, promotores) para entender en qué punto de tu carrera te encuentras. Es una buena idea tener tus respuestas listas.

Tiempo sugerido: una a dos horas; documento de Word disponible en los **Materiales esenciales para artistas.**

Introducción

¿Cuáles son tus nombres y apellidos? ¿Cuál es tu nombre artístico? ¿Son diferentes?

Si son diferentes, considera la posibilidad de escribir una breve explicación del nombre artístico: de dónde viene y por qué lo has elegido.

¿De dónde eres?

¿Cómo describes tu origen? ¿Incluyes tu herencia cultural?

¿Qué es importante destacar para que la gente que no te conoce pueda entender mejor tu música? Por ejemplo: "originario de Acapulco", "nacida y criada en Yucatán" o "inmigrante mexicano libanés de primera generación".

¿Cuál es el género y la instrumentación que tocas?

Por ejemplo: "cantautora", "pianista de jazz", "multinstrumentista neofolk".

¿Cuáles son los nombres de tus proyectos musicales?

Descríbete a ti mismo

¿Qué adjetivos utilizarías para describirte?

Por ejemplo: "único", "singular", etc.

¿Cómo te describirías como artista?

Por ejemplo: "artista improvisadora interdisciplinar"

¿Cómo describirías tu música?

¿En qué se inspira tu música?

¿Qué esperas transmitir con tu música?

¿Cuál es tu misión artística?

Por ejemplo: "inspirar a artistas emergentes de todas las edades para que sean receptivos a su público".

¿Tienes una reseña de prensa corta que hable de ti (o un testimonio) que te guste mucho?

Escribe aquí el nombre de la publicación (o de la persona) y la cita breve.

Experiencia en presentaciones

¿Dónde has tocado, en qué tipo de lugares o eventos?

¿Cuáles son los tres festivales más importantes en los que has tocado?

¿Cuáles son las salas de conciertos o espacios más importantes en los que has tocado?

Enumera los lugares y oportunidades de presentación más notables específicos de tu género/show en los que has tocado. Si has tenido alguna residencia, indica el nombre, el lugar y el año.

Enumera los colaboradores o los artistas importantes con quienes has tocado.

Formación musical

¿Cuándo empezaste a tocar? ¿Tomaste clases particulares?

¿Qué tipo de formación musical tienes?

¿Tienes una licenciatura en interpretación musical? Si es así, indica el grado y la universidad.

Logros importantes

¿Has participado o ganado alguna competencia importante?

Enumera aquí las competencias y los años en que competiste.

¿Has ganado algún premio?

Enuméralos aquí (nombre del premio y año).

Experiencia docente

¿Tienes alguna experiencia docente?

Explica qué has enseñado, durante cuántos años y a cuántos alumnos.

Grabaciones

¿Alguna vez has grabado música?

Si es así, ¿cuándo? ¿Qué discos tienes ya publicados? ¿En qué discos has colaborado?

¿Tienes experiencia en grabación en estudio, producción, mezcla y masterización?

Conocimiento de la industria/del negocio de la música

¿Tú mismo has bookeado los conciertos que has dado o lo ha hecho otra persona?

¿Alguna vez has creado o firmado un contrato para un concierto?

¿Tienes un contrato o *rider* establecido para tus conciertos?

¿Qué tipo de material promocional tienes actualmente para tu música?

¿Tienes una cuenta en YouTube? ¿Una página de Facebook? ¿Un perfil de streaming?
¿En qué estado se encuentran actualmente? ¿Sabes en qué áreas te gustaría mejorar tu presencia? ¿Tienes un paquete de prensa con fotos, videos, críticas y un EPK, biografía o discografía? ¿Qué tan recientes son tus materiales promocionales? ¿Qué necesita ser actualizado?

¿Entiendes el vocabulario de la industria -términos como ***backline***, ***soft ticket***, ***kills***?

¿Tienes contactos en la industria musical local?

¿Cuánto sabes de marketing y de la promoción de un show?

¿Hay áreas de la industria de la música que te gustaría conocer mejor?

¿Con qué equipo cuentas para ayudarte a alcanzar tus objetivos?

¿Tienes un mánager, agente, etc.?

"Un sueño es sólo un sueño. Un objetivo es un sueño con un plan y un plazo" **Napolean Hill**

OBJETIVOS Y PLAZOS

¿Qué es el "éxito" para ti? ¿Cuáles son tus objetivos (a corto y largo plazo)? Las respuestas a estas preguntas son esenciales para quienes estén en tu equipo puedan ayudarte. Cuanto más específico seas en tus objetivos, más progresos podrás identificar en tu camino.

Nota: Cuando respondas a estas preguntas, intenta pasar de una afirmación general como "Quiero ser famoso" a una afirmación específica como "Dentro de 5 años, quiero tocar en el Webster Hall con una Big Band frente a 2000 personas".

¿Cuál es tu definición personal de éxito para este proyecto y para ti?

¿Dónde quieres estar dentro de diez años?

¿Dónde quieres estar dentro de cinco años?

¿Dónde quieres estar dentro de tres años?

¿Dónde quieres estar dentro de un año?

¿Dónde quieres estar dentro de 30 días?

¿Dónde quieres estar dentro de 60 días?

¿Dónde quieres estar dentro de 90 días?

CREA TU BIOGRAFÍA DE ARTISTA

Ahora que has terminado el **Formulario de autoevaluación**, verás que puedes crear fácilmente una estupenda **Biografía de artista** utilizando la **Hoja de trabajo 1.2 - Crea tu biografía**.

La biografía: Debe hablar de tus influencias, de tu carrera como músico, de los premios o concursos que hayas ganado, de tu formación académica, de los proyectos con músicos destacados y de los momentos más destacados de tu carrera. Se recomienda (y es lo común) tener una biografía estándar que se utiliza la mayoría de las veces y se actualiza para espectáculos específicos (proyectos especiales) o cuando se lanzan nuevos álbumes.

También es importante tener una **Biografía larga**, una **Biografía corta** y una **Breve descripción del proyecto** con el que estarás de gira. La descripción del proyecto debe incluir el *lineup* del show y los nombres de los invitados especiales. A continuación encontrarás un ejemplo de cada uno de estos documentos. También, es útil tener citas de cualquier medio de comunicación, ¿reseñaron alguno de tus shows, o una grabación? Si es así, ¡incluye estas reseñas de los profesionales de la industria en tu biografía! Pero recuerda que la biografía debe contener lo más destacado y ser lo más compacta e informativa posible.

Hojas de trabajo y ejemplos: Abre las siguientes descargas y usa la hoja de trabajo para elaborar tu propia **Biografía de artista**. Hemos incluido algunos ejemplos y resúmenes de proyectos de giras para que tengas una idea de cómo puedes estructurar la tuya.

Hoja de trabajo 1.2 - Crea tu biografía [Materiales esenciales para artistas]
Usa la hoja de trabajo para crear tu propia biografía y la de tus proyectos de gira. Tus respuestas de la hoja de trabajo del formulario de autoevaluación te ayudarán a rellenar los espacios en blanco.

Ejemplo 1.1 - Biografía de artista (corta)
Un ejemplo de una breve biografía de artista de los materiales publicitarios de MWI para el pianista de jazz Emmet Cohen.

Ejemplo 1.2 - Biografía de artista (larga)
Un ejemplo de una biografía completa de artista de los materiales publicitarios de MWI para el pianista de jazz Emmet Cohen.

Ejemplo 1.3 - Breve descripción del proyecto
Un ejemplo de una breve descripción del proyecto de gira actual de los materiales publicitarios de MWI para el grupo ficticio JAZZSTARS.

Anyone Can Book a Gig
Paso uno: Comenzar

Ejemplo 1.1
Biografía de artista (larga)

EMMET COHEN

Biografía de artista (larga)

El polifacético pianista y compositor de jazz estadounidense Emmet Cohen se ha convertido en una de las figuras fundamentales de su generación en la música y las artes relacionadas. Reconocido como un prodigio, Cohen comenzó a recibir clases de piano con el método Suzuki a los tres años, y su forma de tocar se convirtió rápidamente en una fusión madura de musicalidad, técnica y concepto. Downbeat observó que su "toque ágil, su paso medido y su cálido vocabulario armónico indican que está por encima de cualquier espectáculo de virtuosidad enrevesada". En el mismo espíritu, el propio Cohen ha señalado que tocar jazz es "comunicar los niveles más profundos de humanidad e individualidad; se trata esencialmente de conexiones", tanto entre músicos como con el público. Dirige su conjunto homónimo, el "Emmet Cohen Trío"; es un vibrante solista y lo solicitan constantemente como músico de acompañamiento. Poseedor de una técnica fluida, una paleta tonal innovadora y un amplio repertorio, Cohen toca con la maestría de un veterano y la pasión de un artista plenamente dedicado a su medio.

Emmet Cohen está comprometido con la transferencia intergeneracional de conocimientos, historia y tradiciones artísticas. Su proyecto profesional más destacado es la "Masters Legacy Series", un conjunto de grabaciones y entrevistas en honor a las leyendas del jazz. Es productor y pianista de cada álbum de la serie. El objetivo de este proyecto histórico y actual es ofrecer a los músicos de varias generaciones un foro para transmitir el folclore no escrito que constituye el lenguaje musical único de Estados Unidos. Cohen ha observado que tocar jazz "se enriquece inconmensurablemente al conectar y estudiar con los maestros del jazz, retrocediendo hasta la creación misma de la forma artística". El volumen uno de la "Masters Legacy Series" presenta al baterista Jimmy Cobb, mientras que en el volumen dos destaca el bajista Ron Carter. Los futuros lanzamientos de la "Masters Legacy Series" incluirán las grabaciones de Cohen con Benny Golson, Tootie Heath y George Coleman.

Además, Emmet Cohen ha alcanzado una posición en el mundo de las artes creativas que va más allá de la interpretación. Ofrece clínicas a nivel

Ejemplo 1.2 - Biografía de artista (larga)

internacional a través de programas como el "Jazz for Young People" del Lincoln Center; sin embargo, su papel como maestro alcanza a estudiantes de todas las edades. Como antiguo alumno de la Fundación Young Arts, Cohen dirige ahora programas multidisciplinares de Young Arts a nivel nacional que incluyen escritura creativa, teatro, danza, artes visuales, cinematografía, música, voz y jazz. Mediante el diseño de planes de estudio y la selección de artistas como profesores y mentores, Cohen crea una atmósfera en la que los y las estudiantes aprenden a responder a su público. Cohen también ha desarrollado programas interdisciplinarios dirigidos por los coreógrafos Debbie Allen y Bill T. Jones.

El exigente arte del teclado de Emmet Cohen ha cosechado numerosos elogios de la comunidad internacional del jazz. Quedó en primer lugar tanto en el concurso American Jazz Pianists (2014) como en el Phillips Piano Competition de la University of West Florida (2011). Fue finalista en el prestigioso American Pianists Association's Cole Porter Fellowship (2015, 2011) y en el Thelonious Monk International Piano Competition (2011). Cohen ha tocado en eventos de jazz de renombre mundial, como los festivales de jazz de Newport, Monterey, North Sea, Berna, Edimburgo, Detroit y Jerusalén, así como en el New Orleans Jazz and Heritage Festival y en los Juegos Olímpicos de Invierno de 2014 en Sochi, Rusia. También se ha presentado en el Village Vanguard, Blue Note, Dizzy's Club Coca-Cola, Birdland, Jazz Standard, Ronnie Scott's de Londres, Jazzhaus Montmartre de Copenhague, Rose Hall del Lincoln Center, Cotton Club de Tokio y en el Kennedy Center, y fue recibido en el Despacho Oval por el presidente Obama. Actualmente es organista residente de Hammond B-3 en el club de jazz SMOKE de Harlem. Además de liderar el "Emmet Cohen Trío", se presenta regularmente con Ron Carter, Benny Golson, Jimmy Cobb, George Coleman, Jimmy Heath, Tootie Heath, Houston Person, Kurt Elling, Billy Hart y Brian Lynch, entre otros. Cohen también es miembro del trío "Tip City" de Christian McBride, del "Herlin Riley Quartet" y del "Ali Jackson Trío", y es pianista y director musical de la vocalista de jazz y personalidad televisiva Lea DeLaria. Sus grabaciones incluyen "Masters Legacy Series featuring Ron Carter" (2018); "Masters Legacy Series featuring Jimmy Cobb" (2017); "New Directions" (2016) con Herlin Riley; "Questioned Answer" (2014), co producido con Brian Lynch; "Infinity" (2013), con su Italian Trío; y su aclamado CD de debut "In the Element" (2011), con el bajista Joe Sanders y el baterista Rodney Green.

Ejemplo 1.1 - Biografía de artista (larga)

Cohen cuenta con un máster de la Manhattan School of Music y una licenciatura de la Frost School of Music de la Universidad de Miami, donde estudió con la reconocida pianista y maestra Shelly Berg. En sus años de formación, recibió clases de piano clásico en la división preuniversitaria de la Manhattan School of Music.

Intérprete poderoso y carismático, Emmet Cohen posee amplios talentos que están revitalizando el mundo de las artes contemporáneas tanto a nivel nacional como internacional y es recibido con entusiasmo en todo el mundo.

Emmet Cohen es un artista YAMAHA.

Ejemplo 1.1 - Biografía de artista (larga)

PASO UNO

Anyone Can Book a Gig
Paso Uno: Comenzar

Ejemplo 1.2
Biografía de artista (corta)

EMMET COHEN

Biografía de artista (corta)

El polifacético pianista y compositor de jazz estadounidense Emmet Cohen es una de las figuras artísticas fundamentales de su generación. Downbeat elogió el "toque ágil, el paso medido y el cálido vocabulario armónico" que emplea para comunicarse con otros músicos y con el público en lo que él denomina "el nivel más profundo de humanidad e individualidad". Líder del "Emmet Cohen Trío", Cohen es un artista de jazz internacional y profesor que inspira a estudiantes de interpretación de todas las edades para que se conviertan, como él mismo, en personas receptivas a su público.

Se ha presentado en los festivales de jazz de Newport, Monterey y North Sea, entre otros, y en muchas salas de música famosas, como el Rose Hall y el Kennedy Center. Cohen también ha tocado en legendarios locales nocturnos, como el Village Vanguard, el Blue Note, el Dizzy's Club Coca-Cola, Birdland, Jazz Standard, Ronnie Scott's y Jazzhaus Montmartre. Es organista residente de Hammond B-3 en el club de jazz SMOKE de Harlem.

Estudiante de piano Suzuki desde la edad de tres años, Cohen tiene títulos de pianista de jazz de la Escuela de Música de Manhattan (M.M.) y de la Universidad de Miami (B.M.). Fue finalista de la beca Cole Porter de la Asociación Americana de Pianistas (2015, 2011) y del Concurso Internacional de Piano Thelonious Monk (2011). Cohen ha tocado o colaborado con Ron Carter, Benny Golson, Jimmy Cobb, George Coleman, Jimmy Heath, Tootie Heath, Houston Person, Christian McBride, Kurt Elling, Billy Hart, Herlin Riley, Lea DeLaria y Bill T.Jones.

Ejemplo 1.2 - Biografía de artista (corta)

Anyone Can Book a Gig
Pasouno:Comenzar

Ejemplo 1.3
Breve descripción del proyecto

JAZZTARS (JOHN SMITH)

Breve descripción del proyecto

JAZZSTARS es el quinteto soñado por **JOHN SMITH**. Desde que se formó en 2005, las improvisaciones que crearon en torno a las composiciones de Smith cuajaron de forma inmediata y sorprendente, como si los músicos viajaran por la misma cuerda floja, en alto y con audacia, con una solidaridad increíble mantenida por un vínculo que va mucho más allá de la ejecución de las notas y de la soltura en los solos. Ese vínculo parece haberse formado a partir de sus carreras individuales, que se entrecruzan tantas veces. Todos son expatriados de Boston, viven en Nueva York y de vez en cuando se reúnen en casa de John para compartir la cena y el café turco. Existe una amistad que estos músicos disfrutan y que definitivamente penetra en la música. Esta historia compartida, aunque con años de diferencia, impregnó a este quinteto de la clave de la música de Smith: su capacidad para aportar los diversos vocabularios rítmicos y armónicos que sustentan la expresión del hard jazz de los siglos XX y XXI y hacerlos fluir con una actitud polifónica y un multilingüismo musical.

Ejemplo 1.3 - Breve descripción del proyecto

PASO DOS:

CREAR TU NEGOCIO

¡Bienvenido al Paso Dos de Anyone Can Book a Gig!

Este segundo paso te enseña a cómo organizar y juntar tu material promocional: las cosas que necesitas para describir y dar a conocer tu música, incluyendo videos, fotos y bios, y algo esencial llamado **Hoja de material promocional de la gira**. Si llevas tiempo promocionando y comercializando tus propios shows, es posible que ya conozcas parte de la información de esta sección. Supongamos que deseas más información sobre estos temas, en este caso, los **Mini cursos** te permitirán conocer mejor el material promocional que todo artista debería tener a la mano.

Paso Dos: Lista de tareas

Esta es tu lista de tareas para esta sección. Incluye todos los componentes del Paso Dos que queremos que completes. Las tareas de este paso incluyen la organización y el almacenamiento de tu material promocional en una nube (Google Drive, Dropbox, etc.) y la creación de una hoja de materiales promocionales específicos de la gira para compartir con los promotores.

- ❏ **Lecturas**
  - ❏ Paso Dos: Crear tu negocio
  - ❏ Mini-curso: Todo sobre el material promocional
- ❏ **Videos [Materiales esenciales para artistas]**
  - ❏ Video 2.1 - Introducción al Paso Dos
  - ❏ Video 2.2 - Cómo almacenar, organizar y compartir material promocional
- ❏ **Hojas de trabajo [Materiales esenciales para artistas]**
  - ❏ Hoja de trabajo 2.1 - Lista de material promocional
- ❏ **Plantillas [Materiales esenciales para artistas]**
  - ❏ Plantilla 2.1 - Hoja de material promocional de la gira
- ❏ **Ejemplos [Materiales esenciales para artistas]**
  - ❏ Ejemplo 2.1 - Carpeta de material promocional para promotores
- ❏ **Crea** una carpeta de almacenamiento en la nube para tu material promocional.

DE LA "A" A LA "Z" SOBRE MATERIAL PROMOCIONAL

Según la definición del Diccionario de la Lengua Española, un **recurso** (*asset* en inglés), es el medio de cualquier clase que, en caso de necesidad, sirve para conseguir lo que se pretende. **El negocio de la música define los recursos como las herramientas que tiene un artista para describir y promocionar su música, es decir el "material promocional".**

Esto incluye:

- La propiedad intelectual (música, videos y fotos). El material de video y audio puede grabarse fácilmente como archivos MP3 o WAV o en forma de kit de prensa electrónico (EPK - *Electronic Press Kit* en inglés).

- Biografías: tú y tu música
Felicidades, ¡acabas de hacer esto en el Paso Uno!

- Una entrevista sobre tu música o proyecto para que el promotor pueda entender la presentación y escuchar tu música.

- Tu rider técnico y tu *input list*.

- Una hoja de referencias/críticas (reseñas de promotores y críticos locales, regionales y nacionales/internacionales).

El material promocional debe informar al promotor sobre tu música y demostrar tu identidad como músico. Todos tus materiales deben estar en línea como archivos comprimidos, para que el contenido se descargue rápidamente. Sin embargo, las fotos deben ser de 300 DPI (puntos por pulgada) y de ocho por diez pulgadas como mínimo. Más información al respecto más adelante.

CONSEJO *Antes de enviar tus enlaces, asegúrate de que funcionen correctamente y se abran rápidamente.*

Una regla: contenido creativo de alta calidad

Todo tu material debe ser lo más profesional posible: ¡Éste es el lugar donde debe brillar tu nivel de profesionalidad! **Todas las fotos, videos y audios deben ser de la más alta calidad.** Una forma de conseguirlo es contratar fotógrafos o videógrafos para que documenten un ensayo o un concierto. A menudo es una muy buena idea incluir contenido único en tu material, puede ser un show con un invitado muy especial o una foto tuya con un músico conocido (suponiendo que tengas su permiso para usarla). Si aún no tienes EPK, considera la posibilidad de añadir un video en el que expliques tu pasión por tu grupo y tu proyecto actual como introducción a un set en vivo.

Redes sociales y streaming

Es esencial tener un perfil en todas las plataformas sociales comunes -Instagram, Facebook, X (Twitter), etc.- junto con servicios de *streaming* como BandCamp, Spotify y SoundCloud. Si no eres experto en redes sociales, contrata a alguien que te ayude a crear cuentas y a mantener tus páginas (o pregúntale a un amigo). Los servicios de *streaming* permiten que tu música tenga más exposición y llegue a nuevos territorios. Hemos incluido un Mini-curso sobre los servicios de *streaming* y cómo utilizar *las analíticas* para planear tu gira en el Paso Tres.

Kit de Prensa Electrónico (EPK) y MP3

Si eres músico, puedes pensar en un EPK, o kit de prensa electrónico, como si fuera tu currículum. Está diseñado para proporcionar a los profesionales de la industria la información que necesitan para entender qué tipo de artista eres. El EPK debe durar entre tres y cinco minutos y puede incluir imágenes de presentaciones en vivo (de buena calidad). Puede incluir una entrevista o algunas palabras de un concierto en el que le hayas contado algo a tu público sobre tu música y tus proyectos. Recuerda que el EPK también puede servir para anunciar el lanzamiento de un nuevo proyecto. Los archivos MP3 deben ser de alta calidad para que los promotores puedan utilizarlos en la radio o como publicidad.

Para ver un ejemplo de un EPK bien hecho, consulta el Proyecto del trío de Vijay Iyer - *Break Stuff* [encuéntralo en Materiales esenciales para artistas o en el canal de Youtube de ECM
[https://www.youtube.com/channel/UCa1tsAqPfGsmOydOiDelywQ][1]

Docencia

No olvides incluir información sobre tu capacidad para ofrecer actividades docentes, como talleres musicales y clases magistrales (*masterclasses*). Es bueno tener preparada una descripción de los tipos de talleres que puedes proporcionar para poder enviar la información en cuanto te la soliciten. Muchos artistas no lo saben, pero las actividades de docencia pueden ayudar a financiar su gira. ¿Cómo? Si estás de gira, puedes impartir un taller en una escuela local o en un club el día del concierto, o la mañana siguiente. También, puedes permitir que los estudiantes vean tu prueba de sonido y proponer una sesión de preguntas y respuestas durante o después para hablar de tu música, tu carrera y tus técnicas. La escuela o el club puede cobrar por el taller o la sesión o incluirlo como parte del pago de tu concierto.

1 Usa tu guía de links de Anyone Can Book a Gig [Materiales esenciales para artistas] para hacer click y acceder a los links sin escribirlos en tu browser. Cada número de link corresponde a un número en la guía.

Mini-curso: Todo sobre el material promocional

A continuación te brindamos una lista del material que normalmente se te solicita para promocionar un concierto. Muchos de estos recursos son los mismos que utilizarás para que un promotor programe tu show.

Tu material promocional: CDs, enlaces a tu música en formato digital (DMS), fotos, biografías, portadas de álbumes.

Muchos promotores siguen solicitando CDs y necesitarás algo físico para vender en tu concierto, así que no te vayas sólo por lo digital, busca producir algunos CDs. También, hay un resurgimiento del vinilo. Tener CDs y discos demuestra que eres lo suficientemente profesional como para armarlos, crear pistas, ponerte de acuerdo sobre el material gráfico y sacar un producto real. También, necesitarás tener enlaces a tu música para que la escuchen los promotores y la prensa, así que busca alguna agregadora que pueda colocar tu música en plataformas DMS como Spotify, Tidal, Deezer o Amazon. Como mínimo, sube tus canciones a SoundCloud.

Las fotos deben ser archivos digitales .jpeg grandes (al menos 8x10 pulgadas 300 dpi). La prensa en línea puede utilizar archivos pequeños comprimidos, pero la impresión sigue requiriendo archivos más grandes, especialmente si tienes la suerte de tocar en un lugar que producirá un cartel grande para tu concierto. Asegúrate de tener fotos a color, no sólo en blanco y negro.

Es bueno tener una foto horizontal, una vertical y una en la que aparezcan todos en un cuadrado para subirla fácilmente en las redes sociales. Pon el crédito del fotógrafo, ya sea en el nombre del archivo, o utiliza un editor de imágenes para añadir el crédito en un margen al pie de la fotografía. Si añades los créditos a la imagen, agrega también tu página web (como: foto de [nombre del fotógrafo]/cortesía de [tu página web]). Si se llega a utilizar, es bueno que se mencione tu página web. Debido a las leyes de derechos de autor de varios países, los promotores extranjeros insisten en tener el nombre del fotógrafo antes de publicar la imagen en Internet o enviarla a la prensa. Ahórrate tiempo y problemas y añade el nombre ahora, en lugar de intentar averiguarlo más tarde.

La portada del álbum en un archivo de alta resolución es otro gran material que hay que incluir. Muchos artistas se olvidan de incluirlo en su paquete promocional.

Ejemplos: Fotos publicitarias del sexteto de Vijay Iyer [Materiales esenciales para artistas].

Las biografías deben ser breves e informativas. Siempre es un trabajo extra para la persona de marketing tener que reducir una biografía enorme a un tamaño manejable. Los comunicados de prensa no deben ser tu biografía, aunque pueden incluir tu material biográfico, son un tema totalmente distinto. Más adelante hablaremos de los comunicados de prensa.

Ejemplos: Biografía de Antonio Sánchez [Materiales esenciales para artistas].

Aquí te mostramos la versión corta de la biografía utilizada para promocionar a Antonio Sánchez en el catálogo de **Music Works International**:

Sánchez cuenta actualmente con cerca de una docena de grabaciones como líder y solista. Entre sus proyectos más recientes figuran Three Times Three, con Brad Mehldau, John Scofield, Joe Lovano, Matt Brewer, John Patitucci y Christian McBride; Bad Hombre, un viaje sociopolítico a través de la electrónica y la percusión; Channels of Energy, en el que participa la WDR Big Band con arreglos de las composiciones de Sánchez a cargo de Vince Mendoza; Lines in the Sand, la protesta de Sánchez contra la injusticia social y la intolerancia, así como un homenaje al viaje de todo inmigrante; y más recientemente, SHIFT (Bad Hombre Vol. II), donde Sánchez toca prácticamente todos los instrumentos en un álbum épico en el que participan Trent Reznor, Dave Mathews, Kimbra, Ana Tijoux, Meshell Ndegeocello y muchos más. Galardonado con numerosos premios, Sánchez ha sido nombrado en tres ocasiones «baterista de jazz del año» por Modern Drummer.

Material promocional especifíco para tu show: carteles, folletos, descripción del concierto, enlaces a videos.

Crea un póster genérico del concierto en un archivo .pdf (tamaño US: 11x17, A3 internacional) con suficiente espacio para que los promotores puedan añadir su propia información. Simplifica el diseño del cartel para que sea llamativo y, si es posible, utiliza una reseña de la crítica como argumento de marketing. A medida que vayas finalizando una gira, personaliza carteles individuales para cada concierto.

En caso de que necesites algunos ejemplos, aquí tienes buenos resultados Google de carteles genéricos para giras: **[https://bit.ly/GenericTourPosters]**[2]

Una buena selección de carteles (algunos genéricos para los artistas de la gira y otros específicos para el evento) de The Abilene Bar and Lounge de Rochester, NY, Estados Unidos, puedes encontrarlos aquí: **[http://www.abilenebarandlounge.com/posters/]**[3]

Y otros de Stevia Ray Vaughan Archive **[https://srvarchive.com/live/generic-tour-posters]**[4]

Ejemplo: Monty Alexander The APEX Flyer [Materiales esenciales para artistas]

Ejemplo: Lucy Woodward Póster genérico del tour [Materiales esenciales para artistas]

La descripción de tu concierto debe ser breve, para que pueda utilizarse en páginas web y otros lugares donde el promotor necesite vender boletos. El ejemplo anterior de Antonio Sánchez es un buen modelo, aunque realmente el contenido y la longitud dependen del proyecto. La gira de Antonio tocando la "Meridian Suite" incluía sus pensamientos detrás de esa composición. Su presentación de "Birdman: Live!" tuvo que incluir información sobre la película de Alejandro González Iñárritu, Birdman, ya que la grabación es una banda sonora y acompañaba la proyección de la película.

Los videos de YouTube son muy útiles para el marketing. Haz una lista de reproducción con tus mejores videos y crea un enlace para enviarlo a quienes estén encargados de promocionar tu concierto. ¿No tienes un canal de YouTube? Entra a YouTube y crea uno.

Material promocional en las redes sociales: página/evento de Facebook, texto de Instagram, fotos, videos cortos, etc.

Tendrás que proporcionar un documento con los enlaces a tus redes sociales.

¿Tienes una página de Facebook? ¿Cuentas de X (Twitter) y de Instagram activas? ¿O la última publicación es de hace un mes o incluso más? Mantenlas actualizadas, deberías publicar algo nuevo al menos una vez a la semana. Si has investigado sobre cómo tratar con los fans en Facebook, ya sabes por qué esos sitios se llaman redes sociales. Haz que tu página sea social, incluye a tu audiencia en tu vida, en tus experiencias, compártelas discretamente en tu mercancía, pero que no sea lo central.

Crea un evento en Facebook para tu concierto y solicita que el *venue* sea co-organizador. Llena la página del evento con todo el material de marketing que tengas para incitar al público a comprar entradas: tu video promocional, los videos musicales, la reseña publicitaria, las fotos, etc.

Además de crear carteles individuales para los eventos, debes crear imágenes para Facebook -y para Instagram. Recuerda que los gráficos cuadrados se leen mejor. Publica la gira completa en una sola imagen que puedas subir en tus redes para anunciar la gira, y carteles individuales para que cada *venue* los utilice en sus redes sociales a la hora de promocionar tus conciertos.

Tus videos cortos de la gira acompañan a estos materiales para difundirlos entre los promotores y su equipo de marketing. El pianista Nduduzo Makhathini, uno de nuestros artistas en Music Works International, publica constantemente mientras está de gira, manteniendo el contacto con sus fans. Hemos incluido una muestra de algunos de los contenidos de su gira.

Ejemplo: Materiales de redes sociales de la gira de Nduduzo Makhathini [Materiales esenciales para artistas]

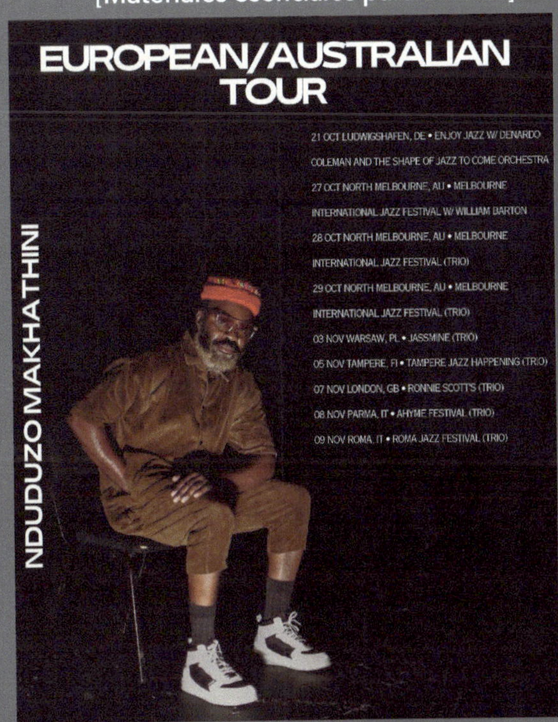

Prepara el paquete promocional de tu concierto

Tus materiales promocionales deben incluir varios elementos que informen al público sobre tu música y también proporcionen detalles sobre el concierto que presentarás en ese lugar concreto (consulta la sección anterior sobre material promocional). Piensa en las diferentes formas en las que tu show puede atraer al público.

Puede que estés pensando hacerle un homenaje a un artista (por ejemplo: Ella Fitzgerald, Nina Simone) o que estés presentando nuevo material musical. El material promocional del concierto debe reflejar tanto tu propia imagen artística (biografía, EPK) como tu identidad, además de ser específico para el show que estás tratando de "vender".

¿Tienen la imagen correcta? ¿Están utilizando los videos, la biografía actualizada, los gráficos que hiciste específicamente para ellos? El responsable de marketing no suele ser la misma persona que el promotor, y es posible que tu material bien elaborado no haya llegado a las manos adecuadas.

Revisa sus redes sociales, su página web y cualquier venta de boletos de terceros. Trabajaste duro para desarrollar tu marca, crear imágenes y juntar tu material promocional. Asegúrate de que tu concierto se promociona con esos recursos.

CONSEJO *Debes asegurarte de revisar las fotos que utiliza el promotor o el venue. Hazlo varias veces, sobre todo cuando se acerque la fecha de presentación.*

MATERIAL PROMOCIONAL INDISPENSABLE

Descarga el **Hoja de trabajo 2.1 - Lista de material promocional** que figura a continuación para indicar los recursos que ya hayas preparado y los que aún te faltan. Una vez que determines cuál es el material que ya tienes y lo hayas anotado en el tablero, podrás pasar a la siguiente sección.

Anyone Can Book a Gig
Paso Dos: Crear tu negocio

Hoja de trabajo 2.1
Lista de material promocional

LISTA DE MATERIAL PROMOCIONAL

Marca lo que ya tienes. Esta no es una lista exhaustiva de todo el material promocional que puedes tener, y en realidad no necesitas tener todo lo que hay en esta lista. Es más bien para darte ideas para incrementar los recursos que puedes compartir con promotores y fans.

 **Hoja de trabajo 2.1 - Lista de material promocional**

1. BIOGRAFÍAS / MATERIAL PARA COPIAR

- ❏ **Biografía personal**
  - ❏ 1 oración
  - ❏ 5 oraciones
  - ❏ 3 párrafos

- ❏ **Resumen del grupo / proyecto**
  - ❏ Género (1-3 palabras)
  - ❏ "Suena como..."
  - ❏ 1 oración
  - ❏ Discurso de ascensor (*Elevator Pitch*)
  - ❏ 1 párrafo
  - ❏ 3 párrafos

- ❑ **Biografía combinada de formato largo (personal + banda / proyecto)**
  - ❑ Biografías de los miembros del grupo
- ❑ **Notas de prensa**

2. MEDIOS DE COMUNICACIÓN (FOTOS / VIDEO / AUDIO)

- ❑ **Fotos de alta resolución**
  - ❑ Retratos profesionales
  - ❑ Fotos del grupo
- ❑ **Video**
  - ❑ Video profesional en vivo con sonido mezclado
  - ❑ Video musical / video de estudio

- ❑ **Audio (Streaming/descargable)**
  - ❑ Apple Music
  - ❑ Spotify
  - ❑ BandCamp
  - ❑ YouTube
  - ❑ Archivos MP3
  - ❑ ¿Otros?

- ❑ **EPK (Kit de prensa electrónico)**

3. DOCUMENTOS ADMINISTRATIVOS

- ❑ **Plantilla de contrato en blanco**
- ❑ **Riders**
  - ❑ Rider de contrato
  - ❑ Rider técnico
  - ❑ *Stage Plot* (Mapa del escenario, cómo se distribuye el grupo en el escenario)
  - ❑ Rider de hospitalidad
  - ❑ Riders solista + de grupo
- ❑ **Hoja de material promocional para la gira**

4. PRESENCIA EN LA WEB

- ❏ **Página web y redes sociales**
  - ❏ Website
  - ❏ Facebook
  - ❏ Instagram
  - ❏ X (Twitter)
  - ❏ YouTube
  - ❏ Spotify
  - ❏ Vimeo
  - ❏ Bandcamp
  - ❏ Patreon

CÓMO ALMACENAR, PRESENTAR Y ORGANIZAR TU MATERIAL PROMOCIONAL

Ya conoces la jugada: cuando bookeas un espectáculo, debes enviar al promotor fotografías que puedan usar en sus materiales de marketing, o en línea en sus páginas de venta de boletos. Otras fotos podrían usarse en los banners de su evento en Facebook o en pósters. También necesitarán tu biografía de artista, una breve descripción de tu proyecto, riders, entre otros.

Tal vez lo que hiciste en el pasado fue revisar tus eventos anteriores de Facebook para encontrar las fotografías que usaste y enviarlas al promotor, o tal vez buscaste en mensajes pasados de Facebook donde guardaste una fotografía que deseas usar.

Sabemos por experiencia que puede llevar mucho tiempo encontrar y recopilar toda la información que el promotor podría pedir, que podría ser tan simple como una fotografía y tan detallada como una biografía y el *lineup* de artistas o el reparto (*billing*).

Este método de almacenar tu información en línea es una manera fácil de asegurarte de que nunca tendrás que revisar todas tus conversaciones anteriores para encontrar las fotografías correctas para descargarlas nuevamente.

Crear una carpeta de material promocional pública para los promotores es sencillo: recomendamos utilizar Google Drive. Para ello, simplemente crea una carpeta en Drive con subcarpetas para fotos, música, biografías, riders y otros materiales esenciales que quieras compartir con los promotores.

¿Quieres ver un ejemplo de una carpeta de material promocional bien organizada?

Echa un vistazo a esta carpeta pública de materiales promocionales del dúo John Ferarra y Seth Moutal:

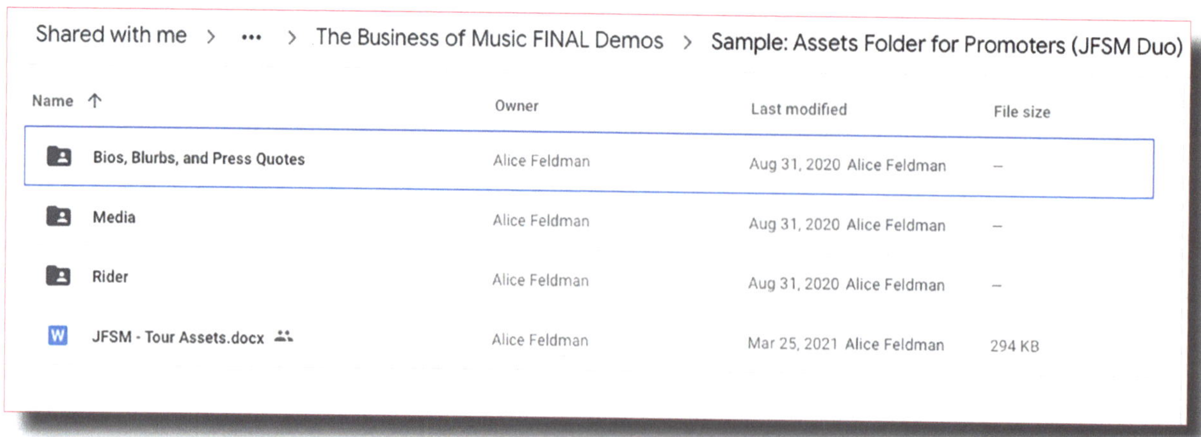

Ejemplo 2.1 - Folder de material promocional para promotores [Materiales esenciales para artistas]

PASO DOS

¿No estás familiarizado con Google Drive? Consulta este video para obtener una introducción sobre cómo añadir y organizar archivos en Google Drive: [**https://www.youtube.com/watch?v=GQVGr_OM18Q**][5]

Cuando estés listo para compartir con otros, asegúrate de cambiar la configuración de tu carpeta de material promocional a "Sólo lectura".

Una vez que has subido todos tus archivos de manera clara y ordenada, puedes crear un documento llamado **Hoja de material promocional de la gira**, que necesitarás enviar a todos tus promotores.

Esta hoja está diseñada específicamente para que los promotores vayan a un solo sitio a descargar sus materiales promocionales (fotos, vídeos, biografías, etc.). También, debes indicar el reparto (*billing*) tal y como quieres que aparezca en cualquier material promocional. El reparto (*billing*) es el nombre del grupo o el nombre específico del proyecto de gira. Incluye el *lineup* de músicos individuales si eso tiene sentido para el público, especialmente el de jazz.

En MWI almacenamos todas nuestras hojas de material promocional para las giras en Google Drive para actualizarlas cada vez que uno de nuestros artistas está de gira con un nuevo proyecto. Tu hoja de material promocional de la gira puede ser tan detallada o tan simple como quieras. Esta en específico tiene links de materiales promocionales, de redes sociales del proyecto/artista, y el contacto del artista.

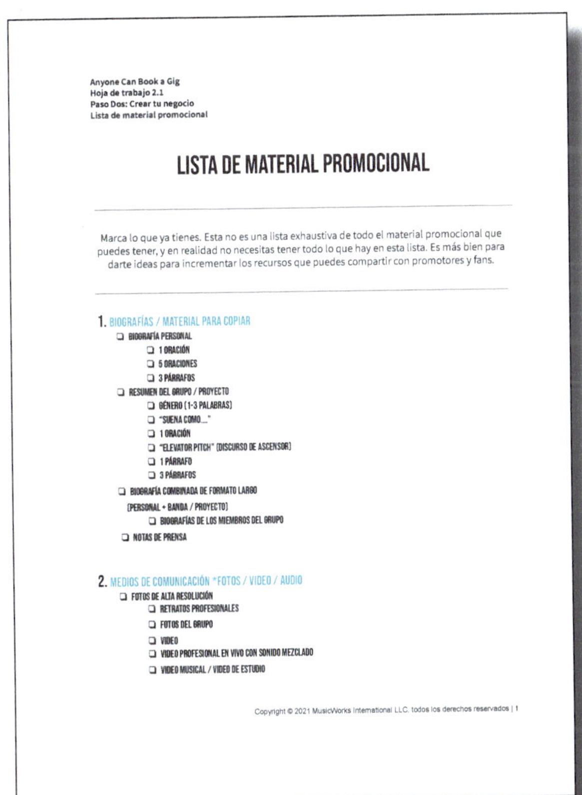

Anyone Can Book a Gig
Hoja de trabajo 2.1
Paso Dos: Crear tu negocio
Lista de material promocional

LISTA DE MATERIAL PROMOCIONAL

Marca lo que ya tienes. Esta no es una lista exhaustiva de todo el material promocional que puedes tener, y en realidad no necesitas tener todo lo que hay en esta lista. Es más bien para darte ideas para incrementar los recursos que puedes compartir con promotores y fans.

1. BIOGRAFÍAS / MATERIAL PARA COPIAR
   - ❏ BIOGRAFÍA PERSONAL
     - ❏ 1 ORACIÓN
     - ❏ 5 ORACIONES
     - ❏ 3 PÁRRAFOS
   - ❏ RESUMEN DEL GRUPO / PROYECTO
     - ❏ GÉNERO (1-3 PALABRAS)
     - ❏ "SUENA COMO..."
     - ❏ 1 ORACIÓN
     - ❏ "ELEVATOR PITCH" (DISCURSO DE ASCENSOR)
     - ❏ 1 PÁRRAFO
     - ❏ 3 PÁRRAFOS
   - ❏ BIOGRAFÍA COMBINADA DE FORMATO LARGO (PERSONAL + BANDA / PROYECTO)
     - ❏ BIOGRAFÍAS DE LOS MIEMBROS DEL GRUPO
   - ❏ NOTAS DE PRENSA

2. MEDIOS DE COMUNICACIÓN *FOTOS / VIDEO / AUDIO
   - ❏ FOTOS DE ALTA RESOLUCIÓN
     - ❏ RETRATOS PROFESIONALES
     - ❏ FOTOS DEL GRUPO
     - ❏ VIDEO
     - ❏ VIDEO PROFESIONAL EN VIVO CON SONIDO MEZCLADO
     - ❏ VIDEO MUSICAL / VIDEO DE ESTUDIO

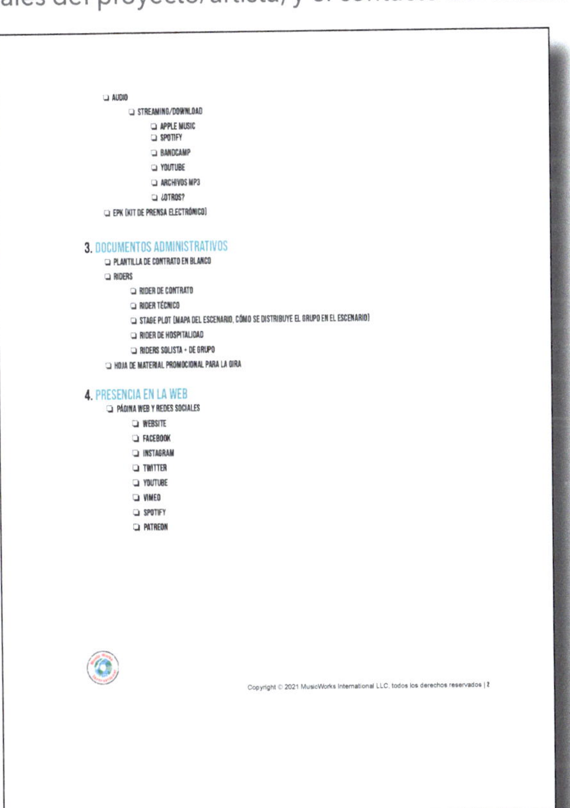

   - ❏ AUDIO
     - ❏ STREAMING/DOWNLOAD
       - ❏ APPLE MUSIC
       - ❏ SPOTIFY
       - ❏ BANDCAMP
       - ❏ YOUTUBE
       - ❏ ARCHIVOS MP3
       - ❏ ¿OTROS?
   - ❏ EPK (KIT DE PRENSA ELECTRÓNICO)

3. DOCUMENTOS ADMINISTRATIVOS
   - ❏ PLANTILLA DE CONTRATO EN BLANCO
   - ❏ RIDERS
     - ❏ RIDER DE CONTRATO
     - ❏ RIDER TÉCNICO
     - ❏ STAGE PLOT (MAPA DEL ESCENARIO, CÓMO SE DISTRIBUYE EL GRUPO EN EL ESCENARIO)
     - ❏ RIDER DE HOSPITALIDAD
     - ❏ RIDERS SOLISTA + DE GRUPO
   - ❏ HOJA DE MATERIAL PROMOCIONAL PARA LA GIRA

4. PRESENCIA EN LA WEB
   - ❏ PÁGINA WEB Y REDES SOCIALES
     - ❏ WEBSITE
     - ❏ FACEBOOK
     - ❏ INSTAGRAM
     - ❏ TWITTER
     - ❏ YOUTUBE
     - ❏ VIMEO
     - ❏ SPOTIFY
     - ❏ PATREON

Plantilla 2.1 - Hoja de material promocional de la gira [Materiales esenciales para artistas]

Si estás dejando algo fuera, puedes añadir más información después. Lo realmente importante aquí es que recuerdes que debes vincular tu carpeta de materiales promocionales en la hoja de material promocional de la gira. Si tienes nuevas fotografías, cambios de *lineup*, un nuevo número de contacto, un cambio en el *rider* o una actualización en tu biografía, lo único que necesitas hacer es cambiarlo en el Drive para así actualizar la hoja. Esto te asegura que los responsables del marketing tendrán siempre la información más actualizada sobre su proyecto.

Créenos, como promotores, es realmente agradable cuando envías sólo un documento para mirar que contiene los enlaces a todo tu otro contenido, en lugar de recibir muchos mensajes de Facebook, mensajes de texto o correos electrónicos con archivos adjuntos. Es mucho más fácil para todos.

Aunque, como se mencionó en el Mini-curso, nunca asumas que el promotor ha enviado a su persona de marketing el enlace a la hoja de material promocional de la gira y tus materiales actualizados. Puedes dar por hecho que su responsable de marketing buscará en Internet y encontrará la foto equivocada que no querías que nadie volviera a utilizar. Así que adelántate y asegúrate de enviar las fotos que sí quieres que utilicen.

Marcin Kydryński prezentuje SIESTA w drodze
SAMARA JOY
12.04.2024
KATOWICE
NOSPR | 20:00

CSK CENTRUM SPOTKANIA KULTUR W LUBLINIE
20 LIS 2023 | 19:00
Sala Operowa
Absolutna EKSTRAKLASA WOKALISTYKI w CSK!
STACEY
KENT
więcej na:
csklublin.pl

PASO TRES:

INVESTIGAR Y DESARROLLAR

¡Bienvenido al Paso Tres de Anyone Can Book a Gig!

En este paso investigarás sobre tí y otros artistas para crear un registro de tu historial de conciertos, llamado **Historial de giras**. Es lo primero que necesitas tener para que un agente pueda evaluar tu carrera y negociar tus honorarios. Tu **Historial de giras** es un registro de todos los lugares en los que has tocado, y los detalles sobre esos conciertos. Tendrás que investigar artistas que son similares a ti, anotar dónde se han presentado, ver sus sitios web y entender cómo se promocionan. Comprenderás y crearás una estrategia para bookear shows en los *venues* que estás compilando. También, aprenderás los términos más comunes de la industria, con los cuales hemos creado el **Glosario de la industria musical**. Alice Feldman, Directora Creativa del escenario PANGEA del Festival jetLAG, te enseñará lo que debes y no debes de hacer al hablar con promotores. ¡Comencemos!

Paso Tres: Lista de tareas

Esta es tu lista de tareas para esta sección. Incluye todos los componentes del tercer paso que queremos que completes. Encontrarás hojas de trabajo y una plantilla que te ayudará a hacer un seguimiento de tu historial de giras y a organizar tu investigación sobre artistas similares. El glosario de la industria musical enlista los términos que debes conocer para poder comunicarte con los profesionales de la industria musical. Responde al cuestionario para asegurarte de que recuerdas todos los términos; si tienes dudas de alguno, consulta la hoja de trabajo del glosario. ¡Que te diviertas!

- ❑ **Lecturas**
    - ❑ Paso Tres: Investigar y desarrollar
    - ❑ Mini-curso: ¿Cómo utilizar los análisis de *streaming* para planear tu gira?
- ❑ **Videos [Materiales esenciales para artistas]**
    - ❑ Video 3.1 - Introducción al Paso Tres: Investigar y desarrollar
    - ❑ Video 3.2 - Tutorial de la Hoja del historial de giras
    - ❑ Video 3.3 - ¿Cómo hablar con los promotores?
- ❑ **Hojas de trabajo [Materiales esenciales para artistas]**
    - ❑ Hoja de trabajo 3.1 - Lista de artistas similares
    - ❑ Hoja de trabajo 3.2 - Glosario de la industria musical
- ❑ **Plantillas [Materiales esenciales para artistas]**
    - ❑ Hoja guía 3.1 - Historial de giras
    - ❑ Plantilla 3.1 - Historial de giras
- ❑ **Ejemplos [Materiales esenciales para artistas]**
    - ❑ Ejemplo 3.1 - Solicitudes
- ❑ **Cuestionario**
    - ❑ Glosario de la industria musical

INVESTIGACIÓN SOBRE TI: LA IMPORTANCIA DEL HISTORIAL DE GIRAS

¿Dónde has estado y a dónde vas?

Es hora de empezar a investigar al artista más importante de este curso... ¡tú mismo! Si no sabes dónde has estado, ¿cómo vas a saber a dónde irás después? En esta sección, vamos a:

- Repasar tu historial de giras.
- Investigar a los artistas que son similares a ti.
- Investigar tus próximos objetivos de conciertos, tanto los *venues* como los mercados.

Historial de giras

El **Historial de giras** es una excelente manera de evaluar dónde te has presentado hasta ahora, y ayudarte a averiguar cómo aprovechar tu experiencia en nuevos mercados.

Tu historial de giras es una de las fuentes de datos más importantes para tu carrera. Si nunca has llevado un historial de giras, la plantilla que te proporcionamos te brinda las columnas para la información que necesitas recopilar. Cuando empiezas a negociar tratos y tener conversaciones con promotores, saber tu historial de gira es una de las herramientas más valiosas que puedes tener. Todos los agentes, mánagers y promotores utilizan el **Historial de giras** para saber cómo fijar el precio de las entradas de tu concierto, estimar el número de personas que acudirán a él y hacerse una idea de cuánto dinero pueden ganar.

¿Por qué deberías de mantener un historial de giras actualizado?

- Puedes hacer un seguimiento de dónde has tocado y cómo te va en esos mercados.
- Puedes planear tus giras de forma más estratégica.
- Puedes buscar fácilmente información valiosa que los promotores querrán conocer, como el número de entradas que has vendido y el precio de las mismas en mercados específicos.
- Tendrás cifras reales que presentar a los promotores que estén interesados en bookearte.

Plantilla 3.1 - Historial de giras [Materiales esenciales para artistas]

Utiliza la **Plantilla del historial de giras** para recopilar y consultar fácilmente la **información de los conciertos (precios de las entradas, audiencia, fechas y lugares)** y los datos importantes de las presentaciones que hayas realizado hasta la fecha. También puedes utilizar esta plantilla de Excel para **investigar a artistas similares** y dónde han tocado. Y lo más importante, utiliza esta hoja de trabajo para plantear tus **objetivos** y planear tus próximas giras.

TUTORIAL DE LA PLANTILLA DE HISTORIAL DE GIRAS

En la primera pestaña de la plantilla es donde almacenarás todos los datos de tu historial de giras. Hay columnas para la fecha del espectáculo, el nombre del *venue* o festival, la ciudad, el estado y el país.

También, hay columnas para el nombre de reparto (*billing*) o proyecto, los honorarios, el aforo del lugar, el precio de la entrada y el número de boletos vendidos. Hemos añadido una columna para almacenar notas adicionales, como si el *venue* cubrió vuelos adicionales, o si hubo algún problema con el backline o el sistema de audio del *venue*.

***Venue*/Festival**	**Ciudad**	**Estado**	**País**	**Nombre del programador (booker)**	**Correo del programador**	**Teléfono del programador**
Venue de ejemplo	*Lima*	*LI*	*Perú*	*Nombre de ejemplo*	*booking@ejemplovenue.com*	*(555) 555-5555*

Días y horarios de programación	**Aforo**	**Precio promedio de la entrada**	**Artistas similares**	**Notas**
	100	*$20*	*Acto similar 1, Acto similar 3*	*No hay shows los lunes*

Plantilla 3.1 - Historial de giras [Materiales esenciales para artistas]

La siguiente pestaña es una lista de los principales mercados de EE.UU., esto extraerá automáticamente tu fecha más reciente de la pestaña "Historial de giras", así como el nombre del *venue*. Tenemos la misma pestaña para los "Mercados mundiales primarios". Recuerda ordenar en la pestaña "Historial de giras" las fechas desde la más nueva a la más antigua. De lo contrario, estas dos pestañas enseñarán la fecha más antigua en vez de tu presentación más reciente. También, es importante asegurarte de que los nombres de las ciudades coincidan con la ortografía de estas pestañas.

Además, tenemos dos pestañas más para resumir tu historial de giras. El resumen de los shows de EE. UU. muestra la fecha más reciente, la cantidad de shows que has tenido ahí en general, y el precio más alto de la entrada. También, hay una pestaña para el mundo, para sumar las fechas que has tenido fuera de los EE.UU.

Ciudad	Última Presentación	Venue
Nueva York, NY	-	-
Boston, MA	8-Sep-12	Venue de Boston
Washington, DC	1-Apr-15	Venue de Washington
Atlanta, GA	-	-
Chicago, IL	12-May-16	Venue de Chicago
Detroit, MI	-	-
Minneapolis, MI	-	-
Seattle, WA	7-Jun-13	Venue de Seattle
San Francisco, CA	10-Jun-13	Venue de San Francisco
Los Ángeles, CA	-	-
Portland, OR	8-Jun-13	Venue de Portland
St. Louis, MO	-	-
Miami, FL	-	-
Houston, TX	8-Jul-14	Venue de Houston
Phoenix, AZ	-	-
Philadelphia, PA	-	-
Denver, CO	14-Jul-14	Venue de Denver

Ciudad	Última Presentación	Venue
Viena, Austria	-	-
Bruselas, Bélgica	-	-
Praga, República Checa	1-Jan-20	Venue *de* Praga
Copenhage, Dinamarca	-	-
Helsinki, Finlandia	-	-
Lyon, Francia	-	-
Marseilla, Francia	-	-
París, Francia	-	-
Berlín, Alemania	-	-
Frankfurt, Alemania	-	-
Hamburgo, Alemania	-	-
Atenas, Grecia	-	-
Budapest, Hungría	-	-
Milán, Italia	-	-
Roma, Italia	-	-
Luxemburgo, Luxemburgo	-	-
Ámsterdam, Holanda	-	-
Oslo, Noruega	-	-
Varsovia, Polonia	-	-
Lisboa, Portugal	-	-
Barcelona, España	-	-
Madrid, España	-	-
Estocolmo, Suecia	-	-
Zurich, Suiza	-	-
Estambul, Turquía	-	-
Londres, Inglaterra	-	-

Plantilla 3.1 - Historial de giras [Materiales esenciales para artistas]

Video 3.2 - Tutorial de la Plantilla del Historial de giras [Materiales esenciales para artistas]

Deidra Levasseur, Directora de Finanzas y Operaciones de MWI, muestra cómo utilizar la plantilla de historial de giras.

Hoja guía 3.1 - Historial de giras [Materiales esenciales para artistas]

Anyone Can Book a Gig
Paso Tres: Investigar y desarrollar

Hoja guía 3.1 - Historial de gira
Historial de giras

USAR LA PLANTILLA DE HISTORIAL DE GIRAS

CÓMO USAR ESTA HOJA

Descarga la Plantilla 3.1 - Historial de giras.

- Reemplaza la información de ejemplo en la pestaña Historial de giras con tu propia información.
- Completa con la fecha, el *venue*/festival, ciudad, estado, país, honorarios, capacidad del *venue*, reparto (*billing*)/nombre del proyecto, precio del boleto y conteo final de boletos.
- Haz tu mejor esfuerzo y estima las cantidades si no tienes todos los detalles.
- Cuando estés actualizando la información, ingresa el nombre de la ciudad exactamente como está escrito en la pestaña de "Mercados mundiales primarios" en la plantilla de historial de giras.
- Cada vez que tengas una presentación, pregunta por el conteo final de boletos - ¡tienes derecho a saberlo!
- Mantén tu historial de giras actualizado.
- ¡Investiga por tí mismo! Puedes filtrar las columnas para ver tu presentación mejor pagada, los *venues* donde más has tocado, el mayor número de boletos vendidos, etc.

EJEMPLO: HISTORIAL DE GIRAS DE "POPPY CHAPMAN":

NOTA: Todos los nombres, números e información de esta hoja son SÓLO EJEMPLO. Borra la información de abajo y llénala con tu propio historial de giras.

Fecha	Venue	Ciudad	Estado	Honorarios	Capacidad	Reparto (billing)	Conteo final de los boletos	Precio de los boletos
26/04/2019	Blue Note	Nueva York	NY	$1.200	100	Poppy Chapman	20	$10
25/04/2019	Lizard Lounge	Boston	MA	$2.000	300	Poppy Chapman Trio	150	$15
06/03/2019	Smalls	NYC	NY	$2.200	(por ambas fechas)	Trio	40 vendidos, 1 miembro, 12 invitados (total 53)	$25 (TBC)
05/03/2019	Smalls	NYC	NY	$0	120	Trio	63 vendidos, 7 invitados	$25 (TBC)
10/06/2017	Velvet Note	Atlanta	GA	$3.000	(por ambas fechas)	Trio		
09/06/2017	Velvet Note	Atlanta	GA		3500	Trio		
04/05/2017	Scullers	Boston	MA	$1.800	1800	Cuarteto		
27/04/2017	Dizzy's CD Release	NYC	NY	$2.200	1500	Quinteto		
23/02/2017	Winter's Jazz	Chicago	IL	$1457	160	Poppy Chapman	149	$22 / $11 miembros / $18 estudiantes
21/02/2017	Silk City Diner	Philadelphia	PA	$2.500	(por ambas fechas)	Trio (co-bill)	213	$25 - $42.50
20/02/2017	Silk City Diner	Philadelphia	PA	$0	220	Trio (co-bill)	200	$25 - $42.50

¿POR QUÉ TENER UN HISTORIAL DE GIRAS ACTUALIZADO?

- Puedes llevar un registro de en dónde has tocado y cómo te estás desenvolviendo en esos mercados.
- Puedes planear tours de manera más estratégica.
- Fácilmente puedes consultar información y métricas.
- Tendrás números reales para presentarles a los promotores que están interesados en bookearte.
- Los mercados principales de EE.UU. están en la tercera pestaña nombrada "Mercados principales de EE.UU.".

Por ejemplo: "La última vez que toqué en Boston en 2015 vendí 350 entradas, la vez anterior a ello vendí 200. Seguro que esta vez puedo vender 400 entradas porque llevo a un baterista muy reconocido".

Evaluar las giras en los mercados de EE.UU.:
*Utiliza la pestaña de **mercados principales de EE.UU.** de la plantilla, para ver fácilmente la última vez que tocaste en una ciudad importante de EE.UU.*

- Los mercados principales del mundo están ubicados en la cuarta pestaña nombrada "Mercados principales del mundo".
- ¡Nunca tendrás que actualizar las pestañas de mercados principales! Se actualizarán automáticamente cuando ingreses información.
- Ve las pestañas de "Resumen" para visualizar tus honorarios más altos o la fecha de tu presentación más reciente por ciudad. Haz click derecho en la tabla y haz click en "Refrescar" para actualizar la tabla con la información más reciente.

Utiliza la hoja guía para obtener consejos sobre cómo recopilar y consultar fácilmente la información de los espectáculos (precios de las entradas, audiencia, fechas y lugares) y las cifras importantes de los shows que has realizado hasta la fecha.

Tu objetivo en este momento con el **Historial de giras** es recopilar y anotar información sobre todos los conciertos que has realizado en los últimos años.

Aquí tienes algunas sugerencias sobre cómo rellenar tu historial de giras: Revisa tus eventos pasados en Facebook, en tu cuenta de Bandsintown, flyers, o cualquier otra forma en la que hayas promovido e invitado a la gente a tus eventos y junta la siguiente información:

- Fecha, ciudad, estado, nombre del *venue*.
- Honorarios (Cuánto te pagaron).
- Aforo (del *venue*).
- Reparto (¿Qué proyecto presentaste?).
- Recuento final de entradas (Si no tienes el número exacto puedes indicar un aproximado).
- Precio de las entradas.
- Notas que tengas sobre ese concierto en específico. (¿Era una residencia o un *workshop*? ¿La comida era buena, mala, fea? ¿El *backstage* era adecuado o sólo era un pasillo? ¿Pagaron los vuelos?).

Sugerencias sobre cómo mantener un historial de giras actualizado: Siempre pide al promotor el recuento final de entradas, ¡tienes derecho a saberlo! Si se te olvidó, puedes LLAMAR o ENVIAR UN CORREO ELECTRÓNICO al promotor después del espectáculo y pedirle el recuento final de las entradas o cualquier otra información que puedas necesitar.

Una vez que hayas adquirido la costumbre de llevar un registro de las cifras de la audiencia, los precios de las entradas y otras estadísticas de todos tus conciertos, te sorprenderá lo fácil que será tener conversaciones con los promotores para conseguir los shows que deseas.

CONSEJO *Te recomendamos que hagas un hábito actualizar el historial de giras después de cualquier concierto o gira.*

¿Has rellenado tu historial de giras? Para sacar el mayor provecho de este libro, lo mejor sería completar tu historial de giras antes de seguir adelante. Tener un historial de giras actualizado es una de las herramientas más valiosas que puedes usar como artista **¡No te saltes este paso! ¡Cada minuto que le dediques valdrá la pena!**

INVESTIGAR ARTISTAS SIMILARES: CONOCE A TU COMPETENCIA

Ahora que tienes un registro de dónde y cuándo te has presentado hasta ahora en tu carrera profesional, el siguiente paso es aprovechar esa información tocando en nuevos lugares y mercados. Entender cómo encaja tu música en cualquier mercado, averiguar los lugares adecuados para tocar y conocer a la competencia, es esencial para crear una **estrategia de tour** sólida.

El primer paso es investigar quién es tu competencia. ¿Cuáles son los grupos locales o regionales que tocan música similar a la tuya? Es importante buscar artistas que estén en tu mismo (o ligeramente por encima) nivel de notoriedad. Consulta sus páginas web y sus publicaciones en las redes sociales. Averigua en qué lugares están tocando y su historial de giras anteriores. Puedes ver cómo un artista ha llegado a donde está ahora investigando dónde ha tocado antes. Al estudiar el trabajo de tus pares, obtienes información valiosa que puede ayudarte a establecer objetivos para nuevas oportunidades de presentaciones. Encontrarás lugares nuevos y otras opciones para presentarte que te ayudarán a incrementar tu **audiencia/*fanbase***.

En esta sección, también veremos los materiales de marketing que has creado y organizado hasta este momento y los compararemos con los de los artistas que has investigado. Es importante entender no sólo dónde tocan otros artistas, sino también qué es lo que hacen para promocionarse y promocionar su música.

Lista de artistas similares

Una vez que hayas encontrado unos cuantos artistas que crees que comparten el mismo público que tú, los lugares y eventos en los que han tocado se convierten también en tus objetivos. La meta de esta investigación es encontrar nuevos lugares para tocar y conocer mejor nuevas ciudades y regiones que estén interesadas en tu música.

La **Lista de artistas similares** te proporciona lo que debes tener en cuenta a la hora de elegir los y las artistas que quieres estudiar. Revisa a los candidatos con la lista que aparece a continuación para ver si encajan bien.

Anyone Can Book a Gig
Paso Tres: Investigar y desarrollar

Hoja de trabajo 3.1
Lista de artistas similares

LISTA DE ARTISTAS SIMILARES

Ahora que has seleccionado un par de artistas en los cuales te podrás centrar, con un poco de investigación deberías poder responder a estas preguntas preliminares. Piensa en esta lista de revisión como un trampolín para tu investigación: ¿qué te viene a la mente cuando empiezas a responder a estas preguntas?

 **Hoja de trabajo 3.1 - Lista de artistas similares [Materiales esenciales para artistas]**

GIRAS/PRESENTACIONES

- ❑ ¿Se ubican cerca de ti?
- ❑ ¿Tocan en las mismas ciudades?
- ❑ ¿Tocan en los mismos lugares, o en lugares similares?
- ❑ ¿Tienen un público similar (por ejemplo: edad, interés del público más allá de su música)?
- ❑ ¿Tienen la misma cantidad de seguidores en las plataformas de streaming o redes sociales?
- ❑ ¿Tocan shows con actos similares?
- ❑ ¿Colaboran con los mismos músicos?
- ❑ ¿Tu música es comparable a la de ellos en cuanto a género, sonido, instrumentación?
- ❑ ¿Utilizan instrumentos y equipos similares?

Este último punto es importante, especialmente si tienes una pieza de *backline* pesada o costosa, como un piano o un Hammond B3. Los clubs que no tengan estos instrumentos tendrán que rentarlos. Si es que estás empezando, deberías de considerar si puedes tocar con un teclado en su lugar, para reducir el gasto del promotor.

MARKETING/BRANDING

- ❏ ¿Qué aspecto tiene su página web? ¿Se parece a la tuya?
- ❏ ¿Tienen una newsletter? ¿Qué plataformas utilizan para informar de las próximas presentaciones? ¿Qué plataformas de redes sociales usan?
- ❏ ¿Están conectados con otros profesionales de la industria musical, sellos discográficos, asociaciones profesionales o marcas comerciales (es decir, patrocinios o sponsors de equipos)?
- ❏ Observa su imagen en su página web, redes sociales y materiales (medios de comunicación, fotos, vídeos, EPK, logotipos, etc.) - ¿cómo están transmitiendo su mensaje?

Utiliza la lista para asegurarte de que estás **investigando a los artistas adecuados** en esta sección del libro. Aprenderás si un artista es similar a ti en estilo, alcance u otras áreas importantes.

Investiga a artistas similares

¿Estás listo para poner en práctica tus habilidades de investigación? Empieza a tomarte en serio lo de conseguir conciertos investigando a los artistas que has elegido en tu **Lista de artistas similares** con la pestaña de "**Investigación**" de tu **Historial de giras**.

El objetivo de este ejercicio es juntar el historial de giras de artistas similares en un solo documento, ayudándote a decidir cuáles de esos lugares son sitios en los que tú también quieres tocar. ¿Cuáles de esos espacios están cerca de ti o se encuentran en zonas en las que piensas hacer una gira? ¿Cuáles siguen activos? ¿Aceptan solicitudes? ¿Crees que podrías tocar ahí el próximo año? ¿En los próximos cinco años? Utiliza la información de la hoja cuando te dirijas a los promotores.

Tu carta de solicitud debe basarse en la idea de que **has investigado y sabes quién toca en el *venue***. Tu grupo tiene un sonido similar o atrae a los mismos grupos demográficos que un grupo que ya ha tocado en ese *venue*, por lo que crees que tendrás éxito en ese lugar en concreto.

Una solicitud sólida e informada dirigida a un nuevo promotor utilizando los datos de tu historial de giras podría ser como esta:

> ***Tengo un sonido y un show similares a los del ARTISTA SIMILAR #1, que tocó en su espacio recientemente. Por lo que he escuchado, ARTISTA SIMILAR #1 tuvo una buena venta de entradas. Tengo un público creciente en su mercado, como lo demuestra mi (SEGUIDORES DE SPOTIFY o HISTORIAL DE GIRAS). Estoy seguro de que puedo vender una cantidad de entradas parecida a la del ARTISTA SIMILAR #1 a un precio parecido en su venue.***

CONSEJO

Más información sobre escribir solicitudes como esta puedes encontrarla en la sección "Comunicación: escribir de forma eficaz" en la página 67.

Instrucciones:

Abre la Plantilla 3.1 - Historial de giras, y ve a la segunda pestaña ("Investigación").

Investiga el historial de giras de cada uno de los artistas de tu lista. Lo mejor sería investigar el historial de giras reciente, no el de hace diez años.

Introduce en la plantilla información sobre los *venues* y festivales en los que han tocado los artistas. Incluye el contacto de programación del *venue* para consultarlo más adelante.

- ¿Has añadido información a tu pestaña de **Investigación**?
- ¿Has encontrado nuevos espacios a partir de tu investigación?
- ¿Has comparado tu material promocional con el de la competencia?
- ¿Cómo puedes mejorar tu página web?
- ¿Cómo puedes mejorar tu *branding*?
- ¿Qué plataformas de redes sociales te faltan?
- ¿Tienes un club de fans electrónico o una newsletter para que los fans se inscriban y se enteren de tus espectáculos o reciban copias anticipadas de tu nueva música, entradas para tus conciertos o giveaways de merchandising?

APLICA TU INVESTIGACIÓN: PLANIFICA TU JUGADA

Planea tu estrategia de gira

¿Cuáles son las oportunidades para tocar en tu localidad? ¿Cómo puedes ampliar esas oportunidades a tu región? La planificación de una **estrategia de gira/*tour*** consiste en ampliar el público que podrías tener en mercados más importantes. **La mejor estrategia de giras es hacerlas a nivel regional. Ahorras dinero en viajes y te permite centrar tus esfuerzos en una región a la vez.**

Si te ha ido bien en tu ciudad, busca oportunidades en los estados vecinos. Así podrás ir en coche a los conciertos, lo que significa que ahorrarás dinero, evitando gastar en vuelos. Centrar tus esfuerzos de promoción en una zona más pequeña también significa que puedes tener más impacto. Elige diferentes partes del país: una gira por el norte, otra por la región Pacífico, etc. Facilítate la tarea y concentra tus esfuerzos en el marketing y el alcance.

Investiga los lugares adecuados para tocar

Considera todas las oportunidades de presentación en cada ciudad. Piensa fuera de la caja de un típico concierto en un *venue*. La variedad supone una oportunidad. Tal vez una ciudad universitaria tenga un pequeño ciclo de música o un centro comunitario o escuela que puedan estar interesados en un taller de música. Además, busca en los teatros locales, bibliotecas, sociedades de jazz, eventos comunitarios, etc. Considera todas las oportunidades de presentación en cada ciudad y encuentra la que mejor se adapte a tu situación profesional.

Cuando planifiques tu estrategia de giras, considera la posibilidad de tocar en una región concreta cuando haya un festival. Estos eventos se denominan **eventos de *soft ticket*** (o entradas indirectas). Un evento con *soft tickets* es aquel en el que alguien compra un boleto para ver varios artistas. No necesariamente están comprando un boleto para verte tocar, sino también para asistir al evento. Estos eventos son una buena forma de obtener exposición propia sin el riesgo de no llenar un *venue* o que el promotor pierda dinero con un artista desconocido. Muchos artistas utilizan estos eventos como **oportunidades de *showcase*** para darse a conocer a nuevos aficionados de la música. Los festivales y los grandes eventos te exponen a un mayor número de audiencia y críticos que puedan estar allí para cubrir el evento.

Si tocas en un evento con *soft tickets*, querrás volver a la misma área durante el mismo año, quizás 6 o 9 meses después, y tocar en un club para empezar a construir tu mercado de ***hard tickets***, o entradas directas. Se trata de verdaderos fans que comprarán una entrada sólo para verte. Estos fans son el núcleo de tu audiencia. Construir sobre su lealtad hacia ti te proporcionará giras sostenibles en cualquier mercado. Considera la posibilidad de presentarte como telonero de artistas más conocidos, o de incluir a músicos famosos como invitados especiales en tu banda ¡lo cual te ayudará a vender entradas! Puedes reunir ideas de artistas más conocidos para quienes telonear examinando y ampliando tu lista de artistas similares.

Fechas ancla

Los festivales y los eventos patrocinados, como una serie de conciertos en lugares como bibliotecas, centros comunitarios y pequeños teatros, suelen ser eventos de *soft tickets*. Funcionan con un presupuesto fijo que no depende únicamente de la venta de entradas. Sus gastos suelen ser más bajos porque anuncian varios eventos o artistas juntos, lo que hace que el gasto por artista se reparta entre todos los artistas. Por lo tanto, normalmente los honorarios de estos eventos pueden ser más altos, lo que significa que se pueden considerar **fechas ancla**. Los honorarios de estos eventos te pueden ayudar a establecer el presupuesto de la gira, o a anclar la gira, de modo que puedas permitirte también tocar en espectáculos con menor remuneración.

Al planificar una gira, una buena regla general es encontrar primero el festival o el show subsidiado y luego buscar los demás conciertos cerca de este.

Ten en cuenta que debes pensar en tu presupuesto global y en los ingresos de cada uno de los conciertos. Más adelante hablaremos de las finanzas y los presupuestos de las giras.

Mini-curso: Análisis de streaming

Entender las plataformas de *streaming* y sus analíticas es una forma eficiente y rentable de ayudarte a planear una gira próxima.

Navegar en las plataformas de streaming

Utilizar los datos de las plataformas de streaming para planear tus giras es uno de los pasos más inteligentes que puedes hacer como artista. Para muchas personas la promoción en la radio resulta muy costosa y es difícil hacer un seguimiento de los resultados.

Puedes enviar capturas de pantalla a *venues*, promotores y festivales para demostrar que tienes oyentes en su mercado, lo que disminuye el riesgo para todos, incluso si aún no tienes historial de giras en ese mercado. También, puedes utilizar los datos de tu audiencia para decidir si vale la pena arriesgarte a cerrar un acuerdo de pago por taquilla (*door deal*) en una ciudad determinada, incluso antes de tener un historial de giras allí, o negociar mejores condiciones.

Hay tres formas principales de clasificar los servicios de *streaming* en relación con el análisis de los datos de las giras: los que son específicos para un territorio, los que son multi-territoriales con información sobre los artistas, y un par de híbridos. No todos los servicios de *streaming* ofrecen análisis detallados para los artistas, pero, si tienes un millón de reproducciones en Tencent Music, puedes aprovechar esos datos en las conversaciones con *venues*, promotores y festivales en China.

Multi-territoriales (con tableros de análisis para artistas):

- Spotify: **[https://artists.spotify.com]**[6]
- Apple Music: **[http://artists.apple.com]**[7]
- Anghami (centrado en Oriente Medio y África del Norte): **[https://creators.anghami.com]**[8]
- Deezer (con sede en Francia, alcance casi global pero más presente en América Latina y Brasil): **[https://creators.deezer.com]**[9]
- YouTube (información integrada en el canal): **[https://youtube.com]**[10]
- SoundCloud (tablero para artistas integrado, el pago del nivel premium ofrece más información): **[https://www.soundcloud.com]**[11]

Híbrido (territorio único y con tablero para artistas):

- Pandora y Next Big Sound: [http://amp.pandora.com] [12] y [http://nextbigsound.com][13] (Pandora es propietaria de NBS, cada sitio te da información diferente sobre los datos de tus oyentes. Pandora sólo está disponible en Estados Unidos).
- JioSaavn (basado y centrado en la India, con más de 100 mm de usuarios, pero tiene un tablero para artistas): [https://artists.jiosaavn.com] [14]

Territorio específco (centrado en un solo territorio y carece de tablero):

- Boomplay (el mayor servicio de streaming de África, de origen chino): [https://www.boomplay.com/] [15]
- Gaana (el mayor servicio de streaming de la India): [https://gaana.com/] [16]
- Tencent Music (posee 3 servicios de streaming de música en China): [https://www.tencentmusic.com/en-us/] [17]
- NetEase Cloud Music (segundo después de Tencent, con más de 500 millones de usuarios y en rápido crecimiento, aplicación con sede en y específico para China): [https://music.163.com/] [18]
- Claro Musica (el mayor servicio de streaming/contenido de América Latina): [https://www.claromusica.com/landing][19]
- LINE MUSIC (el servicio de streaming más importante de Japón): [https://music.line.me/about/] [20]
- Yandex Music (Rusia, Europa del Este/Eurasia e Israel, más de 20 millones de suscriptores en el otoño de 2018): [https://music.yandex.com/home] [21]

Consejo de analíticas de streaming #1: Obtén los datos del país de tu distribuidor o sello

Puedes notar que estamos omitiendo grandes distribuidoras como Amazon Music y otras más pequeñas como TIDAL, Qobuz y Napster. Esto se debe a que estos servicios de *streaming* aún no han creado tableros de análisis para artistas. Sin embargo...

En el caso de cualquier servicio de *streaming*, PUEDES obtener el archivo sin procesar .csv (valores separados por comas) de tu distribuidor o sello discográfico, que incluirá los datos del país. Aunque, estos no serán oyentes únicos, especialmente cuando se analizan sobre un largo período de tiempo. Con un poco de magia de Excel (es decir: tablas dinámicas), puedes construir un gráfico de los países con mayor número de oyentes. Algunos distribuidores tienen mejores analíticas que otros, y pueden incluso combinar (a veces en tiempo semi real) los datos de localización de la audiencia de los servicios de *streaming* más importantes, como Spotify y Apple.

Consejo de análisis de streaming #2: Estima tus datos históricos en un mercado

La mayoría de los tableros de análisis de artistas permiten desglosar los datos por ciudad y país, pero algunos sólo muestran los datos sobre un período de 28 días. Siempre puedes hacer una captura de pantalla de cada mes, hacer algunos cálculos y estimar el tamaño de tu audiencia (pero ten en cuenta que no todos los números son "oyentes únicos") a largo plazo, pero la cantidad total sólo le da una visión real de los "oyentes únicos" sólo dentro de ese mes determinado. Supongamos que Spotify te muestra 500 oyentes en Barcelona en febrero y 600 en Barcelona en marzo, mientras que es técnicamente posible que tengas 1100 oyentes únicos en esas ocho semanas. En este caso, es más probable que haya al menos algunas escuchas cruzadas.

Consejo de análisis de streaming #3: Promociona tus shows en plataformas de streaming

Si tu show está listado en alguna plataforma boletera, como Ticketmaster, AXS, Songkick o Eventbrite, ellos automáticamente deberían de sincronizarse con tus perfiles de *streaming*, si ambos servicios están afiliados. Los ejemplos anteriores, por ejemplo, se sincronizan con Spotify.

Los sitios de venta de boletos varían entre *venue* y *venue*, así que asegúrate de revisar qué servicio es relevante para tu show, y checa en tus servicios de *streaming* si hay alguna forma de sincronizar automáticamente los días de tus shows en tus perfiles.

No todos los *venues* estarán conectados con alguno de estos sitios. En este caso, puedes utilizar diferentes servicios para añadir fechas de *shows* en tus perfiles.

Songkick (ahora propiedad de Warner Music Group), ofrece un servicio llamado *Tourbox* que te permite añadir tus *shows* directamente en tus perfiles de artista en servicios como Spotify, SoundCloud, Apple Music, Bandcamp y más.

Regístrate y conectate con tus plataformas de *streaming* en [http://tourbox.songkick.com][22]. Después, cada vez que bookees un show y lo agregues a Songkick, automáticamente subirá la información a tus perfiles de artista en tus plataformas elegidas.

De esta forma, tus escuchas recibirán automáticamente notificaciones de tus shows cercanos a ellos, de las plataformas que ellos usan para escuchar tu música ¡Marketing sencillo!

COMUNICACIÓN: ESCRIBIR CORRESPONDENCIA DE FORMA EFECTIVA

Cómo te comunicas en tu correspondencia de trabajo es muy importante. Ya sea con promotores, otros artistas o agentes, el mejor consejo que te podemos dar es muy simple: **piensa** a quién le estás enviando tus correos. Quienquiera que sea, es probablemente una persona ocupada que recibe docenas de correos electrónicos diariamente. Elabora un mensaje corto pero significativo. Por desgracia, la mayoría de la gente no querrá leer un correo electrónico largo, con seis u ocho enlaces diferentes. Es esencial mostrar que respetas el tiempo y la atención del lector.

Si has hecho tu investigación de artistas similares, puedes escribir al promotor y decirle:

> ***Tenemos un sonido y un alcance similares a los de [ARTISTA SIMILAR #1] que tocó hace poco en su venue (añade la fecha o el mes si lo sabes).***

Esto dará contexto a tu correo electrónico. A los promotores les impresionará que hayas estudiado su programación y que hayas considerado realmente si tu música encaja bien en su *venue*.

Por lo general, **uno o dos** párrafos son suficientes para una carta de presentación. Recuerda que siempre puedes terminar un correo ofreciendo enviar más información o preguntando si sería posible llamar a un promotor y hablar con él sobre tu proyecto cuando sea conveniente. Preguntar cuándo puedes volver a ponerte en contacto te da la oportunidad de ser persistente sin ser agresivo o molesto. El promotor estará marcando los límites de la próxima conversación. Esto demuestra que eres profesional y que respetas el tiempo y el interés del promotor.

Hemos incluido varios ejemplos y una video lección para que aprendas a comunicarte con los promotores efectivamente.

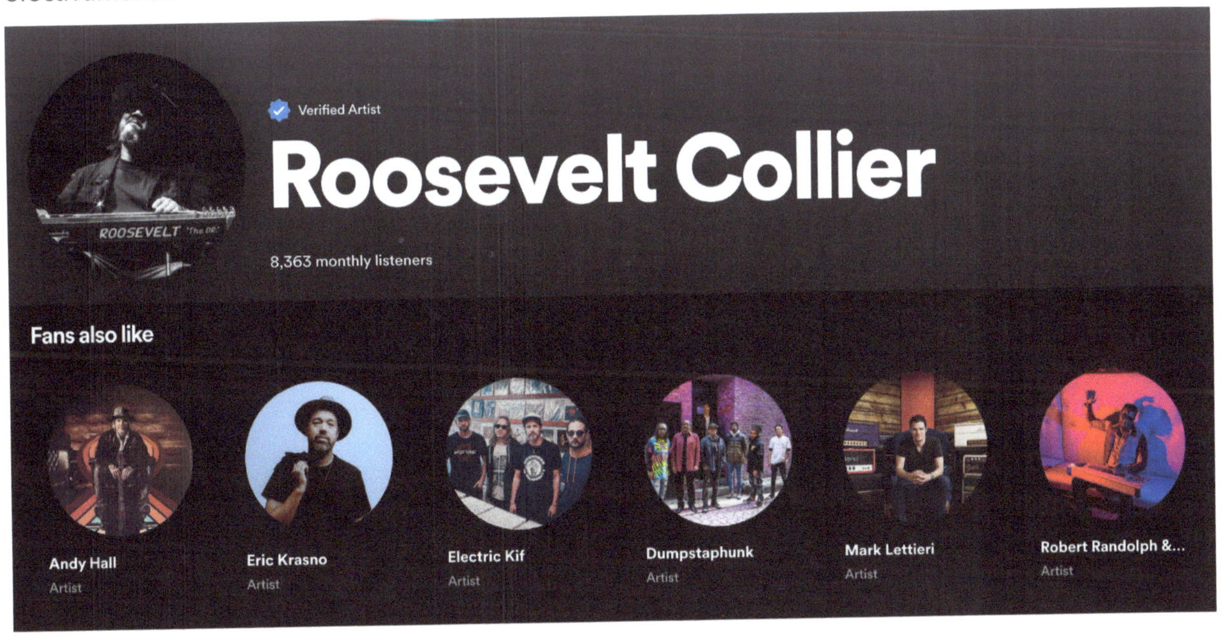

PASO TRES

SOLICITUDES

Saber cómo escribir correos de forma exitosa equivale a saber escribir buenas solicitudes. Como puedes ver en los ejemplos, lo importante es ser breve.

#1. Adrien Brandeis | MWI

Buenos días, me llamo Adrien Brandeis, soy pianista de jazz y soy francés. Me gustaría presentarles mi proyecto musical y mi nuevo álbum para trabajar con su agencia en 2021.

Se trata de un cuarteto de jazz con influencias latinas y composiciones originales.

El nuevo álbum "Meetings", es mi segunda grabación y estará disponible en septiembre de 2020 con Jazz Family / Soca Disc Distribution. La promoción en Francia está a cargo de Sylvie Durand.

Este álbum tiene un featuring con Orlando Poleo en la pista #5 "Suave".

Enlace privado teaser (*favor de no compartir*) : enlace
Enlace privado para escuchar el álbum (*favor de no compartir*) : enlace
Página web : http://adrienbrandeis.com
Facebook : https://www.facebook.com/adrienbrandeismusic/

Adrien Brandeis recibió el premio europeo LetterOne **RISING STARS JAZZ AWARD 2018** y premios de los principales festivales en Francia : primer lugar del concurso de "Jazz à Juan Les Pins 2017", y también "Jazz à Porquerolles 2017".

Desde 2017, Adrien Brandeis ha presentado su música en los más famosos **festivales de jazz europeos** (*Nice Jazz Festival, Umbria Jazz, Leopolis Jazz Festival, Love Supreme Jazz Festival, Heineken Jazzaldia Festival, Kongsberg Jazz Festival, JazzOpen Stuttgart*), en **Asia** (*Jazzmandu – Nepal, Kolkata International Jazz Festival – India*) **y América Latina** (*Zacatecas Jazz Festival, Polanco Jazz Festival*).

Se adjunta el kit de prensa del proyecto.
Si está interesado, puede ponerse en contacto conmigo al teléfono 06 23 58 75 51 o por correo brandeis.adrien@gmail.com

Atentamente,
Adrien Brandeis

 Ejemplo 3.1 - Solicitudes [Materiales esenciales para artistas]

PASO TRES

Pianista-Compositor
http://www.adrienbrandeis.com
https://www.facebook.com/adrienbrandeismusic/
Tel: ***06 23 58 75 51***
Correo: *brandeis.adrien@gmail.com*

#2. Bob Smith | Blue Bayou Club

Estimada Susan Jones,

Mi nombre es Bob Smith. Le escribo hoy en nombre de mi banda, The Bob Smith Experience. Somos un quinteto de blues de piano, guitarra, bajo y batería. He estado mirando el calendario de espectáculos en la página de su club, el Blue Bayou. He visto que recientemente presentaron un concierto de Jimmy Brown y sus Blue Rangers. Estoy seguro de que Bob Smith Experience encajaría maravillosamente en su programación.

Aquí hay un enlace a nuestra página web donde podrá ver una biografía, fotos, clips de audio y video, nuestro rider técnico y algunas críticas.

www.bobsmithexperience.com

Estamos trabajando en la programación de conciertos para los próximos 3 meses para promocionar nuestra nueva grabación, "Blues on Monday" con Alligator Records.

Espero poder contarle más sobre nuestra banda. ¿Hay algún momento en el que sería conveniente llamarle para que hablemos de su interés en contratar a The Bob Smith Experience? Toda mi información de contacto está abajo.

Gracias por su consideración e interés, Susan. Esperamos tocar pronto en el club Blue Bayou.

Bob
Bob Smith Experience
890-123-4756
Correo: bobsmithexperience@gmail.com

#3. Bob Smith / Wild and Wooly festival

Estimado/a Director/a /Programador/a del Festival,

Mi nombre es Bob Smith. Le escribo hoy en nombre de mi banda, The Bob Smith Experience. Somos un quinteto de blues de piano, guitarra, bajo y batería. He estado revisando la programación pasada en la página web de su festival Wild and Wooly. He visto que recientemente se presentó Jimmy Brown y sus Blue Rangers. Estoy seguro de que Bob Smith Experience encajaría en su programación y tendrá mucho éxito. Estamos interesados en tocar en el escenario "Side Door" o como teloneros para el escenario principal.

Aquí hay un enlace a nuestra página web donde se puede conseguir la biografía, fotos, clips de audio y video, nuestro rider técnico y algunas críticas.

www.bobsmithexperience.com

Estamos trabajando en la programación de shows para los próximos 3 meses con el fin de promocionar nuestra nueva grabación, "Blues on Monday" con Alligator Records.

Espero poder contarle más sobre nuestra banda. ¿Hay algún momento en el que sería conveniente llamarle para que hablemos de su interés en contratar a The Bob Smith Experience? Toda mi información de contacto está abajo.

Gracias por su consideración e interés. Si usted no es el contacto adecuado para el escenario "Side Door", por favor reenvíe esta solicitud a la persona indicada de su equipo. Esperamos poder trabajar con usted pronto. En espera de poder tocar en el festival Wild and Wooly en 2020.

Bob
Bob Smith Experience
890-123-4756
Correo: bobsmithexperience@gmail.com

Ejemplo 3.1 - Solicitudes

CÓMO HABLAR CON LOS PROMOTORES

Por Alice Feldman, Co-Directora del Festival JetLAG y Directora de Desarrollo de África en formación en MWI.

Desde la perspectiva de un promotor de festival, me he encontrado muchas veces con ese tipo de ansiedad, nerviosismo, adrenalina y confusión que proviene de los artistas que intentan conseguir un lugar en alguno de los escenarios de mi festival.

Hay muchas mejores formas de hablar con promotores que el estándar discurso de elevador (elevator pitch). Necesitas transformar tus métodos. Tienes que cambiar tu mentalidad de ventas, donde estás sólo hablando de ti y tu proyecto, a un acercamiento donde puedes ver al promotor como un colega en una aventura conjunta. Juntos están buscando encontrar una oportunidad futura para colaborar en una perspectiva emocionante y mútua.

En muchas situaciones, cuando los artistas tienen la oportunidad de hablar a un comprador de talento o promotor, lo arruinan. Imaginemos que estás en el elevador con alguien que conociste en una conferencia y reconoces que existe la oportunidad de intentar contarles sobre tu proyecto y *CONSEGUIR ESA PRESENTACIÓN*. Cuando estás en esa mentalidad, estás sobrevendiéndote; sientes que tienes este minuto para explicar absolutamente todo y cualquier cosa sobre tu música, todos los lugares donde has tocado, y todas las audiencias que te gustarían. Empiezas a soltar todas estas cosas, y no puedes parar.

Imagina lo que podría estar pasando del lado del promotor es el momento en que lo encasillas de esa forma. El momento que pasan 10 segundos y dices: ***Tengo este increíble acto de indie rock y seríamos geniales para tu festival...*** El promotor ya estaría pensando en todas las formas de decepcionarte amablemente.

Porque ya han programado todo su festival.

Y ahora están en el ascensor, ansiosos esperando a que dejes de hablar, porque no hay absolutamente ninguna manera de que te *bookeen* para ese año. Mientras tanto, estás nervioso y tratando de conseguir este concierto con todas tus fuerzas. Los has perdido; lo estás arruinando. A lo grande.

¿Hay otra manera de hacerlo? Sí, claro que la hay. Primero, pregúntale al promotor qué tiene en mente. ¿Dónde se encuentra con el *booking* de su festival? ¿Qué metas quieren alcanzar mediante su programación?

¿Por qué deberías de empezar de esta forma? Porque a todo el mundo le encanta hablar de lo que están haciendo.

Oye, ¿cómo va tu festival? ¿Sigues buscando x? ¿Hay algún vacío que tengas que llenar? ¿Qué proyectos has encontrado interesantes? ¿Qué hay de nuevo para este año?

Si te acercas de esta manera, el promotor te contará sobre lo nuevo y emocionante de las cosas que están haciendo, y todas las nuevas ideas interesantes en las que están trabajando para ese año. Esa conversación los involucra desde el principio y puede abrir oportunidades de participar en su programación que a tí nunca se te habrían ocurrido.

Tal vez tengan un componente cinematográfico y tú tengas algún tipo de vídeo musical en el que hayas trabajado y que creas que encajaría perfectamente. Tal vez, te estén diciendo que, ya han programado un escenario completo de indie rock, pero están buscando un acto de world music innovador. Quizás tengas un proyecto secundario que involucre world music en el que nunca habrías pensado, porque simplemente habías asumido que no sería una buena propuesta para ese festival. Tal vez, tengas un amigo que tiene un increíble proyecto de world music que crees que deberían considerar.

Ni siquiera te estás ofreciéndote a ti mismo, necesariamente. En cambio, te has vuelto una fuente de información, un conducto que ofrece colaboración. Esto le muestra al promotor que estás interesado en mucho más que en un solo concierto. Al final, en esta industria, al igual que en muchas otras, todo se trata de construir conexiones, confianza a largo plazo y compañerismo.

Así que recuerda, no tienes que venderte en un minuto. Deberías preguntarle a la otra persona sobre sí misma y sobre lo que está tratando de lograr. Has esta conversación sobre ellos, no sobre tí. Dále la vuelta, podrías identificar formas de lograr algo juntos; podría ser algo que nunca hubieras pensado que fuera posible al iniciar la conversación, y podría dar lugar a más posibilidades en el futuro.

Cuando te centras sólo en ti mismo y en tu música, ya sabes lo que se siente. Todo gira en torno a ti. Mantén la mente abierta y pueden ocurrir cosas maravillosas.

ENTENDIENDO EL LENGUAJE DE LA INDUSTRIA MUSICAL

Todos los negocios tienen términos para describir lo que hacen y cómo se refieren a ciertos aspectos de su trabajo. La industria musical también. Aquí te brindamos una explicación de algunos términos comunes utilizados para describir las distintas funciones de las personas implicadas, el contrato, el rider, el espectáculo y los términos del contrato. Para terminar, te proponemos un cuestionario para comprobar tu aprendizaje. Esto te ayudará a entender las últimas secciones del curso.

Glosario de la industria musical

¿QUIÉN HACE QUÉ?

Mánager/representante: Funge como enlace entre el artista y su equipo: el sello, el agente, el tour mánager, el encargado o la encargada de prensa, etc. Un mánager competente aprovecha la experiencia del equipo para diseñar una estrategia que ayude al desarrollo de la carrera de su artista.

Agente de booking/booker: Trabaja con un artista y su equipo para conseguir oportunidades de presentación en vivo y así ampliar y construir la carrera de un artista, centrándose en un plan estratégico. El agente también se conoce como "booker".

Encargado de prensa: Busca oportunidades de promoción con una amplia gama de contactos en los medios de comunicación, ya sea prensa impresa o digital, estaciones de radio tradicional o en línea, etc., para mejorar y mantener el perfil de un artista.

Productor: Gestiona toda la logística y los costos de un proyecto completo: un concierto, una sesión de grabación, un evento especial, etc.

Promotor: Organiza eventos, los anuncia y asume los costos y riesgos asociados a la presentación del evento.

Mánager de gira/Road Mánager/Tour Mánager: Sus funciones incluyen organizar y gestionar los preparativos de los viajes, gestionar la agenda de la banda y toda la logística, armar los itinerarios, liquidar la taquilla después de los conciertos, llevar la contabilidad de la gira y hacer el repaso logístico de los shows. En algunas ocasiones, los road managers también actúan como ingenieros de sonido durante la gira.

CONTRATOS Y RIDERS

Contrato: Documento legalmente vinculante entre dos o más partes por un servicio prestado. Los contratos de los conciertos suelen constar de cuatro partes: **la primera página del contrato** presenta todos los detalles de la presentación (nombre, dirección y aforo del espacio de presentación, precio de los boletos, hora del espectáculo, datos y fechas de pago); **el rider del contrato** suele estar dividido en tres secciones **1) las cláusulas legales**, que detallan cómo se anuncia y promociona el/la artista y las condiciones de la presentación; **2) el rider de hospitalidad** que cubre los detalles de las necesidades de hotel y camerinos, el

PASO TRES

catering y el transporte; y **3) el rider de producción o rider técnico**, que menciona todo el equipo necesario para el concierto y una lista que detalla la colocación de micrófonos y las necesidades de la consola para el equipo técnico. La página principal del contrato y la última página de las cláusulas legales incluyen páginas para firmar. Las páginas de los riders pueden tener una línea para las iniciales del promotor que indiquen que está de acuerdo con los requisitos. El rider es una parte esencial del contrato.

Cláusulas legales: Es la parte del rider que cubre cuestiones relacionadas con el **reparto** (*billing*), las condiciones de pago, la publicidad, las entrevistas, los patrocinadores, la mercancía, los boletos de cortesía, el transporte, el alojamiento, los acuerdos respecto a la fotografía y grabación audiovisual, los camerinos y la seguridad, así como las condiciones de cancelación y los acontecimientos de fuerza mayor. Las cláusulas legales que rigen la revelación de los patrocinadores protegen al artista de que lo asocien con una marca o patrocinador con el que no está de acuerdo, como una empresa de licores o cigarrillos.

Patrocinadores: Aportan dinero a un evento a cambio de publicidad u otras ventajas.

Anexos: Por lo general, hay **dos anexos** a la cláusula adicional que pueden ser etiquetados como A y B. Suelen ser documentos separados, para poder ser entregados al equipo de producción del lugar de presentación y que este se encargue de ellos.

Anexo A (Rider de hospitalidad): Este anexo cubre las necesidades específicas del hotel (solo se utiliza cuando la presentación es fuera de la ciudad local del artista y cuando así se negocie, se incluye cuántas habitaciones, qué nivel de calidad para el hotel, qué tipos de habitaciones, si son por ejemplo suites, individuales, si se necesita servicio de habitaciones 24 horas, centro de negocios, gimnasio), el catering en los camerinos y la cena para la banda y el equipo. Indica cualquier restricción alimentaria. También incluye el transporte local y los traslados; describe cuántas personas viajan y qué tipo de vehículo se necesita para transportar a la banda y equipaje.

Transporte local/terrestre: Por lo general, se refiere al transporte desde el aeropuerto o la estación de tren / bus y entre el hotel y el espacio de presentación.

Traslados: Esta cláusula se refiere al transporte entre ciudades. Puede ser terrestre o aéreo.

Anexo B (Rider técnico): Es un anexo que describe el tamaño y el formato del escenario, el equipo específico necesario para el espectáculo (backline) con los modelos solicitados y otros detalles, el sistema de sonido, los monitores necesarios y cualquier requisito de iluminación. Normalmente también se incluye un plano del escenario (stage plot) y una lista de inputs, que explica cuáles y cuántos canales de audio necesita el grupo para sonar adecuadamente. En la última página del rider debe incluirse una hoja con el contacto de la producción y del sitio de presentación. En ella se indica también la hora de descarga (cuando la banda debe llegar con su equipo), la hora de la prueba de sonido y la hora de presentación del show.

Factura: Menciona los datos para el depósito y el pago del saldo. Este documento debe enviarse junto con el contrato para garantizar que el pago se deposite en la cuenta adecuada. Asegúrate de incluir la fecha y el lugar de presentación, así como todos los datos bancarios necesarios.

Reparto (*billing*): Determina cómo debe anunciarse el grupo o proyecto. Suele indicar el tamaño de letra y si el grupo es el show principal o si se anunciará en un festival (como uno de los muchos conciertos que se anuncian juntos).

Reparto múltiple (*co-billing*): Cuando dos o más artistas tienen la misma importancia en el cartel de un evento porque se considera que tienen la misma atracción de público.

Telonero/Acto abridor: El grupo que realiza un breve set de 20 a 30 minutos antes del show principal.

Artistas/grupos/bandas en desarrollo: Artistas que se encuentran en las primeras fases de su carrera como intérpretes y están construyendo su audiencia y buscando oportunidades como teloneros.

Backline: Las marcas, modelos y tamaños de los equipos necesarios para tocar en vivo: amplificadores, micrófonos, cajas directas, bajos acústicos, pianos y teclados, instrumentos de percusión y baterías.

Plano del escenario (*stage plot*): El diagrama que muestra cómo debe montarse el escenario, incluyendo la colocación de los equipos, los monitores, los micrófonos, los accesorios de escenario, una alfombra o una tarima para la batería, etc.

Lista de inputs: Para el técnico de audio, es el mapa que indica dónde se colocan los micrófonos y para qué instrumentos o voces, así como los monitores en el escenario para poder montar la consola.

Sonido local y backline local (*in-house sound* y *backline*): El equipo de audio y backline existente en el espacio de presentación que no necesita ser alquilado.

Repaso logístico: El tour mánager o representante de la banda se pone en contacto con el lugar de presentación para repasar todos los detalles del próximo espectáculo, incluyendo una revisión de todos los requisitos y horarios de los riders.

Fuerza mayor: Cláusula legal que detalla las condiciones en las que el espectáculo puede ser cancelado, es decir casos fortuitos, clima violento, pandemias, huelgas, disturbios civiles o enfermedades. Esta cláusula también establece las políticas relativas a la reprogramación del evento, la devolución de los depósitos, el arbitraje y todos los asuntos para resolver los términos del contrato.

Contrato con firma parcial (*half-executed contract*): Un contrato que ha sido firmado por una de las partes contratantes. Por lo general, el promotor debe siempre firmar primero.

Contrato firmado (*fully executed contract*): Ambas partes han firmado el contrato y la cláusula adicional, y por lo tanto el acuerdo es vinculante.

TÉRMINOS DE LOS SHOWS

Espacio de presentación o *venue*: Lugar donde se celebra un espectáculo, como un club o un teatro. PAC es la abreviatura en inglés de las siglas de Centro de Artes Escénicas (Performing Arts Center).

Mercados: Las ciudades en las que tocará el artista. Los mercados principales son capitales como Nueva York o Londres. Los mercados secundarios son ciudades más pequeñas que ayudan a crear un perfil y a organizar una gira.

Underplay the Market: Cuando un artista decide presentarse en un espacio en el que puede vender más entradas que la capacidad del local, una estrategia que se utiliza para aumentar el perfil del artista mediante el *sold out*.

Presentación promocional (*showcase*): Evento para presentar a un nuevo nueva artista, normalmente no remunerado.

Construir mercados/construir audiencias: Cuando se vuelve a la misma ciudad a intervalos regulares para seguir creando una base de seguidores.

Viáticos (*Per Diem*): La cantidad que se paga a cada artista para cubrir las comidas que no proporciona el promotor. Los viáticos suelen ser pagados por el líder de la banda como un gasto de la gira, pero pueden ser pagados por el promotor.

Hoja de oferta/propuesta: Propuesta escrita a un artista que debe incluir todos los detalles de la oferta: nombre del espacio de presentación, dirección, aforo, precio de las entradas, horario del show, número de sets y duración de la presentación. Si va a haber una bonificación o un porcentaje de participación, debe incluirse el monto del punto de equilibrio y el presupuesto del show.

Fecha ancla (*anchor date*): Una fecha bien pagada que "ancla" o sostiene el presupuesto de una gira. También puede referirse a una fecha de alto perfil en un lugar o festival conocido.

Presupuesto del show/costo del show: La hoja de cálculo o el informe que detalla todos los gastos de producción de un espectáculo. Los gastos del concierto se registran en el presupuesto del mismo.

Buyout: Cantidad de dinero en efectivo - y adicional a los honorarios - que se entrega al artista y equivale a un gasto del presupuesto del espectáculo. Lo más común es que se negocie un buyout para cubrir boletos de avión, comidas, hoteles o alquiler de equipos.

Presupuesto para el talento/artista: La cantidad de dinero que el promotor ha asignado para pagar a los artistas. Los festivales con varios escenarios pueden tener una serie de presupuestos para cada escenario.

SRO/*Sell Out*: Sus siglas en inglés significan aforo sólo de pie (Standing Room Only), es decir el espectáculo está a su máxima capacidad o sold out.

Potencial bruto (PB): La cantidad de dinero que resulta de la venta de todas las entradas a un precio determinado. Aforo multiplicado por el precio de las entradas = potencial bruto.

Potencial neto: La cantidad de dinero resultante del potencial bruto menos los impuestos y los costos de los derechos de composición.

Punto de equilibrio (*breakeven*): El punto en el que se cubren todos los gastos del espectáculo y el promotor empieza a obtener sus beneficios. Puede acordarse en función del número de entradas vendidas o de una suma económica.

Punto de reparto (*split point*): En un acuerdo para compartir un porcentaje de los beneficios o ingresos, el punto de reparto es la cantidad de dinero a partir de la cual el promotor ha cubierto todos los gastos del espectáculo, ha añadido un porcentaje de beneficios a los gastos para sí mismo y reparte el resto de los beneficios con el artista. Los beneficios del promotor oscilan entre el 10 y el 20% de los costos del espectáculo.

Ganancia final (*walk out*): El dinero total que ganará el artista después de los honorarios garantizados más cualquier porcentaje o bonificación.

Honorarios garantizados/fijos (*guarantee/flat guarantee*): La cantidad de dinero que se pagará al artista independientemente del número de personas que acudan al espectáculo o de la cantidad de boletos vendidos.

Pago por taquilla (*door deal*): El artista acepta presentarse sin honorarios garantizados, pero con un alto porcentaje de los ingresos de las entradas.

Acuerdo con alternativa (*versus deal*): Un acuerdo mixto en el que el promotor garantiza una determinada cantidad de dinero o un porcentaje de los ingresos de las entradas. Ejemplo: $1,000 dólares o el 75% de los ingresos, el monto que sea mayor.

Acuerdo 360/contrato 360: Un plan de gira completo en el que la gira se vende como un paquete a un promotor. Se comparten todos los aspectos de la gira y los flujos de ingresos adicionales: mercancía, ingresos de la gira, ingresos de los derechos de los medios de comunicación. Básicamente, el productor de la gira garantiza una determinada cantidad de ingresos por concierto y una participación en los beneficios de la gira.

Acuerdo prorrata (*cross-collateralized*): En una situación de varios conciertos con un promotor, los gastos se amortiguan (o se reparten) entre todos los conciertos para determinar el beneficio del bloque de fechas. Un acuerdo pro-rata común es en materia de boletos de avión o gastos de traslado: para evitar que un promotor pague más que otro, se decide sumar todos los gastos de boletos de avión para realizar la gira, y ese total se divide entre el número de promotores por concierto, y así se asegura que todos los promotores paguen la misma cantidad por gastos de traslados internacionales.

Potencial y Riesgo: Los dos principios de cualquier acuerdo comercial. El potencial se refiere a quien tiene más poder para conseguir el mejor trato. El riesgo se refiere a la probabilidad de que el espectáculo sea un éxito o una pérdida financiera.

Mercancía (*merch*): Material promocional que el artista puede vender en un espectáculo (discos, camisetas, etc.).

Cambio de audiencia (*turn the house*): Múltiples espectáculos en una misma noche en los que se despeja el recinto entre ellos y se permite la entrada a otro público que paga. Por ejemplo: cuando un artista hace dos conciertos en el mismo espacio el mismo día: hará una presentación a las 7pm y otra a las 9pm, por lo que se tendrá que "cambiar la audiencia".

Front of House (*FOH*): Las zonas públicas del recinto, la taquilla y las zonas de asientos. También refiere a la consola de audio frente al escenario.

Tras bastidores/bambalinas (*back of house/backstage*): Zonas entre bastidores a las que el personal, los artistas y otras personas sólo tienen acceso con un pase backstage que puede ser una estampa, un gafete o una pulsera, que muestra que tienen permiso para estar allí. También se refiere a la consola de audio de los monitores.

Comprobante de taquilla (*ticket manifest*): El informe detallado de la taquilla del lugar de presentación o de la empresa de venta de entradas que muestra cuántas entradas se han vendido y a qué precio. Es el documento que presenta el recuento final de las entradas vendidas.

Costo del boleto/entrada: Las empresas de venta de boletos, como TicketMaster, añaden un cargo por servicio. Este cargo aumenta el costo para la audiencia. Algunos espacios tienen **taquillas propias** para la venta de entradas, o venden las entradas directamente.

Asientos con visibilidad limitada (*kills*): Son aquellas entradas que no se pueden vender (o se deben vender por un menor precio) por tener la vista obstruida o por razones técnicas. Deben anotarse en el presupuesto del espectáculo para obtener una cifra potencial bruta exacta.

Taquilla/boleto directo (*hard ticket*): Una entrada comprada para ver a un artista en específico. El artista se hace responsable de atraer al público en función de sus aficionados.

Taquilla/boleto indirecto (*soft ticket*): Una entrada para un evento con varios shows, como un festival, en el que el público verá a varios artistas (también llamado boleto de festival). En este caso no es un solo artista quien atrae a todo el público. También puede referirse a un evento subvencionado, como un boleto de temporada, una suscripción o una membresía para un lugar en el que el público apoya al local y a todos los espectáculos que presenta.

Cortesías: Entradas de cortesía que se regalan para un espectáculo. Los y las artistas suelen solicitar un determinado número de entradas de cortesía para regalarlas a sus amigos o familiares. El promotor también puede regalar entradas a los medios de comunicación, a los patrocinadores, o como parte de su acuerdo con el alquiler de un espacio de presentación.

Recuento/conteo final (*settling the show/show settlement*): Revisión posterior de todos los gastos e ingresos del concierto con el *venue* o el promotor para acordar el importe de los honorarios finales que se pagarán al artista; incluye la revisión de los recibos (copias de los recibos reales de los gastos) y la revisión de un reporte o informe de taquilla.

Historial de tours/giras: El resumen de todos los eventos en los que has tocado, incluye la ubicación, el lugar y todos los detalles financieros del concierto.

Derechos de autor: Los promotores musicales deben pagar por la interpretación de las composiciones con derechos de autor que se tocan durante un concierto. Las Sociedades de Gestión Colectiva de los Derechos de Autor (Performing Rights Organizations, o PRO por sus siglas en inglés), como ASCAP, BMI, SACEM, GEMA, SACM (México), SAYCO (Colombia), SCD (Chile) etc., llevan el control de los derechos de autor que se deben pagar a los autores de la música interpretada en directo, transmitida por streaming o retransmitida. Los compositores reciben los derechos de autor de estas organizaciones. (Conoce tus derechos. Puedes estar perdiendo ingresos si tocas en vivo).

Conoce tus derechos. Podrías estar perdiendo regalías si tocas en vivo. Aquí un artículo de algunas sociedades de compositores en EE.UU. y Europa [https://primesound.org/ascap-bmi-sesac/][23] Investiga cuál sociedad aplica para tu país o región.

Derechos de difusión: Deben ser concedidos para que las entidades puedan grabar el espectáculo para la radio, la televisión o los medios de comunicación. Los principales componentes de los derechos de los medios de comunicación son 1) el territorio donde pueden emitir el material, 2) un límite del número de transmisiones, y 3) la duración del plazo, es decir, cuántos meses o años pueden seguir emitiendo el material.

Anexo/contrato de difusión (*broadcast addendum*): Apéndice que establece las condiciones en las que la empresa designada puede utilizar la emisión. Esto es necesario para proteger tu **propiedad intelectual** (tus composiciones, interpretaciones, tu nombre y tu imagen).

MARKETING Y PROMOCIÓN

Plan de marketing: La estrategia para presentar y entregar tu producto (tu concierto o tus grabaciones) a los clientes potenciales (por ejemplo el público). Un buen plan de marketing incluye un calendario para la promoción, los objetivos por alcanzar en los medios de comunicación y con el público, e ideas creativas sobre cómo hacerle difusión a tu show o a tu banda.

Campaña de marketing: La puesta en práctica del plan de marketing.

Inversión inicial (*front load*): Es importante un impulso promocional al comienzo de la campaña de marketing para estimular la venta de entradas. El alcance y la amplitud inicial de un plan de marketing que ayude a vender entradas rápidamente puede evitar gastos adicionales.

***EPK*:** Acrónimo en inglés de Kit de Prensa Electrónico (Electronic Press Kit). Se trata de una carpeta con todo el material promocional (biografía, fotografías, videos, etc.) que se distribuye a la prensa y/o a los promotores. A veces, el término "EPK" también se indica junto al título de un cortometraje promocional para subrayar el aspecto publicitario de este material, a diferencia de, por ejemplo, un video musical o un concierto en directo.

Marca (*Brand/Branding*): La forma de presentarse ante tu audiencia, tu imagen. Tienes que comunicar claramente algo característico de tu música a través de los logotipos, las fotos publicitarias y otros materiales visuales de promoción.

Paquete de promoción: Elementos seleccionados de tu carpeta de material promocional que puede contener información específica para destacar tu próximo evento. A menudo incluye un **comunicado de prensa**, que es una declaración oficial que proporciona información a los medios de comunicación: plataformas de medios sociales, emisoras de radio, publicaciones musicales y críticos, un **resumen (*blurb*)**, y una breve descripción de tu show o proyecto con fines promocionales y publicitarios.

Material audiovisual anticipado o de pre-lanzamiento: Copias de tu nuevo material previas al lanzamiento público; normalmente se trata de CDs o enlaces a streams o descargas de archivos de audio. Este material anticipado o de pre-lanzamiento es únicamente para promotores y no debe de estar disponible para el público en general. A menudo, el material anticipado no tiene el envoltorio completo del álbum, las notas de acompañamiento o las ilustraciones (el arte).

Distribución digital: Música que se distribuye mediante un stream, un enlace u otro medio electrónico.

MP3 (mpeg3): Formato de codificación para el audio digital que crea archivos de música comprimidos a una décima parte de su tamaño promedio y del que se dice que "no pierde significativamente en calidad" (las personas melómanas no siempre están de acuerdo).

WAV (.wav): Otro formato de archivo de audio digital desarrollado inicialmente para ser utilizado con Windows 3.1. Los archivos se almacenan sin comprimir, lo que los hace versátiles para la edición. Al no estar comprimidos, los archivos pueden ser muy grandes. A menudo se convierten a formato MP3.

Merch de regalo y entradas de cortesía: Es una buena forma de incentivar a la gente a comprar entradas para tu concierto. Cuando los fans participan en la distribución de estos regalos, tienes la oportunidad de obtener sus direcciones de correo electrónico para construir tu Club de fans electrónicos y tu Base de datos de contactos para ayudarte a llegar a los fans que aprecian tu género de música, es decir tu público meta.

Hoja de trabajo 3.2 - Glosario de la industria musical [Materiales esenciales para artistas]

CUESTIONARIO DEL GLOSARIO DE LA INDUSTRIA MUSICAL

1. Define el término "*buyout*".

A. Cuando un artista recibe una cantidad de dinero en efectivo que es parte del presupuesto del espectáculo (lo más común es que sea para las comidas, los hoteles o el alquiler de equipos).
B. La cantidad de dinero que resulta del potencial bruto menos los impuestos y el pago de los derechos de compositor.
C. El artista acuerda tocar sin garantía, pero a cambio de un alto porcentaje de los ingresos de las entradas.
D. Un fuerte impulso promocional al inicio de la campaña de comercialización para estimular la venta de boletos.

2. Selecciona todos los términos que hacen referencia a un espectáculo con entradas agotadas (*sold out*):

A. *Turn the house*
B. *Sell out*
C. SRO (*Standing Room Only*)
D. *Backline*

3. ¿Qué significa potencial bruto?

A. La cantidad total de asientos en un *venue*.
B. La cantidad de dinero que resulta de la venta de todas las entradas a un precio determinado (aforo x precio de las entradas = potencial bruto, es decir las ganancias máximas estimadas).
C. Un acuerdo en el que el artista se compromete a tocar sin garantía pero a cambio de un alto porcentaje de los ingresos por entradas.
D. Volver a la misma ciudad en intervalos regulares para seguir construyendo su *fan base*.

4. *Soft tickets*, o taquilla indirecta se refiere a:

A. Una entrada impresa en casa antes del espectáculo.
B. Una entrada para un evento de varios shows, como un festival en el que el público verá a muchos artistas (ningún artista es el principal).
C. Entradas que se regalan para un espectáculo.
D. Entradas que no pueden venderse debido a la obstrucción visual u otras razones técnicas.

5. El presupuesto de un show es:

A. La cantidad que se paga a cada artista para cubrir las comidas que no proporciona el promotor.
B. Una propuesta escrita a un artista que debe incluir todos los detalles del concierto.
C. La cantidad de dinero que se pagará al artista independientemente del número de personas que asistan al concierto.
D. La hoja de cálculo o el informe que detalla todos los gastos de producción de un concierto.

6. Se alcanza un punto de reparto (*split point*) cuando:

A. Existe un acuerdo entre un promotor y un artista para compartir un porcentaje de los beneficios de un concierto, y las ventas del evento alcanzan la cantidad financiera acordada (el promotor ha cubierto todos los gastos del show incluyendo un porcentaje de beneficios y el artista recibe cualquier beneficio adicional).
B. Un local alcanza la mitad de su capacidad.
C. Se cubren todos los gastos del concierto y el promotor empieza a obtener beneficios.
D. En una situación de varios shows, los gastos se reparten entre todos los conciertos para determinar el beneficio del conjunto de fechas.

7. Selecciona todos los elementos que generalmente se encuentran en la primera página de un contrato.

A. Nombre del lugar del evento.
B. Dirección del evento.
C. Restricciones dietéticas.
D. Hora del evento

8. El *backline* se refiere a:

A. Un diagrama que muestra cómo debe montarse el escenario, incluyendo la colocación del equipo, los monitores, los micrófonos, los accesorios del escenario, una alfombra o una tarima para la batería etc.
B. Una cláusula legal que detalla las condiciones en las que se puede cancelar el concierto.
C. Una banda que hace un set corto de 20-30 minutos antes de la atracción principal.
D. Las marcas, modelos y tamaños de los equipos necesarios para un concierto - amplificadores, cajas directas, bajos acústicos, pianos y teclados, instrumentos de percusión y baterías son *backline*.

9. Una cláusula de fuerza mayor en un contrato cubre cuál de los siguientes casos:

A. Un clima violento o una pandemia.
B. Huelgas y disturbios civiles.
C. Todos los asuntos para resolver los términos del contrato en caso de cancelación.
D. Enfermedad.

10. ¿Qué es un pago por taquilla (*door deal*)?

A. Un plan de gira integral en el que la gira se vende como un paquete a un promotor.
B. Un acuerdo en el que el artista se compromete a tocar sin garantía pero a cambio de un alto porcentaje de los ingresos de las entradas.
C. Un acuerdo mixto en el que el promotor garantiza una determinada cantidad de dinero o un porcentaje de los ingresos por entradas (ejemplo: $1000 dólares o el 75% de los ingresos, el monto que sea mayor).
D. Un informe detallado de la taquilla del *venue* o de la empresa de venta de entradas que muestre cuántas entradas se han vendido y a qué precio.

11. Un encargado prensa es alguien que:

A. Organiza y promociona eventos asumiendo los gastos y riesgos asociados a los conciertos.
B. Busca oportunidades de promoción con una amplia gama de contactos en los medios de comunicación para mantener o mejorar el perfil de un artista.
C. Aporta dinero a un evento a cambio de publicidad.
D. Proporciona el transporte entre el hotel y el lugar del show.

12. Una input list traza un mapa de _____ en un *venue*.

A. Donde se colocan los micrófonos y monitores del escenario para que el técnico de sonido pueda configurar la consola de sonido.
B. El plano de asientos para el público.
C. La parte tras bastidores.
D. La lista de canciones del artista.

13. Un contrato con firma parcial significa:

A. Que el contrato ha sido descartado.
B. Que el contrato ha sido revisado.
C. Que el contrato ha sido firmado por ambas partes.
D. Que el contrato ha sido firmado por una de las partes contratantes.

14. Una fecha ancla (*anchor date*) se refiere a:

A. La primera fecha de una gira.
B. La última fecha de una gira.
C. Una fecha bien pagada que "ancla" o sostiene el presupuesto de una gira.
D. Una fecha de alto perfil en un lugar o festival bien conocido.

15. En la industria de la música, los asientos con visibilidad limitada (*kills*) se refieren a:

A. Fechas de conciertos cancelados.
B. Entradas de cortesía.
C. Entradas para eventos de varios actos, como un festival o un evento de cobranza.
D. Entradas que no se pueden vender - o se venden más baratas - debido a obstrucciones visuales u otras razones técnicas.

16. El potencial neto es:

A. La cantidad de dinero que resulta del potencial bruto menos los impuestos y los gastos de los derechos del compositor.
B. La cantidad de dinero que el promotor ha destinado a los gastos de los artistas.
C. El punto en el que se cubren todos los gastos del concierto y el promotor empieza a obtener beneficios.
D. El dinero total que ganará el artista después de la garantía más cualquier porcentaje o bonificación.

17. En la industria musical, la frase "cambiar de audiencia" (*turn the house*) se refiere a:

A. Conceder permiso para grabar el espectáculo para la radio, la televisión o el streaming.
B. Varios conciertos en una misma noche en los que se despeja el local entre los shows y se permite la entrada de otro público que paga.
C. La forma en que se presenta al público a través de logotipos y otros materiales visuales de promoción.
D. Equipo existente en el local que no necesita ser alquilado.

18. ¿Qué es el material anticipado o de pre-lanzamiento?

A. Entradas para un espectáculo compradas por adelantado.
B. Mercancía que se vende en los espectáculos.
C. Copias de grabaciones (normalmente CDs pero pueden ser enlaces a streams o archivos de audio) de un nuevo lanzamiento antes del lanzamiento público real.
D. Informes detallados de la taquilla de un local o de una empresa de venta de entradas que muestran cuántas entradas se vendieron y a qué precio.

19. En la industria musical, hacer una inversión inicial (*front load*) es:

A. Hacer un fuerte impulso promocional al comienzo de la campaña de marketing para estimular la venta de entradas.
B. Poner en marcha un plan de marketing.
C. Conceder permiso para grabar un show para la radio, la televisión o el streaming.
D. Revisar todos los gastos e ingresos después de un concierto para llegar a un acuerdo sobre la garantía final que se pagará al o a la artista.

20. En la industria musical, "PAC" se refiere a:

A. Comité de Acción Política.
B. Capitales como Nueva York o Londres.
C. Centro de Artes Escénicas (*Performing Arts Center*).
D. Eventos no remunerados para presentar a un nuevo artista.

Puedes encontrar las respuestas de estas preguntas al final de la página 180.

PASO CUATRO:
NEGOCIAR ACUERDOS

¡Bienvenido al cuarto paso de Anyone Can Book a Gig!

En esta sección, aprenderás a calcular, negociar y confirmar los acuerdos financieros con los promotores. Esta puede ser la parte más complicada del libro, porque se necesita mucha experiencia y confianza para poder bookear tus propios *shows*. Te enseñaremos los diferentes tipos de conciertos, términos de acuerdos (pago por taquilla, porcentajes), cómo llevar a cabo acuerdos, y la importancia de construir relaciones con *venues* que te llevará de presentarte con acuerdos de pago por taquilla a obtener acuerdos con honorarios fijos.

Paso Cuatro: Lista de tareas

Esta es tu lista de tareas para esta sección. Esta sección no tiene hojas de trabajo por completar, pero este capítulo sí contiene algo de texto que deberás leer y comprender. Hemos incluido dos ejemplos y una plantilla, así como unos cuantos videos explicativos. Revisa los ejemplos y guarda la **Plantilla de presupuesto de la gira**, para utilizarla en el futuro.

- ❑ **Lecturas**
    - ❑ Paso Cuatro: Negociar acuerdos

- ❑ **Videos [Materiales esenciales para artistas]**
    - ❑ Video 4.1 - Introducción al Paso Cuatro: Negociar acuerdos
    - ❑ Video 4.2 - Tutorial: Negociar el riesgo
    - ❑ Video 4.3 - Tutorial del presupuesto de gira
    - ❑ Video 4.4 - Crear un calendario de gira

- ❑ **Ejemplos [Materiales esenciales para artistas]**
    - ❑ Ejemplo 4.1 - Hoja de oferta
    - ❑ Ejemplo 4.2 - Presupuesto del show

- ❑ **Plantillas [Materiales esenciales para artistas]**
    - ❑ Plantilla 4.1 - Presupuesto de la gira

CÓMO NEGOCIAR Y CONFIRMAR LOS ACUERDOS FINANCIEROS

Cuando estamos planeando una gira, siempre lo hacemos con la idea de construir mercados para desarrollar una audiencia. Piensa en el *venue* adecuado, un sitio con un público y el aforo apropiado para tu música. ¿Quién toca ahí? ¿Tu música encaja en el perfil del lugar? ¿Disponen del equipo adecuado para que puedas dar tu concierto? Si tocas piano acústico, ¿tienen un piano? Si no, tendrás que tocar un teclado, o el *venue* tendrá que alquilar un piano que costará dinero extra. Si estás empezando, quizá toques en eventos con taquilla indirecta, como festivales, donde hay una audiencia para el evento y la venta de entradas no depende de ti. Tocar en este tipo de eventos tiene sus ventajas: te pagarán honorarios fijos por el concierto, y hay menos riesgo para el promotor, por lo que tus honorarios podrían ser más elevados que si tocas en una situación en la que el punto de equilibrio depende de la venta de boletos. Por ahora, dejaremos a un lado los festivales y empezaremos con los conciertos de taquilla directa (*hard tickets*) para mostrarte cómo funcionan los presupuestos de los conciertos.

Ejemplo 4.1 - Hoja de oferta [Materiales esenciales para artistas]

Una propuesta o cotización, es una oferta que se entrega por escrito a un artista e incluye todos los detalles de la oferta del concierto. Aquí te damos un ejemplo de **hojas de oferta para un bar, y para un festival**. También encontrarás un ejemplo de cómo puede cambiar la propuesta en función del equipo que requiere el concierto.

Oferta de un bar

Cálculo de los gastos

Show	
Fecha	viernes 3 de mayo,2019
Venue	
Ciudad	
Aforo	537

Precio del boleto	32,00 €	
Precio del boleto después del VAT (impuesto)	29,36 €	VAT = 9%
Precio del boleto después del PRS (*Performing Right Society*)	27,30 €	PRS = 7%
Expectativa	483,00 €	

INGRESOS

Ingresos esperados	15.456,00 €
Restante después del VAT (9%)	14.179,82 €
Restante después del PRS	13.187,23 €

GASTOS

Renta de lugar	1.722,48 €	12.5% restante después del VAT
Gastos del lugar	1.850,00 €	
Publicidad (extra)	1.000,00 €	
Catering (o contribución para)	500,00 €	
Varios	300,00 €	
Hotel (o contribución para)	1.000,00 €	
Afinador de piano	350,00 €	
Transporte interno (o contribución para)	500,00 €	
Renta de *backline* (o contribución para)	750,00 €	

Total	8.022,48 €
Restante neto	5.164,75 €
Split 85%	4.390,04 €

Oferta/Garantía	**4.390,00 €**

COMENTARIOS

OFERTA = $6.000 USD

INFORMACIÓN ADICIONAL

- Para hacer el pago al promotor del artista se necesita una copia de los pasaportes de todos los artistas que tocarán: NO HAY COPIAS, NO HAY PAGOS
- Tenga en cuenta que el sistema intra auricular NO forma parte de la megafonía interna.
- Una barrera NO forma parte de las instalaciones internas estándar. Si el artista insiste en que se utilice una barrera, esto conllevará costes adicionales y una reducción de la capacidad de la sala.

18 15:05

Ejemplo 4.1 - Hoja de oferta [Materiales esenciales para artistas]

Para:	Agente
De :	**John Smith**
Día de la oferta:	
Banda/Artista	XYZ band
Ciudad	**London**
Venue	**Cool Cats**
Día de presentación	

Oferta de un bar con equipamiento

Ingresos

Capacidad:	475	**Capacidad:**	475
Precio bruto del boleto estándar:	£ 25.00	Precio bruto del boleto estándar:	£ 25.00
Precio neto del boleto estándar:	£ 20.83	Precio neto del boleto estándar:	£ 20.83
Proyección de ventas - Estándar	409	Proyección de ventas - Estándar	409
Precio bruto del boleto restaurant	£ 30.00	Precio bruto del boleto restaurant	£ 30.00
Precio neto del boleto restaurant	£ 25.00	Precio neto del boleto restaurant	£ 25.00
Proyección de ventas - Restaurant	£ 66.00	Proyección de ventas - Restaurant	£ 66.00
Ingreso bruto:	£ 12,205.00	Ingreso bruto:	£ 12,205.00
Ingreso neto:	£ 10,170.83	Ingreso neto:	£ 10,170.83
Precio promedio neto de los boletos	£ 21.41	**Precio promedio neto de los boletos**	£ 21.41
Gastos	piano acústico	***Gastos***	piano acústico
Puertas + ingenieros + seguridad	£770,00	Puertas + ingenieros + seguridad	£770,00
PRS (Performing Right Society)	£406,86	PRS (Performing Right Society)	£406,86
Ilustraciones	£50,00	Ilustraciones	£50,00
Posters	£50,00	Posters	£50,00
Flyers	£50,00	Flyers	£50,00
Anuncios digitales	£300,00	Anuncios digitales	£300,00
Anuncios del *venue*	£50,00	Anuncios del *venue*	£50,00
Backline	£600,00	*Backline*	£600,00
Hoteles	£650,00	Hoteles	£650,00
Transporte interno	£200,00	Transporte interno	£200,00

Ejemplo 4.1 - Hoja de oferta [Materiales esenciales para artistas]

Oferta de un bar con equipamiento

Catering	£150,00	Catering	£150,00
Apoyo al artista	£300,00	Apoyo al artista	£200,00
Seguro de responsabilidad pública + cancelación	£100,00	Seguro de responsabilidad pública + cancelación	£100,00
Rep + crew extra	£75,00	Rep + crew extra	£75,00
Varios	£50,00	Varios	£50,00
Impresión de boletos	£25,00	Impresión de boletos	£25,00
Visa	£21,00	Visa	£21,00
Ganancia del promotor	£400,00	Ganancia del promotor	£400,00
Costos totales	**£ 5,247.83**	**Costos totales**	**£ 4,147.83**
Restante neto después de los gastos	£ 4,923.00	Restante neto después de los gastos	£ 6,023.00
Oferta	**£ 3,750.00**	**Oferta**	**£ 4,250.00**
Versus	80%	**Versus**	80%
Exposición total	£ 8,997.83	Exposición total	£ 8,397.83
Punto de equilibrio	420	Punto de equilibrio	392
Porcentaje de aforo	88%	Porcentaje de aforo	83%
Pago máximo en *Sold Out* Ningún otro espectáculo en Londres 2 meses antes o después	**£ 3,938.40**	Pago máximo en *Sold Out* Ningún otro espectáculo en Londres 2 meses antes o después	**£ 4,818.40**

Ejemplo 4.1 - Hoja de oferta [Materiales esenciales para artistas]

Oferta de festival

Indicaciones de la hoja de oferta:

La transferencia de este formulario a un artista no garantiza la contratación del artista(s) presentado(s).

Información básica:
Fecha: Sábado 18 de julio de 2020
Artista solicitado: John Smith
Puertas: 4:00 PM Viernes 17 de julio de 2020
Comienzo de la música: 8:00 PM Viernes 17 de julio de 2020
Propuesta de horario del set: Escenario Jazz | 9:00 PM *hora aproximada*
Cantidad de sets: 1
Duración del set: 90-120 mins
Límite de edad: Todas las edades
Precio del boleto (pase de 3 días) **sujeto a cambios**
$25.00 (niños), $65.00 (estudiante), $75.00 (pre-venta), $90.00 (avanzado), $110.00 (entrada general adulto), $130.00 (adulto por día)

Oferta y términos de pago:
Oferta: $2,500.00 FIJOS
Depósito: 10% hasta la firma del contrato
Liquidación: Saldo restante tras la representación
Hospedaje: alojamiento para la banda el sábado
Hospitalidad: (2) vales de comida por artista el día de la representación
Invitados: Hasta 3 por adelanto
***Backline*:** n/a
Términos adicionales: n/a
Vendedor de merch: *Venue*
Tarifa de *merch*: 20% al *venue*
Grabación: 0% con derecho de distribución para uso promocional
Radio: 100 millas de la ciudad de Nueva York, 30 días antes/después del evento salvo una aprobación por escrita de los productores del festival
Expiración: Esta oferta expira el miércoles 29 de enero de 2020.

Información del comprador:
Comprador de talento: Jane Doe; en representación de:
Compañía: The Best Festival Ever
Signatario: Josh Doe
Dirección: 1 Circle Lane, Nueva York, NY
Celular: 555-5555
Correo: iamapromoter@festival.com

Información del *venue*:
Nombre del *venue*: The Best Outdoor Venue
Dirección del *venue*: 1 Circle Lane, Nueva York, NY
Mánager del *venue*: Josh Doe
Página web del *venue*: www.festival.com
Aforo del *venue*: 2,500

Ejemplo 4.1 - Hoja de oferta [Materiales esenciales para artistas]

FUNDAMENTALES

Los principios fundamentales en la negociación de cualquier acuerdo comercial son:

- **El peso:** quién tiene un mayor deseo/necesidad de cerrar el trato.
- **El riesgo:** quién corre más riesgos a nivel financiero.

El peso es sencillo. Si tienes una amplia base de fans y puedes agotar las entradas de un *venue*, el promotor te necesita más a tí, que tú a él o ella. Piensa en grandes artistas del pop, como Beyoncé, que tiene muchas opciones de lugares donde tocar y personas con las que puede trabajar debido a los ingresos que puede aportar. Un artista en desarrollo, que no tiene un público seguro, ni ingresos garantizados por la venta de boletos tiene menos **peso**, porque necesita el trabajo, y el promotor puede escoger entre muchos otros artistas.

Peso vs
Riesgo
//01
RIESGO: Snarky Puppy Santa Cruz California
04/2012 Audiencia: Aprox. 30
PESO: Snarky Puppy Royal Albert Hall,
Londres, Inglaterra 11/2019 Audiencia:5,500
(Sold Out)
Negociando el riesgo
Foto Santa Cruz:
Cynthia St. John
Foto Royal Albert Hall:
Justin de Souza

PASO CUATRO

Hablemos del riesgo. En el negocio de la música en vivo, el valor de un artista es directamente proporcional a la venta de entradas y a la cantidad de dinero que puede aportar al promotor. En tus materiales, encontrarás un ejemplo de **presupuesto para un show**. Este presupuesto describe los costos de una presentación o, en otras palabras, el **riesgo financiero**. Por ejemplo, para calcular el presupuesto del concierto, el promotor empieza por estimar el número de entradas que cree que se venderán y lo que cree que el público podría pagar por un boleto.

En el caso de un artista establecido, con un historial de venta de boletos en el mercado, el riesgo es menor. El promotor puede decidir aumentar el precio de las entradas para incrementar los ingresos, pero conociendo el historial de ventas de un artista establecido se enfrenta al riesgo con más confianza, porque hay más seguridad en cuanto al resultado. Claro, siempre existe mayor riesgo con los artistas que están comenzando. En este caso se debe gestionar el riesgo con más cuidado para no perder dinero. **¡Ahora te das cuenta que un historial de giras actualizado es esencial para negociar acuerdos!** El historial de giras da una expectativa realista de cuántas entradas puedes vender y eso permite elaborar el presupuesto del show.

Ejemplo 4.2 - Presupuesto del show

Consulta este presupuesto para entender los montos utilizados en los ejemplos de esta sección.

EJEMPLO: PRESUPUESTO DEL SHOW

Acuerdo: $200 honorarios garantizados para el artista, más 75% del total neto después del punto de equilibrio de 60 boletos vendidos *($1,000 de costos, más 20% de la ganacia del promotor)*

Artista: John Smith	**Para: Nombre del agente**	
Día del show	18 Julio 2020	
Ciudad	Nueva York	
Nombre del *venue*	Venue X	
Capacidad (aforo)	100	
De	Nombre del promotor	
Contacto	iamapromoter@gmail.com	
	Dirección de la compañía del agente	
Honorarios garantizados	**$200.00**	
% al artista	75%	
Precio del boleto	$20.00	
Potencial bruto	$2,000.00	
INGRESOS	$2,000.00	
Costos		
Telonero o acto abridor		$0
Ingeniero de sonido (in house)		$0
Catering		$50.00
Backline		$75.00
Posters y flyers, distribución online, anuncios		$300.00
Renta del *venue*		0
Staff		$300.00
Taquilla		$50.00
ASCAP/BMI (derechos de autor)		$25.00
Honorario garantizado para el artista		$200.00
Costos totales		**$1,000.00**
Ganancia del promotor 20%		$200.00
Punto de reparto / Punto de equilibrio	*60 tickets*	$1,200.00
Restante		**$800.00**
% al artista (Restante)		$600.00
% al promotor (Restante)		$200.00
Honorarios totales del artista (Honorarios fijos más el restante)		**$800.00**
Ganancias del promotor (20% Ganancia más el restante)		**$400.00**

PASO CUATRO

Ahora que entiendes un poco lo que es el riesgo, te explicaremos cómo se lleva a cabo la gestión del riesgo.

Los siguientes términos están en el glosario, pero ahora entenderás cómo se aplican: **potencial bruto**, **punto de equilibrio**, **punto de reparto** y **ganancia final**.

CONOCE TU SHOW: TIPOS DE CONCIERTOS Y SUS TÉRMINOS

Video 4.2 - Tutorial de cómo negociar el riesgo [Materiales esenciales para artistas]

Potencial bruto

El **potencial bruto** es la cantidad de dinero que resultará si todas las entradas disponibles se venden al precio establecido. He aquí un ejemplo:

El *venue* X tiene 100 asientos. Pueden cobrar 20 USD por entrada.
El potencial bruto es (100 X $20,00) = $2000

Potencial
Bruto
Capacidad: 100 lugares
Precio del boleto $ 20
Potencial Bruto:
$2000 (100 x 20)
//02
Negociando el riesgo
Bozar
Bruselas,
Bélgica

PASO CUATRO

Costo del show
(Gastos)
• Renta del venue (si aplica)
• Honorarios del artista
• Backline
• PR, Promoción y Publicidad
• Impresión de boletos y cargos a taquillas
• Otros gastos de producción
• Derechos de composición - ASCAP, BMI, GEMA u otras organizaciones
• Staff (Taquilla, Técnicos de sonido e Iluminación, Meseros, Baristas, Lavalozas, etc.)
//03
Negociando el riesgo
Emmet Cohen Trio
Newport Jazz Festival
Foto: Gabriela Gabrielaa

Punto de equilibrio

El término **punto de equilibrio** se refiere al punto en el que los ingresos obtenidos por la venta de entradas permiten pagar todos los costos de producción del concierto. A partir de ese momento, el restante se considera beneficio para el promotor.

He aquí un ejemplo, siguiendo con el *venue* X:
Potencial bruto: $2,000, Costos del show: $1,000, Punto de equilibrio ($2,000-$1,000) = $1,000

En el ejemplo anterior vemos que el promotor necesita vender 50 entradas (50 x $20 = $1,000), o el 50% del aforo, para cubrir los gastos del concierto (que es el punto de equilibrio).

Punto de reparto y beneficios para el promotor

Dependiendo del acuerdo que hayas hecho, puedes solicitar una parte de los beneficios que quedan después que se haya alcanzado el punto de equilibrio y se haya establecido el beneficio para el promotor. Esto se denomina **punto de reparto** (*split point*).

Entender el punto de reparto

Una vez que el promotor ha cubierto los gastos del concierto, suele incluir en su presupuesto un 15-20% adicional, además del punto de equilibrio. Este porcentaje sería el beneficio para el promotor, que debe obtener alguna ganancia del concierto más allá del pago de los gastos.

Punto de reparto
Costo del show: $1000
Ganancia del promotor: $200
Punto de reparto: $1200
Este promotor negoció el 20% de los costes reales como ganancia. Punto de reparto = Costos + Ganancia.
//05
Negociando el riesgo
D'DAT
Totah Theatre
Farmington, NM

En el ejemplo anterior, con un 20%, el promotor añadiría $200 de beneficio por los gastos. Ahora el punto de reparto es de $1,200 ($1,000 más $200 (20%) = $1,200), y el resto del beneficio disponible del potencial bruto a repartir entre el promotor y el artista es de $800.

Una vez más, dependiendo del acuerdo al que hayan llegado, es posible que te toque una parte de los beneficios de las entradas vendidas después del punto de reparto.

PASO CUATRO

No hay ningún riesgo adicional para el promotor que paga al artista un porcentaje de los beneficios, ya que tanto tú como él se benefician si venden más entradas que las que estaba previsto. A cambio, tu tocas a cambio de honorarios fijos bajos para ayudar a que el promotor pueda gestionar el riesgo. Si vendes todas las entradas, deberías ser recompensado con algún porcentaje de los beneficios. La cantidad de dinero extra que obtienes como beneficio se llama **restante**.

Continuando con el mismo presupuesto, digamos que el promotor te paga honorarios de $200 dentro de los costos del concierto, más el 75% después de haber alcanzado el punto de equilibrio. Los costos totales son $1400 ($1000 gastos + $200 ganancia del promotor + $200 honorarios del artista). El **punto de reparto** es ahora de $1400 o 70 entradas. Ganarás el 75% de cada entrada después de vender 70 entradas. La ganancia final (*walk out*) con entradas agotadas serían tus honorarios ($200) más 75% de las ganancias. Con entradas agotadas la ganancia es de $600; obtendrías $450 más $200, con un total de $650.

El/la promotor termina con una ganancia de $400 ($200 de **ganancia del promotor** más $200 de **restante**).

Los montos extras o bonos, pueden consistir en un número determinado de entradas vendidas o en un porcentaje (%) de las ganancias. La ventaja de un acuerdo porcentual es que se empieza a ganar una bonificación en cuanto se cubren los gastos y las ganancias del promotor. Si tienes que vender un determinado número de entradas antes de obtener un remanente de ganancias, puede que te falte un pequeño número de entradas y no ganes ningún extra.

Un último detalle: si no estás segura de cuántas entradas puedes vender en un mercado, puedes **tocar en un lugar más pequeño** (*underplay*), es decir en un local que se llene más rápido. Si la sala está llena y no alcanzan a entrar todas las personas, la próxima vez podrás tocar en un lugar más grande, aumentar el precio de las entradas o hacer varios conciertos.

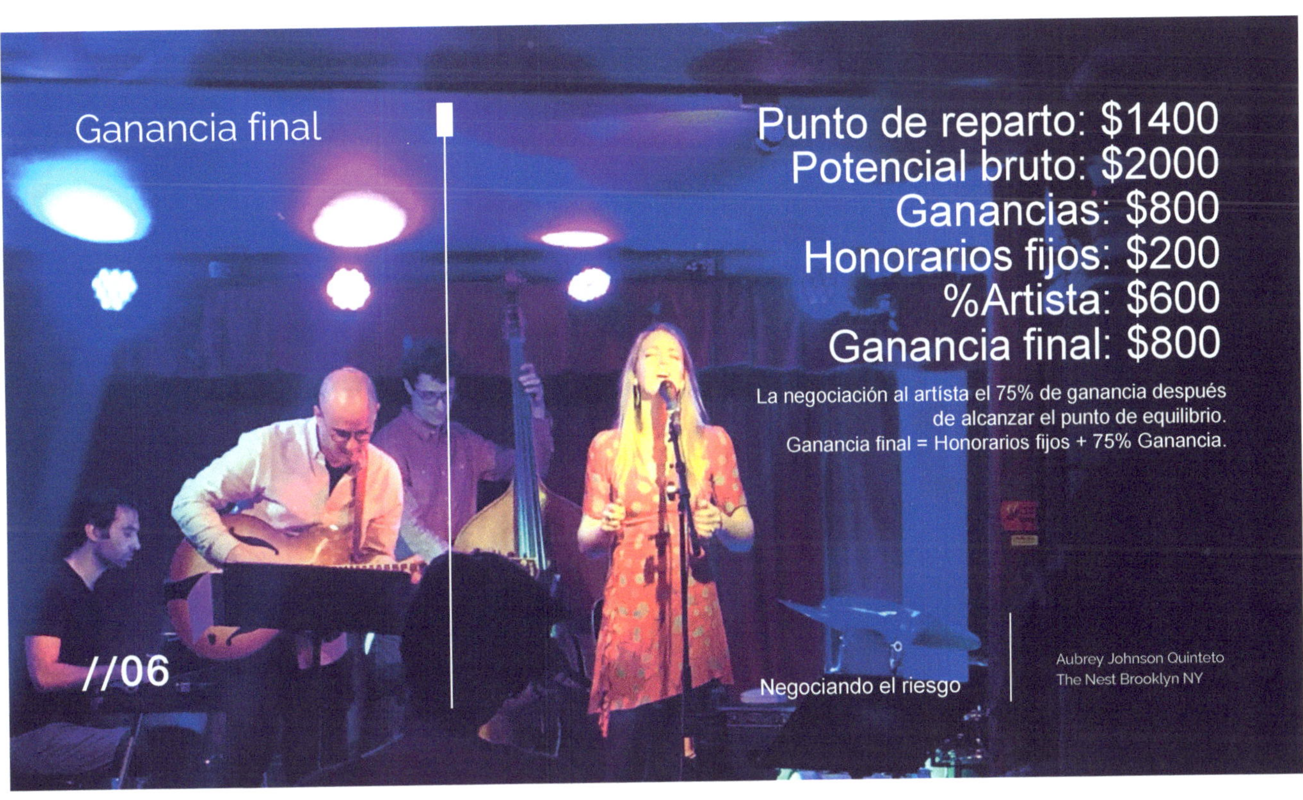

Ganancia final
Punto de reparto: $1400
Potencial bruto: $2000
Ganancias: $800
Honorarios fijos: $200
%Artista: $600
Ganancia final: $800
La negociación al artísta el 75% de ganancia después de alcanzar el punto de equilibrio.
Ganancia final = Honorarios fijos + 75% Ganancia.
//06
Negociando el riesgo
Aubrey Johnson Quinteto
The Nest Brooklyn NY

PASO CUATRO

Los sistemas de bonificación son más comunes en *venues* o teatros subsidiados, donde probablemente recibas cierto monto de dinero después de que se vendan las entradas. Como hay más gastos y más riesgo para estos *venues*, el promotor probablemente quiera garantizar el bono después de que las ventas de los boletos sobrepasen ciertos límites.

En un teatro de 1,000 asientos con entradas a $20 ($20,000 de potencial bruto), puedes obtener **honorarios fijos** de $5,000 por vender el 50% del aforo (500 entradas) y $500 por cada 100 entradas que vendas más allá de 501 entradas (**punto de equilibrio**). Cuando se hayan vendido todas las entradas obtendrás una bonificación total de $2,500 por vender 5 paquetes de 100 entradas. Tu **ganancia total** es de **$7,500** ($5,000 de honorarios fijos más $2,500 de **restante**).

Los acuerdos de porcentaje son más comunes en los *venues* más pequeños (especialmente en los bares), pero ambas opciones de reparto de ganancias existen en todo tipo de espacios.

Pago por taquilla (door deal)

El **pago por taquilla**, es un acuerdo simple en el que el artista se compromete a presentarse únicamente a cambio de los ingresos de las entradas una vez cubiertos los gastos. En nuestro ejemplo, los gastos de los artistas estarían cubiertos por el promotor y solo ganarían dinero después del punto de reparto. **El artista debería obtener un porcentaje mayor (80-85%) de las ganancias después del punto de reparto si se presenta sin honorarios fijos.**

Negociación
Clave #1
//07
Dentro de los costos del espectáculo, se suele alcanzar un % estándar de ganancia para el promotor antes de que éste reparta el dinero con el artista.
Negociar el riesgo
BARES/VENUES

Negociación
Clave #2
//08
Al momento de calcular el *punto de reparto*, es habitual que los promotores incluyan un 15-20% de ganancia para ellos dentro de los costos del espectáculo.
Negociar el riesgo
BARES/VENUES

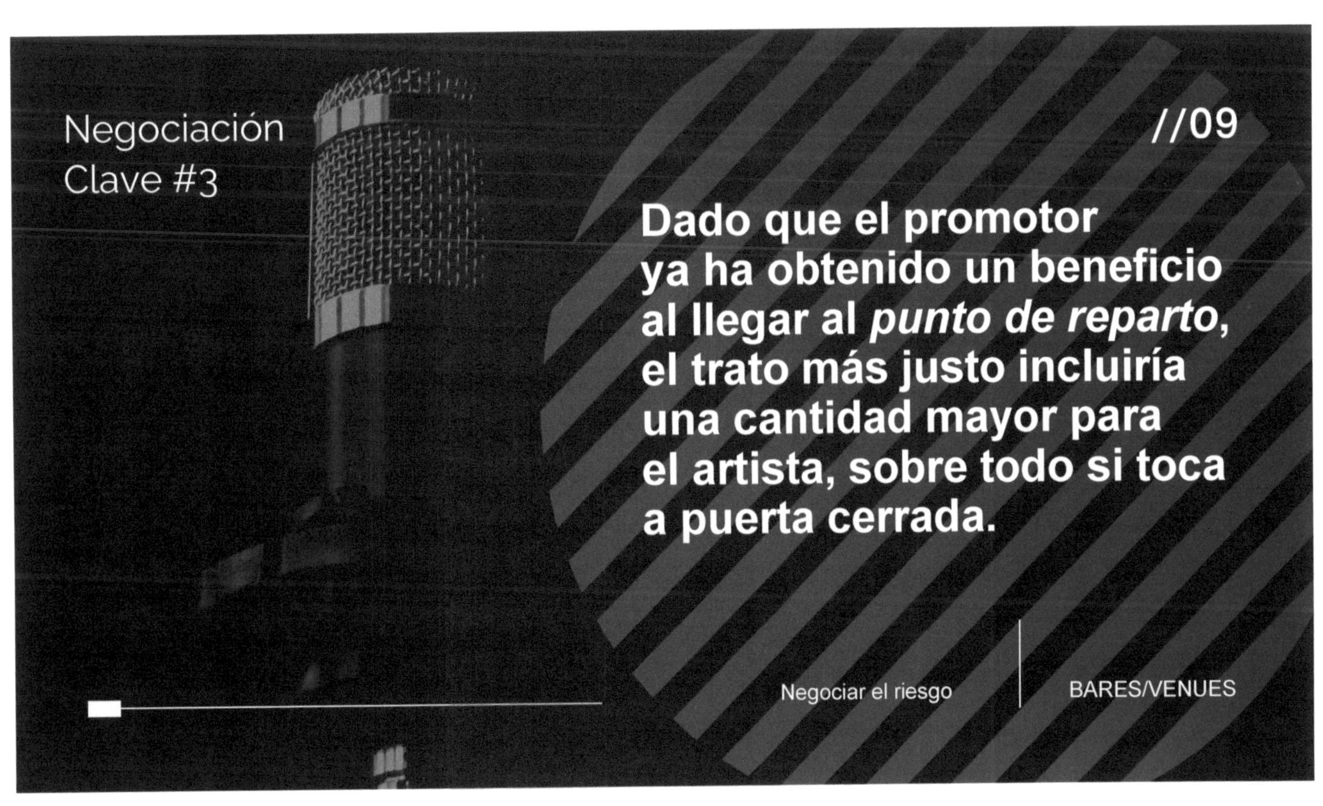
Negociación
Clave #3
//09
Dado que el promotor ya ha obtenido un beneficio al llegar al *punto de reparto*, el trato más justo incluiría una cantidad mayor para el artista, sobre todo si toca a puerta cerrada.
Negociar el riesgo
BARES/VENUES

PLANIFICA A LARGO PLAZO: ACEPTA EL PAGO POR TAQUILLA

Volvamos al **riesgo**. En un acuerdo de pago por taquilla, el riesgo del promotor es bajo, solo tendrá que pagar al artista si el monto de lo que gasta es menor al de la venta de entradas. En este caso, los artistas están incentivados a trabajar en colaboración con el promotor para ayudar a publicitar el evento y vender entradas a través de sus redes sociales, su base de fans, su familia y sus amigos, porque **sólo ganarán dinero si se generan ganancias**.

Cuando compartes el riesgo con un promotor, te conviertes en su socio comercial temporal. Ambos tienen el objetivo de que el evento sea exitoso. Aunque, en el caso de un pago por taquilla hay mayor riesgo para el artista, demuestras al promotor que eres proactivo y harás todo lo posible para ayudar a generar ingresos. Esto incentiva a que el promotor invierta en tu banda o proyecto, y te brindará más oportunidades que si solicitas más dinero y le dejas más riesgo al promotor. Así es como se construye la confianza y las relaciones sólidas con los promotores que te permitirán volver una y otra vez a los mismos espacios y construir tu audiencia local.

Una vez que hayas establecido un historial de ventas de boletos, la ventaja irá progresando hasta el punto en que ya no tendrás nada que comprobar y el promotor estará más dispuesto a garantizar tus honorarios, iniciando un modelo sustentable de gira para tu banda.

Negociación
Clave #4
//10
El artista debe recibir un porcentaje mayor de ganancia después de pasar el *punto de equilibrio*:
Lo normal es entre un 60% y un 80%.
Negociar el riesgo
BARES/VENUES

Giras Sostenibles
Crear un relación

Joyce Cheung, Dean Li, Jackiz Tsang
Lau Bak Livehouse
Distrito cultural West Kowloon
Hong Kong
Foto: Winnie Yeung

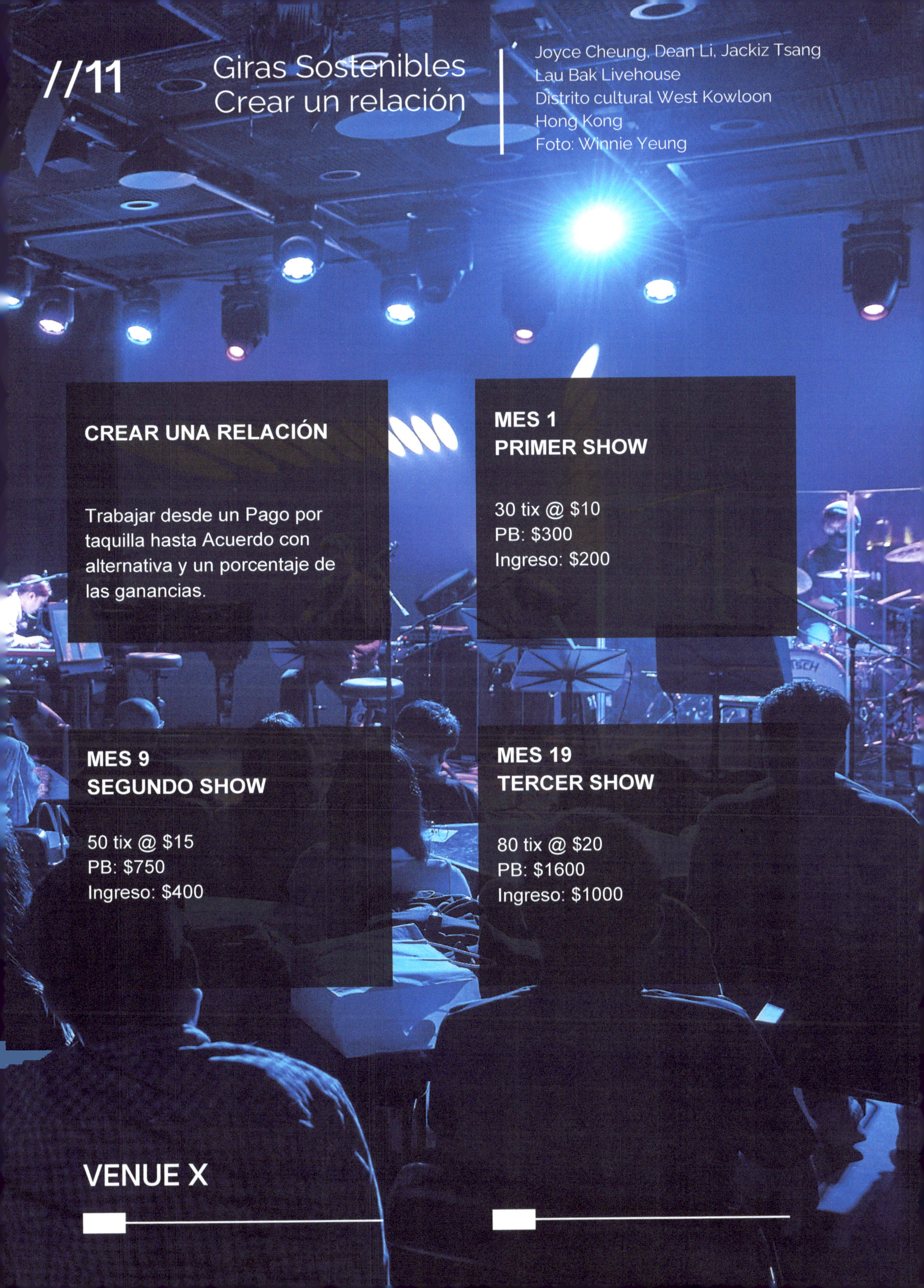

CREAR UNA RELACIÓN

Trabajar desde un Pago por taquilla hasta Acuerdo con alternativa y un porcentaje de las ganancias.

MES 1
PRIMER SHOW

30 tix @ $10
PB: $300
Ingreso: $200

MES 9
SEGUNDO SHOW

50 tix @ $15
PB: $750
Ingreso: $400

MES 19
TERCER SHOW

80 tix @ $20
PB: $1600
Ingreso: $1000

VENUE X

//12
Giras Sostenibles
Snarky Puppy (2012) Santa Cruz, CA Foto: Cynthia St. John
PRIMER SHOW
30 tix @ $10
PB: $300
Ventas de CD: $200
Bebida y comida: $900
ARTISTA
Ingreso:
Ventas de CD
Venta de boletos
PROMOTOR
Ingreso:
Bebida y comida
% de ventas de CD
RESULTADO
PROMOTOR
Pierde un poco
Gana nuevos clientes
ARTISTA
Poca ganancia
W/ VENUE X

Pago por taquilla: Primer show en el venue X (100 aforo)

El *venue* X tiene un aforo máximo de 100 personas. Tu vendes 30 entradas a $10 y sólo obtienes $300 de ingresos. Sin embargo, el público compra comida y bebidas, por lo que el promotor solo pierde poco dinero. El promotor sale ganando al conseguir nuevos clientes que no habían estado antes en el lugar y que solo han venido por el concierto. Vendes 10 CDs a $20 cada uno y repartes $200 de tu mercancía con el promotor.

Empiezas a construir tu audiencia inscribiendo a la gente en tu *newsletter.*

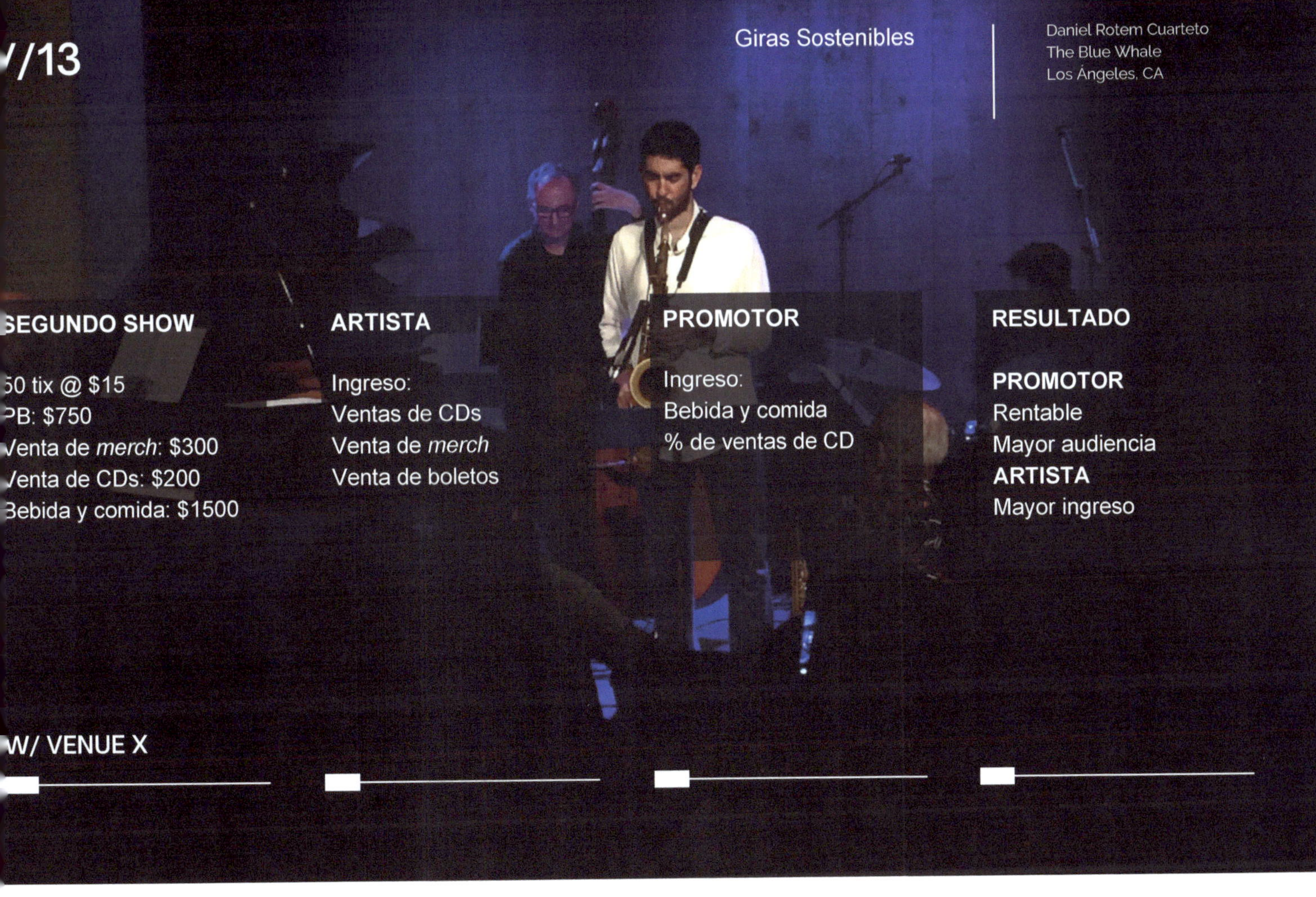

/13
Giras Sostenibles
Daniel Rotem Cuarteto
The Blue Whale
Los Ángeles, CA
SEGUNDO SHOW
50 tix @ $15
PB: $750
Venta de merch: $300
Venta de CDs: $200
Bebida y comida: $1500
ARTISTA
Ingreso:
Ventas de CDs
Venta de merch
Venta de boletos
PROMOTOR
Ingreso:
Bebida y comida
% de ventas de CD
RESULTADO
PROMOTOR
Rentable
Mayor audiencia
ARTISTA
Mayor ingreso
W/ VENUE X

Pago por taquilla: Segundo show en el venue X

Vendes 50 entradas a $15 y obtienes $750 de ingresos. El público aumenta, y el promotor ve potencial en trabajar contigo -esta vez, traes más *merch*, como camisetas y calcomanías. Divides el dinero de la *merch* entre tú y el promotor. También has conseguido que la crítica local publique una reseña del concierto. El **punto de equilibrio** del promotor es de $500, tú te llevas el 85% de los beneficios, lo que te da $212; además, vendes *merch* (otros 10 CDs a $20).

Tu **ganancia final** es de $412, el doble de lo que obtuviste la última vez.

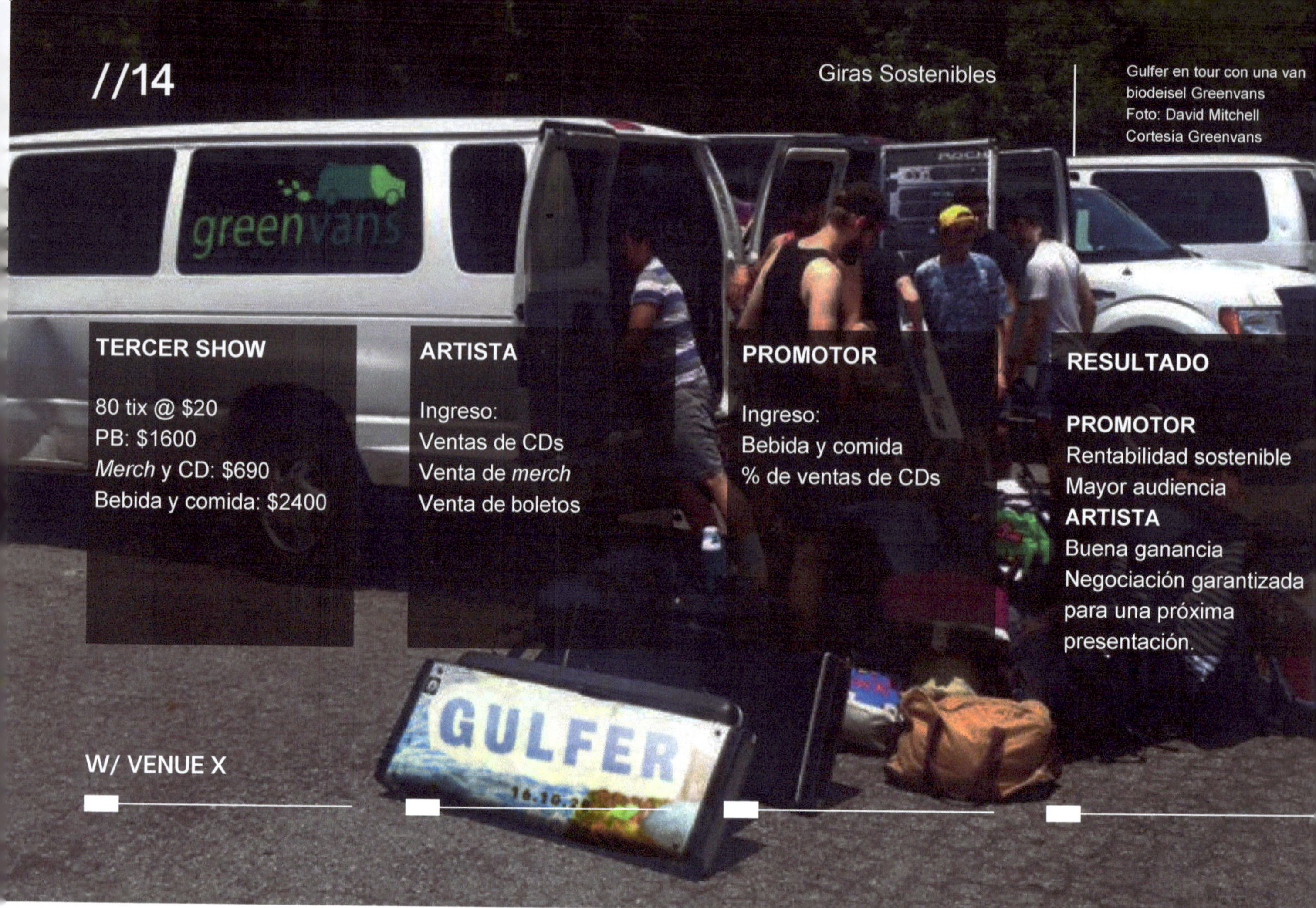

TERCER SHOW
80 tix @ $20
PB: $1600
Merch y CD: $690
Bebida y comida: $2400
ARTISTA
Ingreso:
Ventas de CDs
Venta de *merch*
Venta de boletos
PROMOTOR
Ingreso:
Bebida y comida
% de ventas de CDs
RESULTADO
PROMOTOR
Rentabilidad sostenible
Mayor audiencia
ARTISTA
Buena ganancia
Negociación garantizada para una próxima presentación.
W/ VENUE X
greenvans
GULFER

Gulfer en tour con una van biodeisel Greenvans
Foto: David Mitchell
Cortesía Greenvans

Pago por taquilla: Tercer show en el venue X

En esta ocasión vendes 80 entradas a $20. Ahora, has superado el punto de equilibrio por $500. Además, obtuviste el 85% de las ganancias, lo que te da una ganancia de $935. También, firmaste y vendiste 30 nuevos CDs a $20 ($600) y 6 playeras a $15 ($90). Ahora la ganancia final es de $1,625. Tanto tú como el promotor están obteniendo ganancias. La radio ha promovido tu show y publican una reseña de tu nuevo CD.

La próxima vez en el *venue*, tendrás honorarios fijos y un porcentaje (%) una vez alcanzado el punto de equilibrio, porque has demostrado que puedes crear una audiencia en ese mercado.

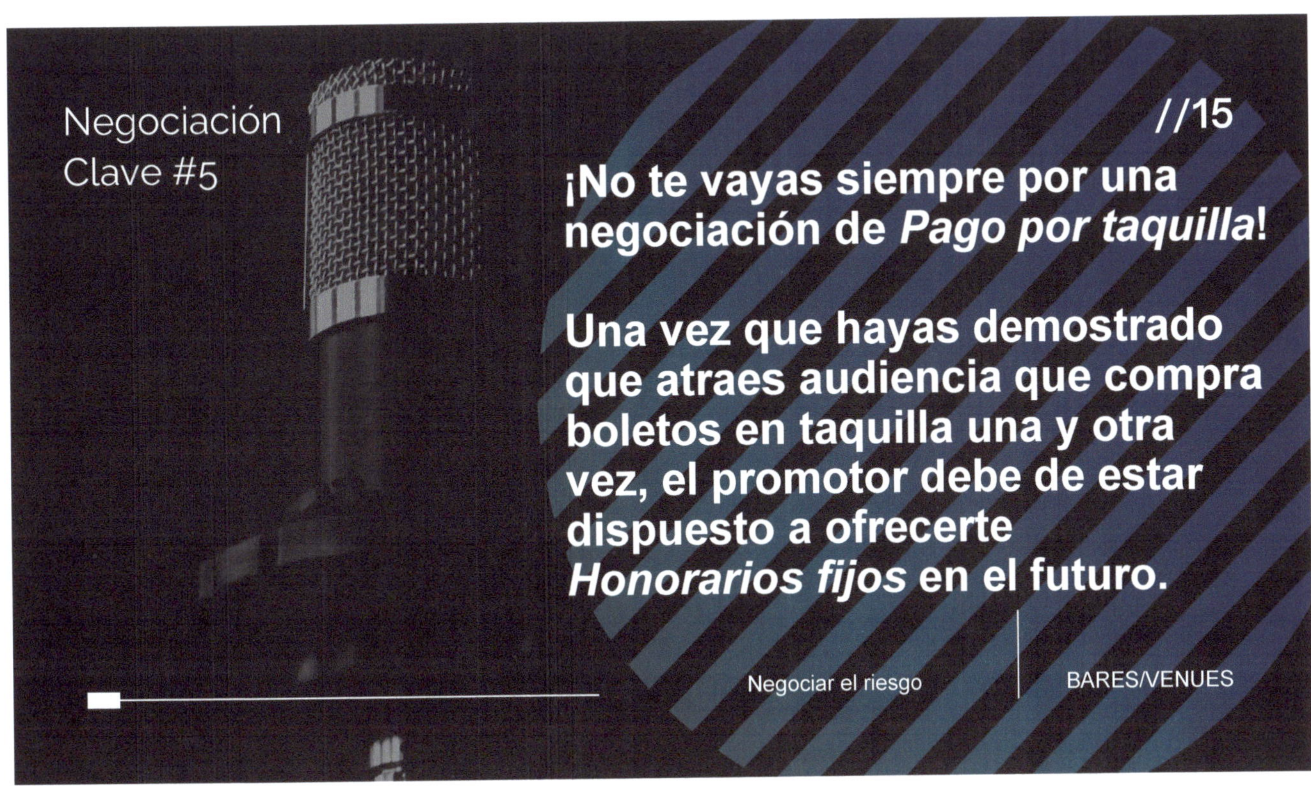

Negociación
Clave #5
//15
¡No te vayas siempre por una negociación de *Pago por taquilla*!
Una vez que hayas demostrado que atraes audiencia que compra boletos en taquilla una y otra vez, el promotor debe de estar dispuesto a ofrecerte *Honorarios fijos* en el futuro.
Negociar el riesgo
BARES/VENUES

NEGOCIAR ACUERDOS CON BARES, TEATROS Y FESTIVALES

Bares vs teatros

Los **bares** suelen ser los primeros peldaños en una trayectoria de conciertos. Los gastos de las presentaciones en un bar son menores que los de los conciertos en espacios más grandes, como los teatros. Por las siguientes razones:

La mayoría de los bares venden comida. A veces, esto es requerido por la licencia de alcohol. La ganancia que obtienen con la comida y el licor ayuda a pagar a los artistas. ¿Has estado alguna vez en un bar que cobra un mínimo de consumo cuando tiene un show? Eso es para compensar los costos del espectáculo.

Por lo general, los bares cuentan con sonido, luces y, a menudo, con un *backline* básico: amplificadores, piano acústico y batería.

Los clubes no suelen estar sindicados y cuentan con personal asalariado, lo que reduce los costos de personal. A menudo, también cuentan con personal interno de venta de entradas, marketing y técnicos de sonido.

Hay bares que crean audiencias por medio de membresías en las que los socios obtienen entradas con descuento o acceden a ventas anticipadas o eventos especiales. Esto ayuda a crear y a mantener una imagen para el bar, en la cual los clientes confían en la programación y acuden a ver a un artista nuevo y desconocido porque el cliente sabe que verá un show de calidad gracias a su experiencia anterior en el bar. The Village Vanguard es un ejemplo perfecto de ello, ya que es uno de los clubes de jazz con más historia del mundo, en el que han tocado muchos artistas icónicos, garantiza un concierto excepcional. También, The Village Vanguard es un programador muy exigente que mantiene su marca.

En cambio, los **teatros** funcionan de forma muy diferente y por lo tanto son más arriesgados para los promotores. Sencillamente, los costos son más elevados. He aquí el motivo:

Los teatros de grandes ciudades como Nueva York suelen estar sindicalizados, esto significa que los costos de personal son más elevados; los horarios y actividades laborales, así como un cierto número de trabajadores, están regulados por contratos sindicales.

Los teatros tienen tarifas de alquiler. Pueden ser tarifas fijas o basadas en un porcentaje del potencial bruto.

Los teatros no siempre tienen sistemas de sonido, de monitorización o de luces.

No venden comida, aunque suelen tener un bar. No hay un mínimo de consumo.

Los promotores deben contratar sus propios servicios para la venta de entradas (además del personal de taquilla), y deben contratar o hacer su propio marketing.

En resumen, el promotor asume un número significativamente mayor de actividades y gastos al producir un espectáculo en un teatro en vez de un bar, por lo que el riesgo es mucho mayor. Por eso es más caro ver un espectáculo en un teatro que en un bar.

Para el artista, eso significa que debe vender muchas más entradas para alcanzar el punto de equilibrio. También, debe vender una entrada mucho más cara que la de un concierto en un bar para cubrir los costos del espectáculo.

Además, hay que tener en cuenta que las entradas tienen un valor temporal, y que las que no se venden no tienen ningún valor. Por ejemplo, en un bar en el que hay conciertos 5 noches a la semana, es relativamente fácil reprogramar una fecha que se cancela debido a un corte de luz o a alguna otra situación imprevista. En un teatro, la reprogramación es más complicada y es posible que no se recupere todo el dinero pagado por adelantado para producir el evento.

Ahora que entendiste el riesgo del promotor y los factores que influyen en la rentabilidad, veamos la negociación.

Saber es poder: Cómo negociar en igualdad de condiciones

El conocimiento es poder. Haz tu tarea.

- Conoce el aforo del *venue*, y sé consciente del rango de precios de las entradas que tienen.
- Haz un estimado rápido del potencial bruto (precio de las entradas x aforo).
- Conoce los gastos del promotor.

Si estás haciendo un trato de pago por entradas, debes pedir un presupuesto del concierto al promotor, ya que es imprescindible que sepas cuántas entradas tienes que vender para obtener ganancias. Asegúrate de que sabes lo que van a proporcionar para el *backline* y cómo piensan promocionar el show para que puedas sumarte a sus esfuerzos.

Una regla general rápida a la hora de considerar el potencial bruto de un concierto es que los honorarios del artista deben ser equivalentes a aproximadamente el 50% del potencial bruto. En nuestro ejemplo anterior, eso significa que una tarifa aceptable para el artista en el *venue* X sería la siguiente:

100 de aforo con entradas a $20 = $2,000, por lo que los honorarios deberían ser de unos **$1,000 si se agotan las entradas**.

Ten en cuenta que los gastos pueden ser superiores al 50%. Esto es sólo un cálculo rápido.

Suponiendo que el promotor necesite $1,000 para cubrir los costos (véase el **presupuesto del concierto**) y obtener ganancias, en un concierto con entradas agotadas el artista debería ganar aproximadamente $1,000 (suponiendo que los gastos no superen el 50% del potencial bruto).

Después del concierto, asegúrate de obtener el recuento exacto de las entradas o un comprobante de taquilla, si lo tienen, tanto para tus propios registros (¡recuerda el historial de giras!) como para que tengas las cifras de los ingresos. Si tienes alguna duda sobre los gastos del show, puedes presentar el presupuesto del concierto que te dio el promotor al negociar el acuerdo y repasarlo con ellos. A esto se le llama **liquidar el espectáculo** o **liquidación del espectáculo**.

Simple, ¿no? En cuanto comiences a negociar por tí mismo, aprenderás los matices en el proceso, pero serás un mejor negociador si trabajas desde los mismos hechos que el promotor.

¿Y los festivales?

Los festivales son una forma estupenda y segura de presentar tu música al público. Ya vimos que los llamamos **eventos de taquilla indirecta**. En un festival, o evento con taquilla indirecta, el público es atraído principalmente por el evento en general, y el promotor no depende de un solo show para vender entradas. Esto reduce el riesgo tanto para el promotor como para los artistas. **También, los honorarios funcionan de forma diferente en los festivales.**

Dado que los artistas forman parte de un cartel de varios shows, se les paga una tarifa fija desde el presupuesto total del festival. Por lo tanto, **los honorarios de un concierto en un festival suelen ser más elevados que los de un espectáculo con taquilla directa**. Si tocas la música adecuada para uno de los escenarios de un festival, **te pagarán de acuerdo con el presupuesto asignado a ese escenario**. El artista no tiene que preocuparse por la cantidad de gente que acude a su espectáculo. También es una gran oportunidad para que te descubran nuevos fans de un público diverso. El promotor gana dinero con el éxito general del evento, incluyendo los ingresos de los vendedores (de comida y bebidas), de la mercancía (los festivales venderán su mercancía por un porcentaje), del estacionamiento, de los souvenirs del festival y de los patrocinadores. No van a ganar más ni menos dinero por la cantidad de gente que venga a ver tu concierto.

Parece fácil, ¿verdad? Más o menos, porque hay un elemento importante en la negociación.

La competencia para participar en estos eventos es brutal. Tu peso en la negociación de los honorarios es mínima. Una buena estrategia es preguntar por el presupuesto del escenario concreto que se ajusta a tu música, y así sabrás qué puede ofrecer el promotor. A menudo, el prestigio o el valor promocional de la presentación compensan una tarifa baja.

Negociación
Clave #6
//16
Pregunta por el presupuesto particular de la presentación que se ajuste a tu música y talla. Así, conocerás el rango de posibilidades que el festival o el promotor puede ofrecerte.
Bares, Teatros y Festivales
FESTIVALES

Prepárate para acercarte al festival con un buen material promocional: EPK, fotos, audio, video, una buena biografía y reseñas de tu grupo. Brinda tu mejor presentación para que destaques entre los cientos de otros artistas que también quieren tocar ahí. Envía un correo electrónico breve pero informativo y personal con enlaces a tus materiales. No envíes un correo largo y denso, no lo leerán. Recuerda que si consigues la fecha, todo el material que entregues va a llegar a una amplia audiencia: otra razón más por la que es tan importante asegurarse de entregar un buen material de *marketing*.

Una vez que consigas tu lugar en el festival, es primordial que tengas en cuenta todas las formas de sacarle provecho. Asegúrate de tener mercancía que se pueda comprar en la tienda o el puesto del festival. Firma CDs, o quizás quieras ofrecer vinilos de edición limitada. Anuncia lanzamientos de CD, videos u otras actividades desde el escenario, o reparte folletos para que los/as fans te recuerden. Invítalos a inscribirse en tu club de fans o en tu boletín de noticias. Puedes regalar una calcomanía ingeniosa para el carro o un código QR para ayudar a publicitar tu banda. Si alguien puede grabar un video de calidad de tu concierto o si el festival dispone de material de archivo, colócalo en tus redes sociales y utiliza imágenes de ti y del público entusiasta para ayudar a conseguir tu próxima presentación en un festival.

ELABORA TU PRESUPUESTO DE LA GIRA

Presupuestos de las giras

Elaborar un presupuesto realista para la gira puede contribuir al éxito de la misma. Elaborar este presupuesto y calcular los gastos previstos es esencial para tener una idea de los ingresos mínimos que debes obtener de los conciertos y poder cubrir los gastos.

Entre otras cosas, los presupuestos de las giras deben incluir los siguientes gastos por semana:

- Sueldos de los músicos secundarios
- Sueldos del equipo: ingeniero de sonido, mánager de gira, video u otros técnicos
- Sueldo del líder de la banda
- Viáticos (*Per diem*)
- Gastos de hotel
- Gastos de viaje: avión, transporte terrestre, autobús, tren...
- Impuestos
- Comisiones

Plantilla 4.1 - Presupuesto de la gira [Materiales esenciales para artistas]

Si no estás seguro de cuánto cuesta realmente una gira, tienes suerte, porque hemos desglosado los costos de las giras en el ejemplo de presupuesto de la gira, que encontrarás en los Materiales esenciales para artistas, este es un presupuesto real de gira que recibimos de un road manager con el que trabajamos en MWI. Los nombres han sido cambiados por cuestiones de privacidad. Te recomendamos crear una copia de este ejemplo, vaciar los números y utilizarla para calcular los gastos de tus futuras giras para calcular gastos, vuelos, gasolina, honorarios y ganancias. La **Plantilla 4.1 - Presupuesto de la gira** muestra lo que puedes esperar gastar por una banda de 5 personas de Estados Unidos en un tour de 19 días en Europa.

Europa marzo

Personal

6 personas: Invitado especial, Artista 1, Artista 2, Artista 3, Artista 4 y Tour Mánager

TM/FOH: John Smith

# de días de gira:	**19**
# de días de viaje en autobús:	**1**
# de días de viaje en Van:	**8**
# de kilómetros:	**0**
# de músicos:	**5**
# de miembros del equipo (crew):	**1**
# de shows:	**11**

Artículo	**Monto**	**Costo unitario**		
Vuelos clase turista	$3,396.00	$849		
Vuelos clase ejecutiva	$2,400.00			
Vuelos internos	$6,000.00			
Hoteles de la banda y el equipo	$3,600.00	$600		
Automóviles personales	$0.00			
Autobús para la gira	$1,981.20			
Cuarto de ensayo	$0.00			
Gasolina y peaje	$632.50			
Transporte terrestre	$450.00	$50	9	
Equipo y suministros de producción	$550.00	$50	11	
Renta de backline	$50.00			
Acarreo y exceso de equipaje	$1,000.00			
Invitados especiales	$0.00			
Compensaciones del personal				**Días pagados**
Invitado especial	$0.00	$0		**0**
Artista 1	$6,785.71	$2,500		**19**
Artista 2	$5,428.57	$2,000		**19**
Artista 3	$5,428.57	$2,000		**19**
Artista 4	$5,428.57	$2,000		**19**
Tour Mánager	$7,714.29	$3,000		**18**
Logística de la gira	$1,650.00	$150	11	
Escenario/Backline	$0.00	$0		
Conductor	$2,783.00	$253.00	11	**0**
Per Diems/viáticos	$3,290.00	$35	94	**94**
Varios	$500.00			
Seguros	$0.00			
Impuestos sobre la nómina	$0.00	0.00%		
Comisión del mánager	$18,981.00	15.00%		
Comisión de la agencia	$12,654.00	10.00%		
Gastos de contabilidad	$0.00	0.00%		
TOTAL DE GASTOS	$90,703.41			
Ingresos de los shows	$126,540.00			
Ingresos netos de la *merch*				
Ingresos de producción				
TOTAL DE INGRESOS	$126,540.00			
GANANCIA/(PÉRDIDA)	**$35,836.59**			

Music Works International

Plantilla 4.1 - Presupuesto de la gira [Materiales esenciales para artistas]

En el video **Tutorial del presupuesto de la gira**, Alice Feldman se adentra en los entresijos de la creación de un presupuesto para una gira con nuestra plantilla de Excel.

Video 4.3 - Tutorial del presupuesto de la gira [Materiales esenciales para artistas]

Planear la gira

Quieres ganar lo más posible en cada *show*, pero cuando empiezas a armar tus primeras giras, la oportunidad es más importante que el beneficio económico a corto plazo.

Por eso siempre te aconsejamos que sitúes tus prioridades de la siguiente manera:

- El mercado (o ciudad) adecuado
- El *venue* adecuado (tanto en tamaño como en formato para tu música)
- Las ganancias

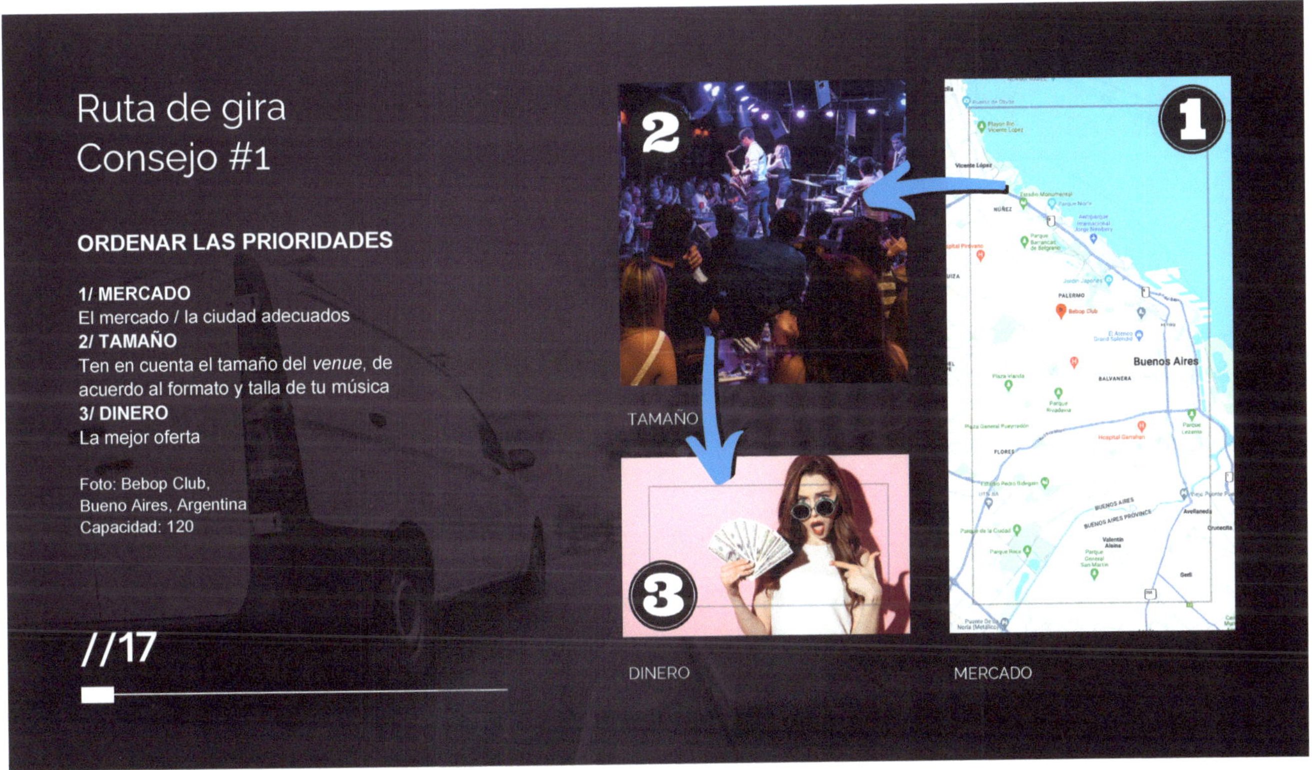

En el **Video 4.4 - Crear un calendario de la gira**, Katherine McVicker hace un recorrido de un ejemplo de un calendario de gira, con una mezcla de bares, teatros y festivales en mercados primarios y secundarios en Europa. Aunque, los detalles son para un tour que empieza en Inglaterra y termina en Viena, las ideas con las que planea esta gira te ayudarán a crear tus propios calendarios en cualquier país.

Video 4.4 - Crear un calendario de la gira [Materiales esenciales para artistas]

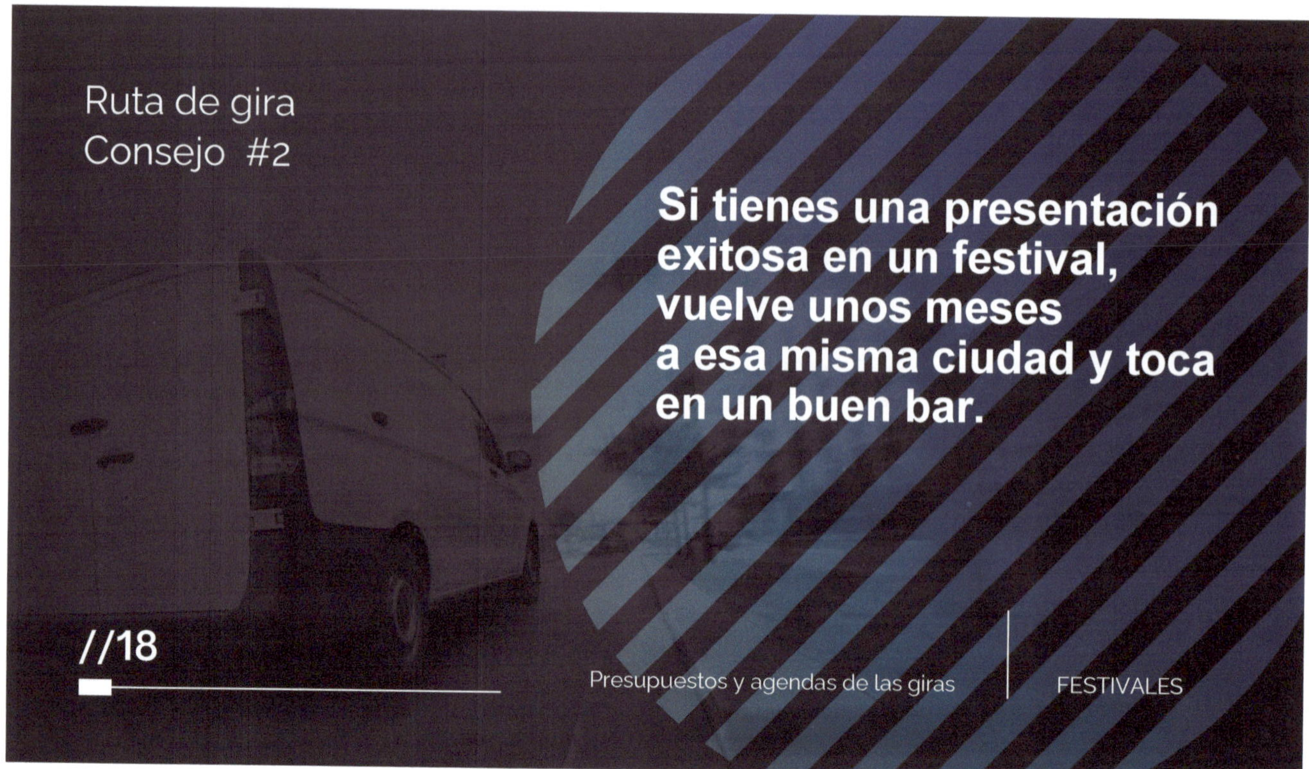

Ruta de gira
Consejo #2
Si tienes una presentación exitosa en un festival, vuelve unos meses a esa misma ciudad y toca en un buen bar.
//18
Presupuestos y agendas de las giras
FESTIVALES

Cada show debe contribuir a aumentar tu audiencia y a hacer avanzar tu carrera. Los mejores acuerdos son siempre aquellos en los que tanto el artista como el promotor salen bien librados. Esto hace que el promotor quiera que vuelvas, y una sala llena siempre será mejor que un puñado de personas.

Una y otra vez, hemos aprendido que si procedes en este orden, obtendrás éxito.

Conclusión

Ten en cuenta que tendrás que dar una serie de conciertos para construir tu audiencia y tu carrera como músico. Los festivales no crean una audiencia en el mercado de las taquillas directas. Si tienes una presentación exitosa en un festival, **vuelve a esa misma ciudad unos meses después y toca en el bar adecuado.** Incrementa tu crecimiento manteniéndote en contacto con los fans y los medios de comunicación.

EXIT

PASO CINCO:

CONTRATOS Y RIDERS

¡Bienvenido al quinto paso de Anyone Can Book a Gig!

En esta sección, revisaremos los componentes de un contrato, el proceso de negociación de dicho contrato y lo que hay que incluir en el rider técnico y de hospitalidad. Aquí encontrarás muchos ejemplos y plantillas de estos documentos, para que veas cómo lo hacen los profesionales. Con ellos, serás capaz de crear tus propios documentos para tener todo listo para tus futuros conciertos. Después, ¡la negociación! Sabes que esto puede ser muy confuso para muchos artistas, así que te explicaremos paso a paso lo que puedes esperar cuando empiezas a negociar un contrato con los programadores.

Paso Cinco: Lista de tareas

Esta es tu lista de tareas para esta sección. Encontrarás 4 paquetes de hojas de trabajo. Son documentos en PDF que incluyen información, descargas, plantillas y ejemplos de todo lo que debes de saber sobre los contratos. Conserva estas plantillas, y podrás acercarte a tu siguiente programación con un contrato en mano.

- ❑ **Lecturas**
  - ❑ Paso 5: Contratos y riders
- ❑ **Videos [Materiales esenciales para artistas]**
  - ❑ Video 5.1 - Introducción al Paso Cinco: Contratos y riders
  - ❑ Video 5.2 - Negociar contratos
- ❑ **Paquetes de hojas de trabajo [Materiales esenciales para artistas]**
  - ❑ Paquete de hojas de trabajo 5.1 - Crea la portada de tu contrato
  - ❑ Paquete de hojas de trabajo 5.2 - Crea tu propio rider: Parte Uno
  - ❑ Paquete de hojas de trabajo 5.3 - Crea tu propio rider: Parte Dos
  - ❑ Paquete de hojas de trabajo 5.4 - Documentos contractuales diversos
- ❑ **Plantillas [Materiales esenciales para artistas]**
  - ❑ Plantilla 5.1 - Portada del contrato
  - ❑ Plantilla 5.2 - Rider del contrato (simple)
  - ❑ Plantilla 5.3 - Rider del contrato (largo)
  - ❑ Plantilla 5.4 - Hoja informativa
  - ❑ Plantilla 5.5 - Acuerdo de difusión
  - ❑ Plantilla 5.6 - Factura
- ❑ **Ejemplos**
  - ❑ Ejemplo 5.1 - Cláusulas adicionales
  - ❑ Ejemplo 5.2 - Rider (anotado)

LOS BÁSICOS DE LOS CONTRATOS Y RIDERS

Introducción a los contratos y riders

Lidiar con contratos puede parecer complicado y confuso cuando eres inexperto en acuerdos legales. Pero una vez que entiendas el proceso de negociación y cómo funcionan los contratos y los riders, verás que no es tan complicado como piensas.

En esta sección, te contaremos todo lo que siempre has querido saber sobre las diferentes partes que conforman los contratos para los conciertos, lo que implica el proceso de negociación y lo que debes incluir en tu rider técnico. Te daremos ejemplos y plantillas de estos documentos para que puedas crear tus propios ejemplares en un abrir y cerrar de ojos, y tener todo listo para tus futuras presentaciones.

Confirmar un concierto

Cuando aceptas un concierto, debes enviar un memo de confirmación por correo electrónico al promotor, en la que aparezcan claramente los detalles del concierto que acordaron mutuamente:

- La fecha del concierto
- Locación (*venue* y ciudad)
- La hora del *show* y número de sets
- El precio de las entradas
- Términos financieros (honorarios del artista, montos de depósito y balance, y plazos)

Siempre pídele al promotor que acuse de recibido este correo electrónico, para que así el promotor confirme que está de acuerdo con los detalles del *show*. Este intercambio de emails te dejará en claro si están en un acuerdo o si es necesario seguir negociando. Hacer esto también te ayuda a llegar cualquier información faltante que necesites para el contrato, y confirmar cuándo y cómo se harán los pagos.

Te damos un breve ejemplo de un memo de confirmación que podrías enviar a un promotor:

> El grupo XYZ realizará dos sets de 45 minutos a las 8:00pm en el Club Tango en Rye, NY, el 8 de noviembre de 2021. El precio de las entradas es de $10.00 en preventa, $12.00 en taquilla el día del concierto. Los honorarios acordados son de $2,000 más los requisitos del rider. El 50% del monto se pagará con 60 días de antelación, el resto se pagará el día del espectáculo, en efectivo, antes del concierto.
>
> Por favor, háganos saber si está de acuerdo con estos detalles y por favor también verifique la hora del show y los precios de las entradas para el contrato. ¡Estamos impacientes de tocar en el Club Tango en noviembre!

NOTA: Si el promotor aún no conoce los precios de las entradas y tu contrato no estipula honorarios fijos garantizados, puedes solucionarlo más tarde. Sin embargo, si se trata de un concierto de pago por taquilla o de un acuerdo por porcentaje, los precios de las entradas deberían de aparecer en la confirmación, para que puedas calcular tu tarifa final después del concierto.

¿Qué es un Contrato?

Un contrato de presentación es un acuerdo legal entre el artista (o su representante) y el promotor que detalla todas las condiciones de la presentación. Siempre hay dos partes contratantes: el presentador o promotor (el "comprador") y el artista o su representante (el "artista" o "proveedor").

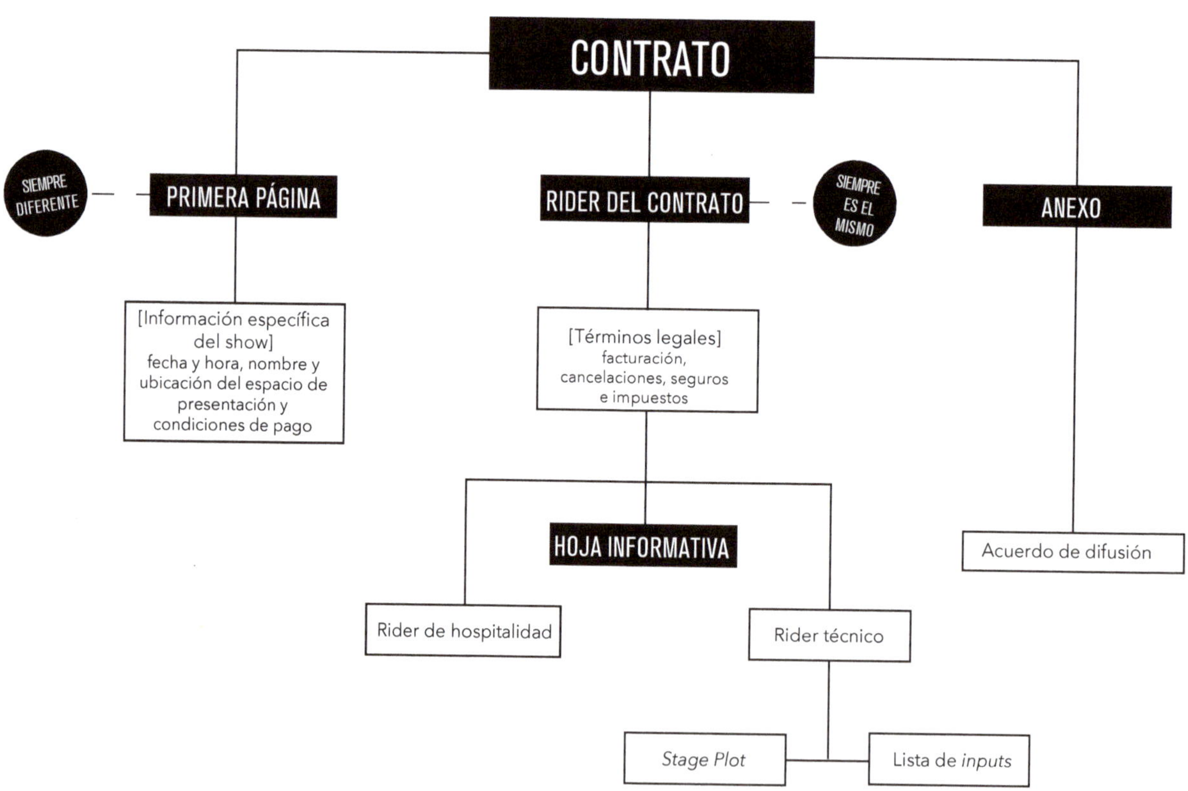

Un contrato tiene los siguientes componentes:

- **Portada del contrato** (detalles del concierto - las fechas, el lugar y el acuerdo financiero)
- **Rider del contrato** (la regulación legal que rige cada concierto: cancelación, fuerza mayor, etc.)
- **Rider de hospitalidad** (necesidades alimentarias, alojamiento)
- **Rider técnico** (listas de *inputs* y *backline*)

Cuando creas un contrato de presentación, debes incluir todos los detalles del acuerdo. Al dejar todo por escrito, las expectativas quedarán claras. La inclusión del rider proporciona información sobre el reparto (*billing*), las entradas de cortesía, la hospitalidad, las necesidades técnicas, así como lo que ocurre si se cancela un concierto. Cuando todo está escrito y firmado por ambas partes, las dos están de acuerdo con las condiciones. De esta manera, cada uno de ustedes tiene un acuerdo claro, entiende todos los términos y puede proceder de buena fe.

¿Por qué deberías de tener siempre un contrato para cualquier presentación?

La producción de conciertos y giras es una aventura arriesgada. Contar con un contrato y un rider firmados por ti y por el promotor te proporciona protección legal para permitir que recibas tu dinero y resuelvas cualquier posible disputa. La interpretación musical es diferente a otras formas de arte; en la pintura o la fotografía, el artista puede retener el producto hasta que le paguen. Cuando tocas música en vivo, no puedes retirar un concierto que ya tocaste. Por eso debes asegurarte de que trabajas con un profesional honesto. **Y siempre debes asegurarte de recibir tu balance COMPLETO antes del concierto.**

Piensa en la última vez que tuviste un concierto que no salió bien, o en una ocasión en la que te sentiste engañado por un promotor. ¿Tendrá algo que ver con tu comunicación previa al concierto? Los contratos y los riders ayudan a aclarar todo lo que podría surgir en un concierto, **comunicando todo** lo que se necesita poner en la mesa para llevar a cabo un show.

Además: si archivas y guardas cuidadosamente los contratos de cada concierto, no perderás tiempo al actualizar tu Hoja de historial de giras. Encontrarás los términos de pago y los honorarios acordados en el contrato, en lugar de tener que buscar la información que necesitas en innumerables correos electrónicos y mensajes.

Un contrato es un acuerdo comercial

Recuerda, cuando llevas a cabo un contrato de presentación con un promotor, estás creando una sociedad y haciendo un acuerdo comercial con esa persona. Eso significa que puedes esperar que los términos comerciales y financieros estén incluidos en el acuerdo y estipulados en el contrato.

Algunos puntos financieros que deben incluirse en todos los contratos:

- ¿Cuáles son los precios de las entradas?
- ¿A cuánto asciende el potencial bruto (número de entradas x aforo)?
- ¿Recibiré una bonificación o un porcentaje de los beneficios si se agotan las entradas?
- ¿Cuándo se pagará el adelanto?
- ¿Cuándo recibiré el saldo restante (balance)?
- ¿Cómo recibiré el dinero -efectivo, transferencia o cheque?
- ¿Están obligados a retener impuestos sobre los honorarios que recibo?

Tienes el derecho y la responsabilidad de entender cualquier acuerdo comercial que hagas y protegerte para que no se aprovechen financieramente.

Rider del contrato

Los riders del contrato son anexos que se adjuntan a la primera página del contrato y que abordan ciertas cuestiones clave. Se trata de las cláusulas legales y promocionales que forman parte de tu acuerdo, pero que son demasiado extensas para incluirlas en la primera página del contrato.

Los **riders técnicos** y **de hospitalidad** son las partes del rider del contrato que describen con detalle las necesidades específicas del grupo que toca o está de gira en lo que respecta al soporte técnico (*backline*, sonido y luces) y a las comidas, los refrigerios y el alojamiento (hospitalidad).

No debe de haber nada en tu contrato o rider que no entiendas. Si hay algún término concreto que no te queda claro, consulta el glosario.

LAS HERRAMIENTAS FUNDAMENTALES PARA REDACTAR CONTRATOS Y RIDERS

Si has estado presentando conciertos sin contrato ni rider, esta es tu oportunidad para cambiar eso. Te compartimos la portada del contrato y un ejemplo de rider utilizado por muchos de nuestros clientes, para cualquier concierto que consigas en el futuro.

Consulta en tus Materiales esenciales para artistas, las plantillas, ejemplos e instrucciones que te hemos proporcionado para crear tus propios contratos de conciertos.

Paquete de hojas de trabajo 5.1 - Crea la portada de tu contrato
Dentro de este paquete encontrarás dos plantillas y un ejemplo de portadas de contratos.

- **Los fundamentos de una portada de un contrato**
  Los engranajes que necesitas conocer
- **Ejemplos de portadas de un contrato**
  Ejemplos reales que utilizamos en nuestra agencia
- **Términos útiles en caso de compensación**
  Hemos incluido varias cláusulas adicionales sobre acuerdos de porcentajes, horarios, entradas, etc., que quizá quieras agregar a la primera página de tu contrato. Las encontrarás en la última hoja de la Plantilla 5.1 - Portada del contrato.

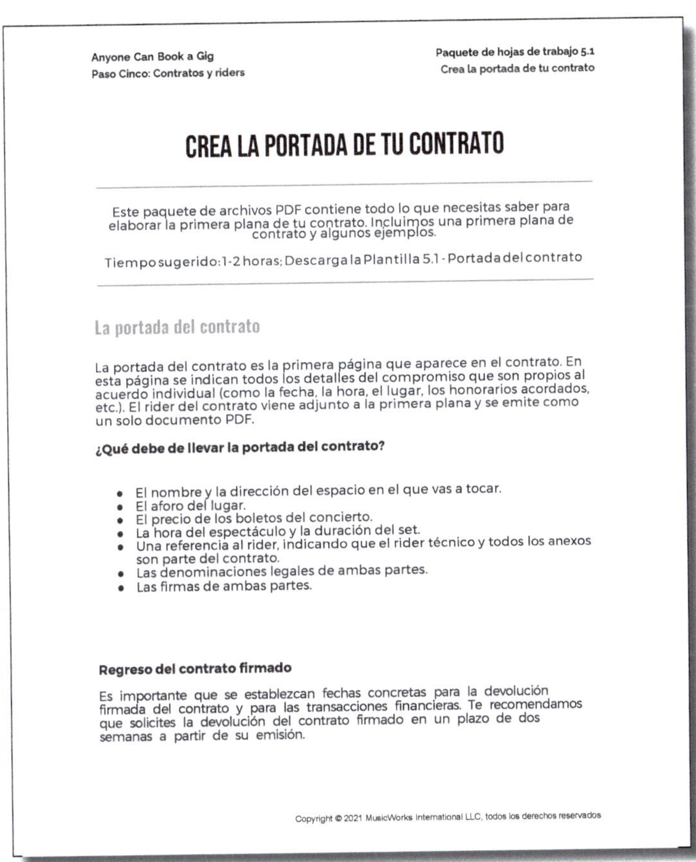

Anyone Can Book a Gig
Paso Cinco: Contratos y riders

Paquete de hojas de trabajo 5.1
Crea la portada de tu contrato

CREA LA PORTADA DE TU CONTRATO

Este paquete de archivos PDF contiene todo lo que necesitas saber para elaborar la primera plana de tu contrato. Incluimos una primera plana de contrato y algunos ejemplos.

Tiempo sugerido: 1-2 horas; Descarga la Plantilla 5.1 - Portada del contrato

La portada del contrato

La portada del contrato es la primera página que aparece en el contrato. En esta página se indican todos los detalles del compromiso que son propios al acuerdo individual (como la fecha, la hora, el lugar, los honorarios acordados, etc.). El rider del contrato viene adjunto a la primera plana y se emite como un solo documento PDF.

¿Qué debe de llevar la portada del contrato?

- El nombre y la dirección del espacio en el que vas a tocar.
- El aforo del lugar.
- El precio de los boletos del concierto.
- La hora del espectáculo y la duración del set.
- Una referencia al rider, indicando que el rider técnico y todos los anexos son parte del contrato.
- Las denominaciones legales de ambas partes.
- Las firmas de ambas partes.

Regreso del contrato firmado

Es importante que se establezcan fechas concretas para la devolución firmada del contrato y para las transacciones financieras. Te recomendamos que solicites la devolución del contrato firmado en un plazo de dos semanas a partir de su emisión.

Plantilla 5.1 - Portada del contrato [Materiales esenciales para artistas]

Esta plantilla proporciona la base del contrato para cualquier concierto.

Music Management Inc.
123 Main Street
Nueva York, NY
music@music.com
+1-555-555-5555

Contrato #: 00001

[PLANTILLA DE LA PORTADA DEL CONTRATO V.1]

Contrato de prestación de servicios artísticos realizado el día **01 de enero de 2019** entre **ABC Productions** (en lo sucesivo denominado "EL COMPRADOR") and **Bob Dylan** (en lo sucesivo denominado "EL PRESTADOR") de conformidad con las declaraciones y cláusulas que se desglosan a continuación. El contenido de este contrato se cumplirá conforme a las modalidades, especificaciones y características contenidas en el "Anexo (Rider)", que debidamente firmado por los contratantes se agrega a este documento para formar parte integra del mismo.

1. **FECHA(S) Y LUGAR(ES) DE LA(S) PRESTACIÓN(ES):**

Fecha(s) de(l) (los) concierto(s):	Hora(s):	Duración:	Taquilla:	Lugar(es) de presentación:
Viernes, 26 de julio de 2019	8:00PM	60 minutos	Aforo: 100 Precio de las entradas: $10-20 Potencial bruto: $1,500	Hard Rock Cafe 123 Hollywood Ave Hollywood, CA 12345 USA

2. **REPARTO:** Bob Dylan Band (100% del reparto del festival)
   TELONERO: Programación del festival
   FESTIVAL: Music is Awesome Festival

3. **HONORARIOS ACORDADOS:** 3,000 USD netos garantizados además del alojamiento en hotel, que incluye 1 habitación individual por 1 noche, más transporte terrestre local, catering, backline y todas las necesidades técnicas que indica el rider del artista. Los derechos de los medios de comunicación no están incluidos en los honorarios. El alojamiento y los arreglos de viaje están sujetos a la aprobación previa del PRESTADOR si son proporcionados por el COMPRADOR.

4. **VIGENCIA DEL CONTRATO Y DE LOS PAGOS:**

   a. El contrato será devuelto firmado al/ a la REPRESENTANTE DEL PRESTADOR, **Music Management Inc.**, a más tardar el día **14 de enero de 2019**. Si EL COMPRADOR no puede devolver este contrato en la fecha indicada, es responsabilidad del COMPRADOR informar al / a la REPRESENTANTE DEL PRESTADOR por teléfono, correo electrónico o fax.
   b. Todos los pagos serán abonados por el COMPRADOR en USD mediante transferencia bancaria internacional de la siguiente manera:
   Un depósito de **USD 1,500.00** será pagado al PRESTADOR a más tardar el **25 de mayo de 2019**.
   Una liquidación de **USD 1,500.00** será pagada al PRESTADOR a más tardar el **26 de julio de 2019**, antes del concierto.

5. **INFORMACIÓN SOBRE LA TRANSFERENCIA:** Las instrucciones para la transferencia bancaria se indican en la factura adjunta. Los pagos oportunos son la esencia de este contrato.

6. **CESIÓN Y MODIFICACIÓN DEL ACUERDO:**

Este contrato no puede ser cedido, transferido, alterado o modificado sin el consentimiento por escrito de ambas partes. Todas las notificaciones al PRESTADOR se dirigirán al/ a la REPRESENTANTE DEL PRESTADOR, **NOMBRE DE LA AGENCIA** MEDIANTE FIRMA,

LAS PARTES RATIFICAN HABER LEÍDO TODAS LAS CLÁUSULAS DE ESTE CONTRATO Y LOS ANEXOS ADJUNTOS Y ESTAR DE ACUERDO CON TODOS LOS TÉRMINOS DEL MISMO:

De________________________	De________________________
_ John Smith for (COMPRADOR)	_ Jane Doe (PRESTADORA)
123 Merry Lane	123 Main St
john@smith.com	jane@doe.com
Tax ID: 012345678	Tax ID: 987654321

Paquete de hojas de trabajo 5.2 - Crea tu propio rider (Parte Uno): Rider del contrato [Materiales esenciales para artistas]

Este paquete tiene dos plantillas de riders de contrato, un ejemplo de rider y un anexo. Dentro de este paquete hallarás: Un modelo completo de rider - Un rider para una banda de 4 músicos con los detalles técnicos y de hospitalidad.

Anyone Can Book a Gig
Paso Cinco: Contratos y riders

Paquete de hojas de trabajo 5.2
Crea tu propio rider: Parte Uno

CREA TU PROPIO RIDER

PARTE UNO: RIDER DEL CONTRATO

En este paquete te brindamos todo lo que necesitas para crear tu propio rider de contrato. Hemos incluido un ejemplo completo de rider de un artista real.

Los componentes de un rider de contrato

¿Por qué se llama rider? Porque se añade/monta al final del contrato. El rider del contrato detalla todos los términos y condiciones legales de tu concierto.

Todoslosridersdebenincluirtambiénestoselementosbásicos:

- El nombre correcto de tu proyecto. Así es como quieres que se anuncie tu concierto. Si tienes un reparto (*billing*) especial o quieres incluir a los acompañantes que tocan contigo, deberías de indicarlo claramente en el contrato y en el rider. Puedes utilizar tipos de letra de diferente tamaño en el cartel:

THE ROCK MADNESS TOUR 100%
Presentando a Jimmy Rotten, Phil Smith, Bill Jones, Patti Rogers 75%

- Cuántas entradas de cortesía solicitas para tu uso personal.
- La solicitud para recibir el recuento o un informe de taquilla después de un show y hacer un seguimiento de tus ventas e ingresos brutos.
- Una cláusula de fuerza mayor que indique en qué circunstancias se puede cancelar un concierto- esto incluye casos fortuitos como huracanes, terremotos, o problemas civiles como huelgas, o enfermedad de los artistas (probablemente tendrás que presentar un certificado médico) o alguna otra razón por la que el espectáculo pueda ser cancelado. También detalla el acuerdo en caso de que el evento contratado no tenga lugar. ¿Se reprograma el concierto?

PASO CINCO

Plantilla 5.2 - Rider del contrato (simple) [Materiales esenciales para artistas]

Para conciertos locales. Muy sencillo. Implica principalmente los requisitos técnicos y el *backline*.

BANDA XYZ – RIDER DEL CONTRATO

Actualizado el 20 de mayo de 2020.

Este rider técnico es parte íntegra de este contrato. Debe devolverse una copia firmada con el contrato. El presentador y el director técnico residente deben firmar y reconocer que se cumplirán estos requisitos. El/la mánager de la BANDA XYZ debe aprobar por escrito cualquier cambio o anotación de estos requisitos.

PARA ASEGURAR LA CALIDAD DEL ESPECTÁCULO, NO SE PERMITEN SUSTITUCIONES SIN LA APROBACIÓN DEL ARTISTA.

A. **REPARTO, GRABACIÓN, FOTOGRAFÍA Y ENTRADAS DE CORTESÍA**

Reparto: 100% BANDA XYZ

Este reparto se utilizará en todos los anuncios y la publicidad

A1. PEl COMPRADOR se compromete a utilizar únicamente el material promocional y gráfico suministrado por BANDA XYZ.

A2. GRABACIÓN Y FOTOGRAFÍA No se podrá grabar ninguna parte del concierto o de la prueba de sonido sin el consentimiento del ARTISTA. Se permite la realización de FOTOGRAFÍAS durante las 2 primeras canciones de la presentación, sin flash. VIDEO sujeto a aprobación del ARTISTA, sin bloquear la visión del público, y a un mínimo de 15 pies del ARTISTA.

A3. El ARTISTA tendrá derecho de vender mercancía. El COMPRADOR proporcionará una mesa, sillas y rotuladores para que el artista pueda saludar a la audiencia y firmar mercancía (CDs, camisas, posters, etc.) después del concierto.

A4. El COMPRADOR pondrá a disposición del ARTISTA _#_entradas de cortesía para su uso exclusivo.

A5. El COMPRADOR acepta que no habrá otros artistas en el reparto/cartel sin que el ARTISTA lo sepa y haya expresado su acuerdo con anticipación.

B. **PAGO Y CLÁUSULAS CONTRACTUALES LEGALES**

B1. El COMPRADOR efectuará los pagos de acuerdo con el calendario previsto en el contrato. El ARTISTA será pagado en su totalidad antes del show. En caso de que el COMPRADOR no pague la totalidad del importe antes de la ejecución, el ARTISTA tendrá derecho a no llevar a cabo la presentación sin perjuicio de sus derechos.

B2. En el caso de los tratos con alternativa, tratos bonificados o tratos de taquilla, el COMPRADOR se compromete a proporcionar recibos de los gastos del concierto y un informe de taquilla de la venta de entradas al ARTISTA o a su representante en las 24 horas siguientes al espectáculo.

Plantilla 5.3 - Rider del contrato (largo) [Materiales esenciales para artistas]

Para giras. Incluye detalles de alojamiento, visados, permisos, conductores, seguros, etc.

[NOMBRE DEL ARTISTA]

Rider del contrato

Por favor, lea este rider con atención. Forma parte íntegra del contrato adjunto para el ARTISTA. Al firmarlo, usted se compromete a suministrar al ARTISTA la producción y las condiciones de trabajo adecuadas esenciales para la presentación. Cualquier inobservancia de los términos y condiciones de este rider es un incumplimiento del contrato y puede causar que el ARTISTA se niegue a presentarse, sin que esto libere al COMPRADOR de su obligación de pagar al ARTISTA. Si el ARTISTA opta por presentarse a pesar del incumplimiento de este contrato por parte del COMPRADOR, el cumplimiento por parte del ARTISTA no constituirá una renuncia a cualquier reclamación que el ARTISTA pueda emitir por daños y perjuicios, o por alguna otra causa.

A. **PUBLICIDAD Y PROMOCIÓN**

A1. El reparto en toda la publicidad y propaganda debe aparecer de la siguiente manera:

[NOMBRE] (100%)

El ARTISTA recibirá el 100% del reparto estelar en TODOS los comunicados publicitarios y anuncios pagados, incluyendo, sin limitaciones, los programas, folletos, carteles, anuncios en periódicos, marquesinas, boletos, anuncios de radio, anuncios de televisión, etc., a menos que el ARTISTA O SU REPRESENTANTE expresen su autorización por escrito.

A2. El COMPRADOR se compromete a utilizar en todos los anuncios únicamente las ilustraciones, material publicitario, las fotos y/o los materiales promocionales proporcionados o aprobados por el ARTISTA.

A3. En el caso de que el COMPRADOR distribuya **NOTAS DE PROGRAMA** en la presentación descrita en el presente contrato, **sólo se utilizarán las notas de programa proporcionadas directamente por el/la representante del ARTISTA**. La copia exacta de estas notas puede ser traducida del idioma proporcionado al idioma local, pero sólo con la autorización escrita de la representación del ARTISTA antes de la impresión de la versión final. **Todas las copias de las notas del programa deben ser aprobadas por el/la representante del ARTISTA, antes de la publicación de los materiales - sin excepción.** Ningún producto, servicio o publicación que utilice el nombre o la imagen del ARTISTA podrá ser producido, vendido o distribuido sin el consentimiento previo por escrito del ARTISTA.

A4. El COMPRADOR se compromete a no implicar al ARTISTA en ninguna presentación personal, entrevista u otra promoción o aparición sin el consentimiento previo por escrito del ARTISTA O SU REPRESENTANTE.

A5. Ninguna parte del ensayo, la prueba de sonido o la(s) presentaciones(s) podrá ser fotografiada, grabada, filmada, registrada, emitida o reproducida mecánicamente de ninguna forma con el fin de reproducir dicha(s) presentaciones(es), sin el consentimiento previo por escrito del/ de la representante del ARTISTA. Si se descubre cualquier grabación no autorizada durante la presentación del ARTISTA, el ARTISTA tendrá derecho a suspender el concierto sin perjuicio de sus derechos.

Ejemplo 5.1 - Cláusulas adicionales [Materiales esenciales para artistas]
Incluye varias cláusulas adicionales relativas a la salud pública, los impuestos y otras cosas que quizá quieras agregar a tus riders.

CLÁUSULAS ADICIONALES

LOS SIGUIENTES SON EJEMPLOS DE CLÁUSULAS QUE PUEDEN AÑADIRSE AL RIDER DEL CONTRATO

SALUD PÚBLICA /COVID 19*- Sin perjuicio de cualquier disposición contraria contenida en el presente documento, si el Artista cree de buena fe que un problema de salud pública supone algún riesgo para el Artista y/o el público, el Artista podrá cancelar y/o reprogramar la Presentación a su entera discreción, independientemente de las órdenes y/o regulaciones gubernamentales, o de la falta de dichas órdenes y/o regulaciones. En caso de que alguna normativa gubernamental o medidas sanitarias reduzcan significativamente la capacidad del sitio de presentación, el Artista y el Promotor acuerdan discutir las nuevas condiciones económicas o cancelar mutuamente el espectáculo por Fuerza Mayor. Si la revisión de las condiciones económicas de esta presentación o de otras presentaciones de la misma gira imposibilita económicamente la presentación del Artista, esto se considerará un acontecimiento de Fuerza Mayor, y el Artista tendrá derecho a cancelar este acuerdo. En tal caso, el Artista no estará obligado a presentarse, y devolverá al Presentador los depósitos pagados, excepto en la medida en que los fondos depositados se hayan utilizado para comprar billetes de avión, y el Artista no pueda obtener un reembolso monetario real por la cancelación de dichos billetes.

VISADOS Y PERMISOS DE TRABAJO* - El PRESENTADOR proporcionará y pagará todos los visados de trabajo u otros permisos exigidos por la ley o por los organismos gubernamentales para que el ARTISTA pueda llevar a cabo el compromiso. El ARTISTA deberá proporcionar, de manera oportuna, toda la información solicitada por el PRESENTADOR para el proceso de solicitud. Con la condición de que el ARTISTA atienda con prontitud la solicitud de información del PRESENTADOR, si el PRESENTADOR no consigue los visados o permisos con setenta y dos (72) horas de antelación a la salida programada del ARTISTA hacia el país/ciudad del compromiso, el ARTISTA no estará obligado a intentar dicho viaje, y el PRESENTADOR seguirá siendo responsable ante el ARTISTA de la totalidad de los honorarios aquí previstos (y previstos en cualquier otro acuerdo con el ARTISTA) y de cualquier cantidad que deba pagarse por ley.

IMPUESTOS - Si hay una evaluación de impuestos por parte de cualquier autoridad fiscal sobre el ARTISTA por cualquier monto ganado durante la presentación, dicho impuesto deberá ser pagado por el PRESENTADOR. Queda plenamente acordado y entendido que no se efectuarán deducciones de ningún tipo del precio del contrato ni de ningún porcentaje ganado en virtud del mismo.

Paquete de hojas de trabajo 5.3 - Crea tu propio rider (Parte Dos): Rider técnico y de hospitalidad [Materiales esenciales para artistas]
Incluye varios ejemplos de riders técnicos y de hospitalidad para mostrar lo diferentes y variados que pueden ser. Pueden ser de un párrafo o hasta de varias páginas, dependiendo de lo específicas que sean tus necesidades. Dentro hallarás: un desglose completo de los anexos del rider del contrato, ejemplos de riders de hospitalidad y técnicos: anexos utilizados por nuestros artistas.

Anyone Can Book a Gig
Paso Cinco: Contratos y riders

Paquete de hojas de trabajo 5.3
Crea tu propio rider: Parte Dos

CREA TU PROPIO RIDER

PARTE DOS: RIDER DE HOSPITALIDAD Y RIDER TÉCNICO

En este paquete te brindamos todo lo que necesitas para que redactes tu propio rider técnico y de hospitalidad, para que ambos los incluyas en tu contrato. Hemos añadido varios ejemplos aquí para que puedas ver las diferentes maneras en que los artistas informan a los promotores de sus necesidades técnicas y de hospitalidad. Si necesitas una plantilla de rider completa, consulta la que incluimos en el paquete de hojas de trabajo anterior,
Crea tu propio rider (Parte Uno): Rider del contrato

El rider técnico y de hospitalidad - Anexos

Es probable que el rider del contrato no cambie una vez que hayas establecido tus cláusulas esenciales, pero el rider técnico y de hospitalidad puede cambiar a menudo. Esto sucede si modificas tu banda - se vuelve más grande, más pequeña - con músicos que tienen necesidades técnicas diferentes o que requieren marcas o tamaños de batería específicos. Recomendamos que tengas estas páginas de información como anexos (páginas adicionales) a tu rider para que puedan actualizarse fácilmente, y también para que las páginas puedan ser entregadas a las personas responsables del show - el personal de hospitalidad y el equipo de sonido/producción.

Hospitalidad - Anexo A

¿Te preguntas qué debes incluir en la sección de hospitalidad de tu rider?

- **Requisitos de hospitalidad** - normalmente se trata de un catering ligero para los camerinos y una comida caliente antes o después del concierto. Asegúrate de indicar cuántas comidas se necesitan. Incluimos un par de botanas comunes y las necesidades más frecuentes para camerinos en la plantilla del rider. También puedes incluir el costo de la cena en efectivo (por ejemplo, 30 dólares) en caso de que el promotor no proporcione las comidas.

Plantilla 5.4 - Hoja informativa [Materiales esenciales para artistas]

La hoja informativa es para que los promotores faciliten los detalles de los avances y la información de contacto del día del concierto que querrás saber antes del mismo.

LA HOJA INFORMATIVA

La hoja informativa se utiliza para el repaso logístico del concierto. Su propósito es que el artista y el equipo de producción concuerden y estén al tanto de toda la logística esencial para el día de la presentación. Es una herramienta de comunicación muy valiosa y recomendamos encarecidamente que incluyas esta hoja en tu rider.

Anatomía de la hoja informativa

Aunque algunas salas y agencias tienen ahora formularios en línea para que los promotores los rellenen en lugar de escaneos impresos, la ventaja de incluir una hoja informativa en el contrato es que cuando el promotor devuelva el contrato firmado, tendrás un único PDF para el concierto, con toda la información que necesitas sobre los detalles del mismo. ¡Ya no tendrás que buscar el nombre y el número de teléfono del ingeniero de sonido entre cientos de correos electrónicos y mensajes de texto!

A continuación, algunas de nuestras sugerencias sobre lo que puedes incluir en tu hoja informativa:

- ❑ **Información de contacto del/de la artista** - tu nombre, números de teléfono y correo electrónico así como los de tu equipo que estará implicado en el show (agente, mánager, road manager, responsables de las redes sociales y de la página web).
- ❑ **Información y datos de contacto del hotel** – nombre, dirección, número de confirmación, horarios de entrada y salida.
- ❑ **Contacto de producción** – nombre, correo electrónico y número de teléfono del director de producción
- ❑ **Ingeniero de sonido** - nombre del técnico de sonido del local, o si llevas tu propio ingeniero de sonido, anota su nombre y contacto en tu rider.
- ❑ **Lista de invitados** - incluye el número de invitados/as asignado y la fecha límite de confirmación
- ❑ **Tiempo de descarga y de prueba de sonido**

Paquete de hojas de trabajo 5.4 - Documentos contractuales diversos [Materiales esenciales para artistas]

Este paquete te brinda varios documentos adicionales que muchas veces acompañan los procesos de contratación. Dentro de este paquete hallarás un ejemplo de acuerdo de difusión, y recibos de depósito y balance.

Anyone Can Book a Gig
Paso Cinco: Contratos y riders

Paquete de hojas de trabajo 5.4
Documentos contractuales diversos

DOCUMENTOS CONTRACTUALES DIVERSOS

Llegados a este punto, ya tienes todo lo necesario para negociar y contratar tus conciertos. Si aún no has revisado la información incluida en los tres paquetes anteriores, ahora es el momento de hacerlo. Este paquete contiene ejemplos de documentos que surgen con frecuencia en el proceso de booking y contratación de conciertos. Te ofrecemos un ejemplo de acuerdo de difusión y ejemplos de factura para el primer depósito y para la liquidación.

El acuerdo de difusión o anexo

Un acuerdo de difusión define los elementos clave para acordar los derechos de los medios de comunicación con el fin de proteger la propiedad intelectual de un artista.
Los tres elementos clave son:

1. **Duración del acuerdo** - cuánto tiempo puede verse o escucharse el material en los distintos medios de comunicación.
2. **Territorio** - en qué territorios se mostrará o emitirá el material.
3. **Transmisiones** - cuántas veces se mostrará o emitirá el material.

Consulta el ejemplo de anexo de difusión que incluimos aquí para comprender las demás cláusulas importantes relativas a los derechos editoriales y a la propiedad del máster (la grabación).

Facturas

Las facturas/notas son documentos muy sencillos en los que se indican los importes del primer depósito y el de la liquidación estipulados en el contrato. Una factura incluye el método con el cual quieres que te paguen. Puedes simplemente indicar "efectivo" o puedes incluir tus datos bancarios para el depósito directo o la transferencia, o incluso tus datos para transferencias electrónicas (como Paypal). Siempre debes enviar estas notas para que el promotor pueda entregarlas a su departamento de contabilidad y para que el pago sea preciso y eficiente. Nos gusta emitir estas facturas junto con el contrato para que el promotor tenga todo lo que necesita en un solo correo electrónico. Hemos incluido una plantilla de factura para que la uses en caso de que todavía no tengas una.

Plantilla 5.5 - Acuerdo de difusión

Esta plantilla define los elementos críticos de la concesión de los derechos de difusión para proteger tu propiedad intelectual. Los derechos de difusión pueden incluir grabaciones de video y audio de tu concierto, así como la transmisión en directo y los privilegios de archivación.

Contrato #: **<<Número de contrato>>**

Este FORMATO DE AUTORIZACIÓN se celebra entre **<<Compañía del Artista>>** ("La Compañía") para **<<Nombre del Artista>>**, quien tiene su oficina principal en **<<Dirección del Artista>>**, y ("El Licenciatario") **<<Nombre del Licenciatario>>** con domicilio social en **<<Dirección del Licenciatario>>** en consideración de los acuerdos mutuos aquí definidos, las partes acuerdan lo siguiente:

1. Concesión de derechos.
   (a) Por la presente, la Compañía concede al Licenciatario el derecho de grabar el concierto en vivo de **<<Artista>>** en el **<<Venue>>**, el **<<Fecha>>** **<<Lugar>>** únicamente para su emisión en **<<Nombre>>** limitado a **<<Número de Emisiones>>** para **<<Radio/TV>>** dentro del **<<Periodo de tiempo>>** desde el concierto por el Licenciatario únicamente en **<<Lugar>>** (el "Territorio"). La emisión del Concierto se denominará en lo sucesivo el "Programa".
   (b) El Licenciatario tendrá derecho a utilizar el nombre del Artista y su imagen aprobada únicamente para publicitar y promocionar las emisiones autorizadas del Programa.
   (c) El Licenciatario no podrá hacer ningún uso del Programa (o de las secuencias del mismo) salvo lo establecido en el párrafo 1(a) anterior. Para evitar cualquier duda, el Programa se emitirá en su totalidad, salvo que se puedan utilizar extractos para la publicidad y promoción del Programa.
   (d) El Licenciatario será responsable, a su entero cargo, de todas las autorizaciones, permisos y licencias necesarias de los propietarios de los derechos de autor de las composiciones musicales y grabaciones de sonido interpretadas por el Artista en relación con el Programa.

2. El Programa.
   (a) El Programa consistirá únicamente en el Concierto editado a la longitud adecuada, incluyendo el material de entrevista para los fines de difusión descritos en el párrafo uno (1) anterior. La Compañía no incurrirá en coste alguno en relación con el Programa.
   (b) El Licenciatario se asegurará de que los técnicos de grabación, el personal de producción y los miembros de cualquier equipo relacionado con la grabación de la emisión no se acerquen a menos de cinco (5) pies de la zona de presentación de los músicos mientras dure el concierto.
   (c) La Compañía tendrá derecho a aprobar razonablemente la parte final de audio editada del Programa. En este sentido, se deberá presentar una copia de revisión del Programa al representante designado por la Compañía, y cualquier notificación de desaprobación se dará, si acaso, dentro de los tres (3) días siguientes a la recepción de la copia de revisión. La Compañía no desaprobará el Programa si tiene una calidad de emisión de primera clase.

3. Propiedad del Programa.
   (a) La Compañía será la propietaria del Programa y de todas las grabaciones del mismo, así como de todos los derechos de autor correspondientes.
   (b) Una vez concluido el Concierto, el Licenciatario entregará directamente a la Compañía una copia en formato digital o DVD/CD de los archivos maestros grabados por el Licenciatario en el Concierto, incluyendo el Programa y todas las tomas descartadas. La entrega de los archivos se hará al Artista a más tardar cuatro horas después de la última canción del concierto. Una vez terminado el programa final editado, la Compañía recibirá una copia de la versión terminada enviada a <<Compañía del Artista>>.

4. Reserva de derechos.

Plantilla 5.6 - Factura

Una plantilla sencilla de factura, para que la utilices al solicitar el pago a los promotores.

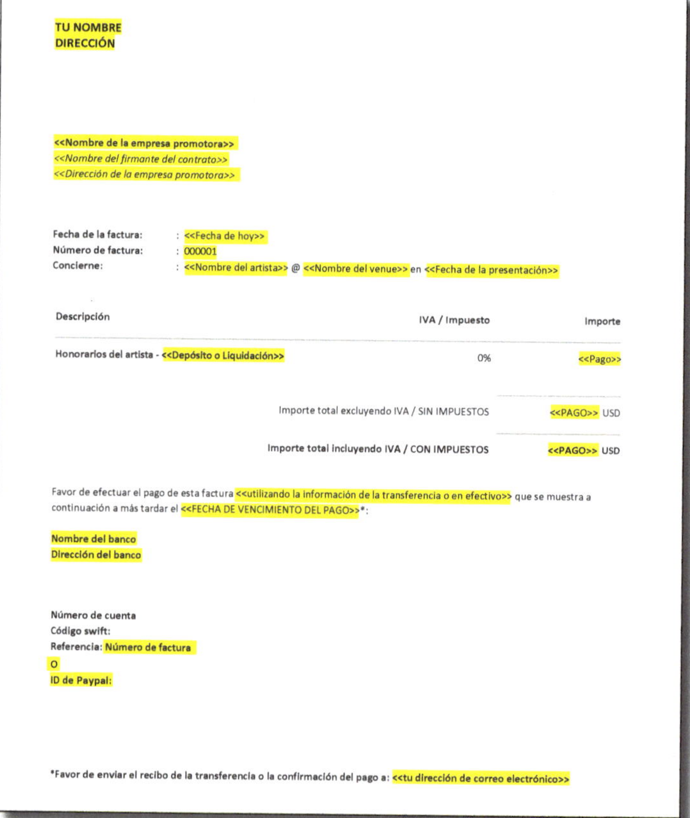

TU NOMBRE
DIRECCIÓN

<<Nombre de la empresa promotora>>
<<Nombre del firmante del contrato>>
<<Dirección de la empresa promotora>>

Fecha de la factura: : <<Fecha de hoy>>
Número de factura: : 000001
Concierne: : <<Nombre del artista>> @ <<Nombre del venue>> en <<Fecha de la presentación>>

Descripción	IVA / Impuesto	Importe
Honorarios del artista - **<<Depósito o Liquidación>>**	0%	<<Pago>>
	Importe total excluyendo IVA / SIN IMPUESTOS	<<PAGO>> USD
	Importe total incluyendo IVA / CON IMPUESTOS	**<<PAGO>> USD**

Favor de efectuar el pago de esta factura <<utilizando la información de la transferencia o en efectivo>> que se muestra a continuación a más tardar el <<FECHA DE VENCIMIENTO DEL PAGO>>*:

Nombre del banco
Dirección del banco

Número de cuenta
Código swift:
Referencia: Número de factura
O
ID de Paypal:

***Favor de enviar el recibo de la transferencia o la confirmación del pago a: <<tu dirección de correo electrónico>>**

Entender cómo se negocian los contratos de la industria musical

Video 5.2 - Negociar contratos

En este video, Katherine te da un recorrido por el proceso de negociación de los contratos de conciertos y te define los contratos como herramientas de comunicación, no de intimidación.

Para empezar el proceso de negociación, una de las dos cosas que podrían pasar es: que envíes tu contrato, o que el promotor te envíe el suyo. Aquí, el término del contrato se refiere a todo el paquete, que es (1) la portada del contrato con la hora, fecha, ubicación y detalles específicos financieros de ese show, más (2) el rider del contrato, que detalla las condiciones legales con cláusulas sobre seguro, fuerza mayor y cancelaciones. Luego en el paquete está (3) el rider de hospitalidad, que detalla tu alojamiento, restricciones alimentarias y necesidades de viaje; y (4) el rider técnico con toda la información de tu *backline* y tu lista de *inputs*.

Te recomendamos que envíes tu propio contrato. ¿Por qué? Porque sabes todo lo que hay ahí, lo has revisado, conoces el lenguaje y has creado un documento con todas las estipulaciones que te gustaría incluir.

Luego, el promotor empieza a revisar el contrato y ve qué puede y no puede cumplir. Por sus estatutos y propia constitución, algunos festivales u organizaciones gubernamentales deben tener sus propios contratos que debes revisar y firmar. Sus abogados han revisado el lenguaje, y los promotores están obligados a utilizar su documentación; esto se llama contrato de promotor.

En algunos casos, los promotores estarán felices de recibir tu contrato en vez el de ellos, por eso siempre envía el tuyo primero.

Si por alguna razón, tienes que usar el contrato del promotor, está bien también. Sólo asegúrate de revisar el contrato con mucha atención.

Entonces, envías tu contrato. El promotor evalúa su capacidad de cumplir todas las estipulaciones que estás listando. Lo revisan, hacen una corrida financiera, y se preguntan si pueden realizar el concierto. Si concluyen en que sí pueden realizarlo, necesitas que firmen al final de cada página con sus iniciales, para asegurarte de que revisaron cada parte del contrato. Este paso es crucial. Si algo pasara, tienes la prueba de que ellos recibieron, revisaron y no tienen problema con nada de esa página. Haciendo esto te proteges sobre páginas faltantes por cualquier razón.

Digamos que el promotor revisa el contrato y aprueba absolutamente todo de tus riders. Ellos firman el contrato, lo escanean, y te lo regresan.

Ahora que el contrato ha sido firmado por ambas partes, está completamente ejecutado. Debes enviar el contrato al promotor y guardar el archivo dentro de tus archivos.

Ese es el raro y sencillo proceso.

Ahora, veamos qué pasa cuando el promotor está revisando tu rider y vé algo que no puede proveer. Por ejemplo, digamos que estás pidiendo un tipo específico de set de batería, u otro tipo de materiales que ellos no tienen en su *venue* o no pueden rentar. El promotor revisará el contrato completo, tachar lo que no puede proveer, y escribir en los márgenes con qué pueden sustituir lo que has pedido.

El promotor escanea el contrato marcado y te lo envía de nuevo a tí, probablemente con una nota que dice "Hola, no puedo proveer el piano que querías, pero tenemos este como sustituto. ¿Está bien?"

Cuando el promotor y tú evalúan si las alternativas que te presentan están bien, y estás de acuerdo con todo lo que han anotado. Cuando revisas las anotaciones de esta forma, estás más consciente de lo que esperas a la hora de ingresar al *venue*, porque has revisado claramente en tu lista de expectativas lo que pueden o no proveer. Tal vez, no tengan un cuarto seguro donde puedas guardar tus instrumentos antes de tu presentación; ahora que sabes que estás entrando a un espacio sin *backstage* o sin staff que pueda proteger tus instrumentos.

Continúa negociando, llegando a acuerdo en lugar de aferrarte. Ahora, digamos que el promotor te envió su contrato, y marcaste con tinta roja lo que puedes y no puedes aceptar. Esta es una negociación y es completamente aceptable mientras esté dentro de los límites de las buenas prácticas. Esto demuestra tu nivel de profesionalismo cuando estás familiarizado con el proceso de negociación de contratos y que puedes fácilmente desenvolverte a través de él.

La moraleja de esta historia es que los contratos y los riders son herramientas eficientes y efectivas para los artistas para comunicar todas las necesidades a los promotores. Por ejemplo, puedes condensar mucha información en un documento en vez de millones de correos y llamadas de teléfono yendo y viniendo.

La carga o el montaje no es el momento de obtener respuestas a tus preguntas, o de descubrir que deberías haber traído una pieza crucial del equipo, o que te has perdido la prueba de sonido, o que dan dietas para la cena y has llegado demasiado tarde para comer.

Enviando tu contrato y rider, les das oportunidad de anticipar y entender tus necesidades como artista, y efectivamente comunicar qué sustituciones puedes esperar el *venue*.

La negociación no es algo de lo que debas estar asustado o avergonzado, es una herramienta importante. Una vez que empiezas a usar contratos y riders y establecer un intercambio con los promotores, el proceso se convierte en algo natural. Disponer de toda la información en un solo lugar le permite realizar un seguimiento de las finanzas y los detalles esenciales. Lleva el contrato final firmado a cada concierto, por si acaso.

Esperamos que encuentres útiles los ejemplos y plantillas de este paso. Todos los materiales que hemos proporcionado son versiones abreviadas de los que utilizamos en nuestro proceso de contratación aquí en Music Works International.

¡RECUERDA!

Como hemos dicho antes, **el promotor debe firmar siempre en primer lugar**. Esto le protege de posibles cambios manuscritos en el contrato después de haberlo firmado. Si firmas tú primero, parecerá que tanto tú como el promotor estáis de acuerdo con esos cambios. Todos los contratos y sus anexos deben estar firmados por ambas partes, de modo que dispongas de un documento completo que puedas llevar contigo al espectáculo.

la actuación del ARTISTA estará patrocinada por, o vinculada de cualquier otro modo con, ningún candidato político, producto comercial o negocio.

~~A6. El ARTISTA conserva los derechos y el control sobre el patrocinio corporativo de conciertos y/o giras. En el caso de que se añada un patrocinio de gira en cualquier momento antes o después de que se complete la contratación, se entiende que el ARTISTA se reserva el derecho de aprobar cualquier uso del nombre, logotipo y otros requisitos del patrocinador para la publicidad o la marca del lugar de actuación.~~

~~A7. El ARTISTA tendrá los derechos únicos y exclusivos de comercialización.~~

A8. El COMPRADOR pondrá a disposició[diez (10)]as gratuitas por espectáculo para su uso exclusivo. Los asientos deberán estar en las ubicaciones preferentes. El ARTISTA se pondrá en contacto con la taquilla a más tardar una hora antes del concierto en caso de no utilizar las entradas.

~~A9. El COMPRADOR tendrá derecho a distribuir 30 entradas o el 1% del aforo vendible (lo que sea mayor) para su uso por parte de los medios de comunicación, patrocinadores y otras necesidades promocionales. Estas entradas no incluyen las entradas reservadas para las necesidades del ARTISTA. No se distribuirá ninguna otra entrada de cortesía sin el permiso expreso y por escrito del ARTISTA.~~

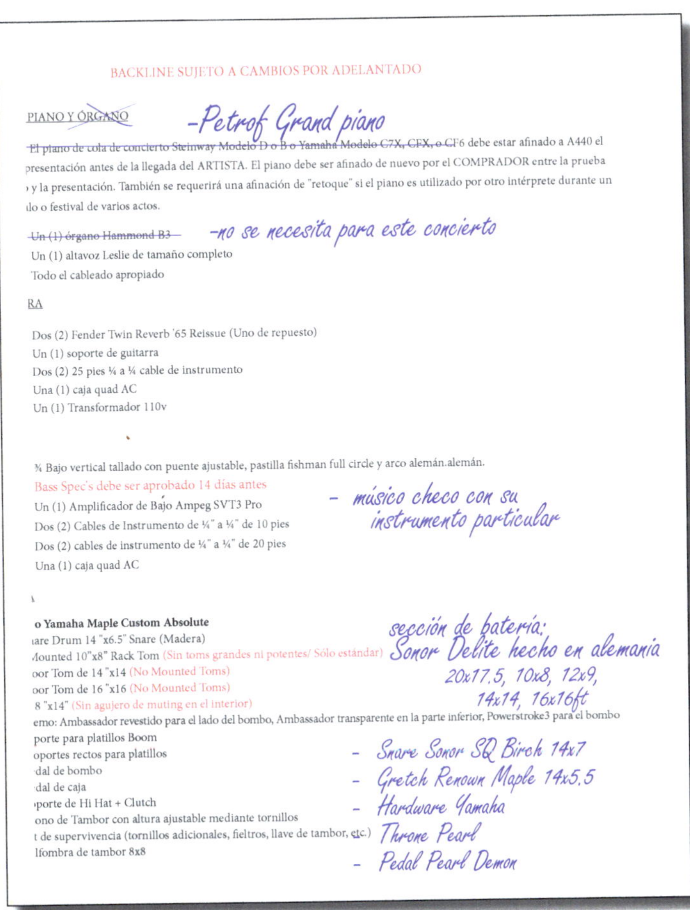

BACKLINE SUJETO A CAMBIOS POR ADELANTADO

PIANO Y ~~ÓRGANO~~ -Petrof Grand piano

~~El piano de cola de concierto Steinway Modelo D o B o Yamaha Modelo C7X, CFX, o CF6~~ debe estar afinado a A440 el
presentación antes de la llegada del ARTISTA. El piano debe ser afinado de nuevo por el COMPRADOR entre la prueba
y la presentación. También se requerirá una afinación de "retoque" si el piano es utilizado por otro intérprete durante un
lo o festival de varios actos.

~~Un (1) órgano Hammond B3~~ -no se necesita para este concierto
Un (1) altavoz Leslie de tamaño completo
Todo el cableado apropiado

RA

Dos (2) Fender Twin Reverb '65 Reissue (Uno de repuesto)
Un (1) soporte de guitarra
Dos (2) 25 pies ¼ a ¼ cable de instrumento
Una (1) caja quad AC
Un (1) Transformador 110v

¾ Bajo vertical tallado con puente ajustable, pastilla fishman full circle y arco alemán.alemán.
Bass Spec's debe ser aprobado 14 días antes
Un (1) Amplificador de Bajo Ampeg SVT3 Pro — músico checo con su instrumento particular
Dos (2) Cables de Instrumento de ¼" a ¼" de 10 pies
Dos (2) cables de instrumento de ¼" a ¼" de 20 pies
Una (1) caja quad AC

o Yamaha Maple Custom Absolute — sección de batería: Sonor Delite hecho en alemania 20x17.5, 10x8, 12x9, 14x14, 16x16ft
are Drum 14 "x6.5" Snare (Madera)
Mounted 10"x8" Rack Tom (Sin toms grandes ni potentes/ Sólo estándar)
oor Tom de 14 "x14 (No Mounted Toms)
oor Tom de 16 "x16 (No Mounted Toms)
8 "x14" (Sin agujero de muting en el interior)
emo: Ambassador revestido para el lado del bombo, Ambassador transparente en la parte inferior, Powerstroke3 para el bombo
porte para platillos Boom
oportes rectos para platillos — Snare Sonor SQ Birch 14x7
dal de bombo — Gretch Renown Maple 14x5.5
dal de caja
porte de Hi Hat + Clutch — Hardware Yamaha
ono de Tambor con altura ajustable mediante tornillos
t de supervivencia (tornillos adicionales, fieltros, llave de tambor, etc.) — Throne Pearl
lfombra de tambor 8x8 — Pedal Pearl Demon

B. **PRODUCCIÓN, ESTÁNDARES Y PRÁCTICAS**

B1. El ARTISTA requiere un periodo mínimo de una hora para la prueba de sonido una vez finalizada la carga y el montaje. Los productores del festival están obligados a cumplir con esta política a menos que se acuerde lo contrario por escrito con el representante del ARTISTA. El ARTISTA deberá completar dicho montaje una hora antes de la hora de la actuación. El COMPRADOR no permitirá que el público entre en el lugar de la representación hasta que se haya completado el montaje técnico. El día de la presentación del artista propuesto es el domingo 8 de diciembre de 2019. Habrá público en el recinto a partir de las 11:30h. La prueba de sonido tendría que ser antes. Hemos discutido a las 9:30 am como una hora posible.

disponible para el ARTISTA, la banda y el personal durante todo el día o días del espectáculo y para el regreso del ARTISTA, la banda y el personal al aeropuerto.

HOTEL - Incluido en el pago

Una (1) suite de lujo para el ARTISTA en un hotel de calidad no inferior a cuatro estrellas, por ejemplo, Four Seasons, Ritz Carlton, Park Hyatt, etc. y ~~seis (6)~~ 3 habitaciones individuales para la banda y el personal. (El servicio de habitaciones 24 horas es una NECESIDAD ABSOLUTA). Cuando el ARTISTA viaje más de 3 horas en avión, el Presentador deberá proporcionar 2 noches de hotel para el ARTISTA.

COMIDA -Solicitado por South Tec Phylarmonic
-Se hará el pago por XXX después del check out en la recepción del hotel

Una comida caliente consistente en pescado y aves de corral o de carne de vaca. Se aprecian las especialidades locales. Todo el catering deberá ser acordado con el road manager del ARTISTA. La cena tendrá lugar 2 horas antes de la

Ejemplo 5.2 - Riders (Marcados)
Hemos proporcionado un puñado de riders que demuestran cómo los promotores marcan y anotan los cambios en el rider durante el proceso de negociación del contrato.

La mayoría de los promotores NO pagarán un adelanto a menos que tengan un contrato totalmente firmado, así que no te quedes con esos contratos firmados por los promotores. En lugar de ello, revisa los cambios o adiciones, y luego firma y devuelve una copia al promotor.

Avanzada del concierto

Una vez que todos hayan firmado el contrato, el acuerdo está **establecido**; el contrato es un acuerdo formal vinculante entre ambas partes. Ahora es el momento de hacer un repaso logístico del concierto. En pocas palabras, anticipar un espectáculo significa llamar al promotor o al *venue* para hablar de todos los detalles: horario, hospitalidad y equipo del próximo show. En algunos casos, puedes hablar con más de una persona para corroborar todos los detalles.

Por ejemplo, el mánager de producción o el ingeniero de audio confirmará el *backline* provisto: las marcas y modelos que has solicitado en tu rider o sustitutos, realizar el montaje a tiempo, la hora de la prueba de audio, la hora del concierto y establecer las duraciones. Puede haber otra persona que se encargue de la hospitalidad: tu reservación de hotel (si es que hay), catering y cena en el vestidor, y transporte terrestre si es que te recogerán en la estación de autobuses o aeropuerto. Una tercera persona, el promotor o el contador, confirmará el pago de la garantía o adelanto y cómo pagar la liquidación.

En tu rider, tienes la información en una página que el promotor tuvo que haber llenado antes de regresarte el contrato, así tienes toda la información de contacto, nombres y números de teléfono de las personas que responderán tus preguntas y confirmarán los detalles.

Si te tomas el tiempo y el cuidado necesarios para hacer el repaso logístico del concierto, estarás seguro de descubrir cualquier malentendido ANTES de llegar al concierto, y de que el contrato y el rider que has firmado se han llevado a cabo correctamente.

La vida en la carretera con Duchess y Antonio Sánchez & Bad Hombre

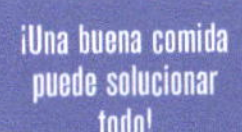

¡Una buena comida puede solucionar todo!

Estaciones de tren olorosas.

Cansados y apretados, ¡pero felices!

¡Un día caluroso en el Festival de Jazz de Ottawa, el agua no falta entre bastidores!

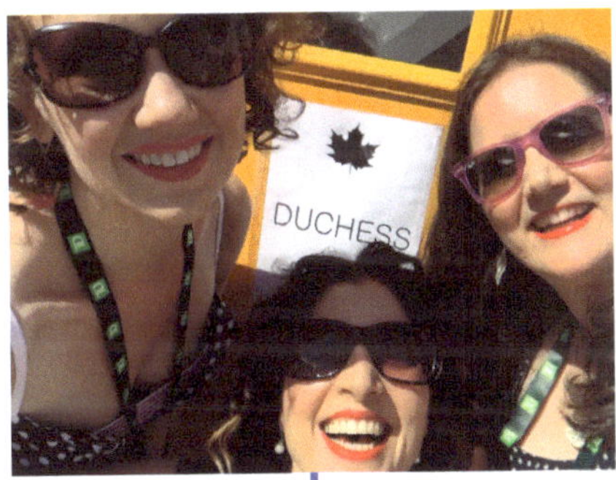

¡A veces nos dan un camper de lujo con nuestro nombre en la puerta!

Laringitis en la carretera (nebulización antes del show)

¿Degustación de whisky en el vestíbulo del hotel? ¿Por qué no?

¡Recortes de la banda en tamaño real!

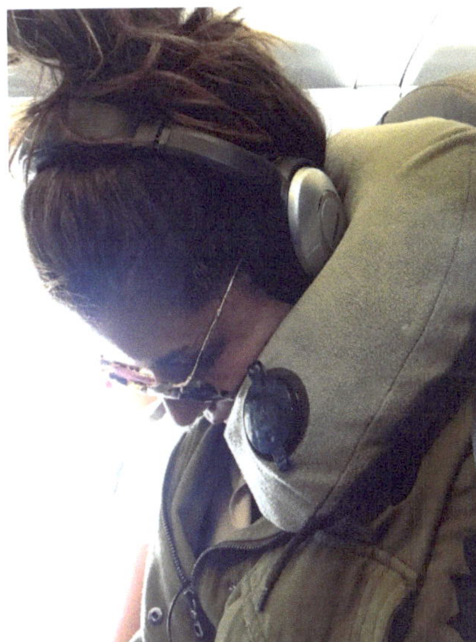

Exhausta

¡Esenciales para después del show en Seattle, WA!

PASO CINCO

PASO SEIS:

MARKETING Y PROMOCIÓN

¡Bienvenido al Paso Seis de Anyone Can Book a Gig!

David Greenberg, Director de Marketing y Desarrollo en MWI, te enseñará en este paso a plasmar todo lo que has aprendido a lo largo del libro. ¡Es hora de que el mundo sepa quién eres! Aprenderás sobre publicidad, comunicados de prensa, planes de marketing, branding y promoción. Pero primero, tienes que conocer a tu competencia.

Cuando empecé a escribir este capítulo del libro, la página web de un *venue* llamado Soda Bar en San Diego anunció 19 conciertos de diferentes bandas para presentarse en sólo una semana. Más recientemente, revisando su página web había 28 bandas que tocarían en 12 días. En el mundo hay decenas de miles de bandas, grupos, cantantes/compositores buscando obtener un concierto, otro concierto o múltiples conciertos.

En el video de introducción a este capítulo (Video 6.1 - Introducción al Paso Seis [Materiales esenciales para artistas]), creé una edición rápida de un montón de bandas y comerciales. Podrías considerar a las bandas como competencia, ¿pero las hamburguesas con queso? ¿Sofás con descuento? ¿Ofertas increíbles en coches? Sí, claro. El desorden, el ruido y los memes luchan por la atención de tu público potencial.

¿Cómo abrirse paso a través de todo eso? Con marketing. Buen marketing. Es publicidad. Es poner anuncios delante de la gente. Es hacerte notar. Sólo quiero contarte una historia de mi trabajo con Polygram.

Yo hacía vídeos musicales en los años ochenta. Tenía que reunirme con la gente de A&R. En un lado de la mesa de un vicepresidente estaban todos los casetes, álbumes y vídeos de grupos que querían entrar en la discográfica. Un par de semanas después, volví a la misma oficina y todos esos objetos seguían allí. No se habían movido. Y este es el jefe de A&R; su trabajo consiste en mirar estas cosas y fichar a nuevos grupos para mantener su puesto de vicepresidente.

¿Cómo romper esa indiferencia? ¿Cómo conseguir que la gente se levante del sofá? ¿Que presten atención? ¿Que gasten dinero en entradas y no compren esa caja de cerveza? ¿Esa botella de vino? ¿O incluso ese Big Mac con papas fritas de McDonald's?

Sobre los colaboradores del capítulo: David Greenberg y Svetlana Shmulyian

En este paso, Svetlana y yo combinamos nuestros años de experiencia para ofrecerte una base sustancial sobre la mejor manera de empezar a comercializar y promocionar tus espectáculos. David Greenberg es Director de Marketing y Desarrollo de Music Works International y productor y director de vídeo nominado a los Grammy. Svetlana Shmulyian es una aclamada artista de jazz en gira y profesora de Marketing y Psicología en la Universidad de Columbia.

Desde el día en que se bookea tu espectáculo hasta la noche en que subes al escenario, este capítulo te ofrece técnicas de marketing precisas y especializadas para promocionar sus actuaciones en lugares que van desde clubes hasta grandes teatros. Aquí encontrarás los conocimientos necesarios para comercializar y promocionar tu música. Esto incluye el establecimiento de una marca, la preparación de tu paquete promocional, la redacción de sus comunicados de prensa y la colaboración con publicistas, la planificación de campañas de marketing individuales, la recopilación de tu red de contactos en la industria, la conexión con los fans y mucho más.

¡Empecemos!

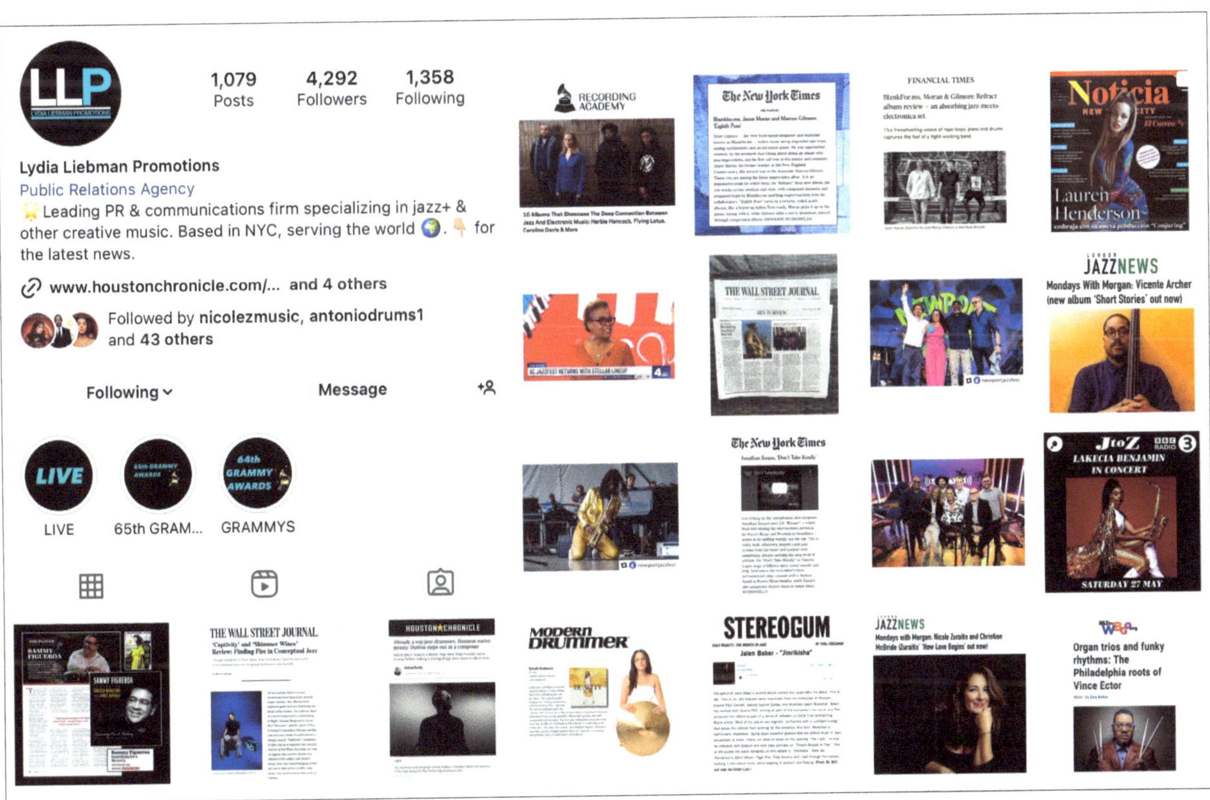

Paso 6: Lista de tareas

Esta es tu lista de tareas para esta sección. Esta sección no contiene hojas de trabajo para completar o rellenar, pero encontrarás mucho texto que leer y retener. En esta sección hemos incluido dos ejemplos y una plantilla, así como unos cuantos videos explicativos. Revisa los ejemplos y guarda la Plantilla de Presupuesto de Gira para utilizarla en el futuro.

- ❏ **Lecturas**
    - ❏ Paso Seis: Marketing y promoción
- ❏ **Mini cursos**
    - ❏ Mini-curso: Todo sobre el material promocional
    - ❏ Mini-curso: Ejemplos de casos promocionales
    - ❏ Mini-curso: Cómo identificar contactos para tu base de datos
    - ❏ Mini-curso: Crear una campaña de marketing para promocionar tu gira
- ❏ **Videos [Materiales esenciales para artistas]**
    - ❏ Video 6.1 - Introducción al Paso Seis: Marketing y promoción
    - ❏ Video 6.2 - Tutorial de la Hoja de recuento de entradas
- ❏ **Hojas de trabajo [Materiales esenciales para artistas]**
    - ❏ Hoja de trabajo 6.1 - Crea tu propia marca personal
    - ❏ Hoja de trabajo 6.2 - Escribir un comunicado de prensa
- ❏ **Plantillas [Materiales esenciales para artistas]**
    - ❏ Plantilla 6.1 - Comunicado de prensa
    - ❏ Plantilla 6.2 - Base de datos de contactos de prensa
    - ❏ Plantilla 6.3 - Seguimiento del conteo de boletos
- ❏ **Ejemplos**
    - ❏ Ejemplo 6.1 - Comunicado de prensa

QUÉ HACER DESPUÉS DE BOOKEAR UN CONCIERTO

Digamos que acabas de bookear una fecha ¡Felicidades!

Desde el punto de vista del marketing, también acabas de conseguir tu primer consumidor. Has vendido tu producto (tu concierto) al consumidor (el *venue*). Luego vienen los consumidores más obvios: tus fans, la gente que paga por tus productos (tu show, tus grabaciones, tu mercancía).

Otros consumidores son los intermediarios profesionales, como los críticos musicales y otros profesionales del sector que ayudan a difundir tu producto (tu música). En cierto modo, forman parte de tu fuerza de ventas porque hacen llegar tu mensaje a los aficionados de la música.

Para vender entradas, música y productos, no sólo tienes que dar a conocer los productos a los clientes, también tienes que tenerlos disponibles para su compra. Claro, podrías pensar que esto es obvio, pero tristemente, no lo es. Una de las formas para crear interés en tus productos es a través del amplio término de marketing.

Un buen punto de partida es responder a las siguientes preguntas: ¿qué? ¿quién? ¿cuándo? y ¿cómo?

Las preguntas de marketing

¿QUÉ? al comenzar el libro te preguntamos qué es lo que tienen de especial tú y tu música. Queríamos subliminalmente hacerte pensar sobre tu imagen: para invitarte a pensar en lo que te hace destacar de otros artistas similares durante la creación de tu biografía. Ahora llevemos esto a otro nivel, preguntando ¿qué es lo que tiene tu show o tu presentación que hará que la gente compre una entrada para tu concierto?

Estás compitiendo para que el público acuda a tu concierto, y no sólo con otras bandas que tocan la misma noche, sino con otras formas de entretenimiento fácilmente disponibles en casa: Netflix, videojuegos, TikTok, o ciertas actividades que requieren más energía, planeación y se encuentran fuera de la comodidad del hogar, como ir al cine, a un bar, a un museo, a una obra de teatro o a un restaurante. Los consumidores tienen muchas opciones para gastar su dinero en diversión. ¿Cómo puedes promocionarte de manera convincente y a través de qué vehículos puedes captar la atención de la gente?

¿QUIÉN? ¿A qué público te diriges con tu música? Mientras los músicos luchan contra el encasillamiento en un tipo de música, los medios de comunicación crean géneros para canalizar la información hacia sus lectores/oyentes/revisores/editores. Ten en cuenta la capacidad de atención del público de hoy y la necesidad de saber comunicar tu arte de forma clara y eficaz para captar el interés.

Para entender a tu público objetivo, divídelo en géneros/grupos y luego investiga cómo consumen noticias los fans de esos géneros/grupos. Dirígete a los medios de comunicación que puedan transmitir tu mensaje a estos públicos específicos (por ejemplo, prensa de jazz, prensa de Jamband, prensa indie, programas de radio específicos que emiten para a los grupos que componen tu audiencia, grupos sociales en línea, por ejemplo "Culture Lovers in Washington DC", grupos de fans, etc.). Piensa en todas las posibilidades. Ten en cuenta a los grupos que tocan música de géneros como el tuyo, a los famosos y a los casi desconocidos, e investiga de dónde sacan sus críticas, su difusión y sus menciones.

¿CUÁNDO?/¿CÓMO? Considera todas las formas en que se puede llegar a cada público objetivo con los materiales promocionales que tienes a mano (prensa, radio, redes sociales, carteles físicos, correo electrónico), y el calendario que corresponde al cumplimento de cada tarea.

Por lo general, los planes de marketing siguen un calendario que incrementa la intensidad promocional a medida que se acerca la fecha del concierto.

Los medios de comunicación deben recibir información con mucha antelación, y es necesario hacer un seguimiento para ver si tienen el material o si hay que volver a enviarlo. Los correos electrónicos para los fans deben enviarse varias veces, con mucha antelación, para que aparten la fecha, y también más cerca del concierto, justamente para recordarles la fecha y el lugar del mismo. Prepara tu plan de marketing para vender el mayor número posible de entradas con antelación, y asegúrate de que la sala no vaya a cancelar tu espectáculo por falta de ventas (tuviste que haber discutido esto en la fase de negociación). Fíjate muy bien en poner el enlace de las entradas en tu página web para que los fans puedan comprarlas fácilmente.

Con estas preguntas (qué, quién, cuándo/cómo) en mente, estás listo/a para crear tu plan de marketing.

Un **plan de marketing** es un plan de trabajo para presentar y entregar tu producto (tu espectáculo o tus grabaciones) a los clientes potenciales (por ejemplo, el público). No tiene por qué ser largo ni costar mucho dinero, pero su elaboración y ejecución requerirán de cierta investigación y esfuerzo. Y si estás empezando con un presupuesto pequeño o casi inexistente, tendrás que pensar de forma innovadora. Antes de entrarle a la creación de tu plan de marketing, hablemos primero de lo que vas a comercializar: tu paquete promocional y el material de marketing que preparaste en el Paso Dos en la página 35.

Prepara un paquete promocional perfecto

Ya creaste el material promocional necesario para informar al público sobre tu música. Por ejemplo, si ya bookeaste el concierto, también tienes que dar detalles sobre el show que presentarás en ese lugar concreto. Piensa en todas las formas en que tu concierto podría atraer al público. Por ejemplo, ¿cuál es el programa para el show?

Puede que estés planeando presentar un homenaje a un artista que admiras, un nuevo *line-up* o presentes tu nueva grabación. Los materiales promocionales del concierto deben reflejar tanto tu imágen artística (biografía, EPK) como tu identidad, y ser específicos para el concierto que estás tratando de "vender".

Mini-curso: Todo sobre el material promocional

Repasa el Mini-curso: Todo sobre el material promocional en la página siguiente para obtener información más detallada sobre la recopilación de material, la difusión de tu música en las plataformas de *streaming* y la redacción de biografías.

Ejemplo: Imágenes de publicidad del sexteto de Vijay Iyer [Materiales esenciales para artistas]

VIJAY IYER SEXTET (i - d; Tyshawn Sorey, Vijay Iyer, Graham Haynes, Mark Shim, Steve Lehman, Stephan Crump)
www.vijayiyer.com

Foto © 2017 por Lynne Harty
ECM Records / Music Works International

VIJAY IYER SEXTET (Steve Lehman)
www.vijayiyer.com

VIJAY IYER SEXTET (i - d; Graham Haynes, Stephan Crump, Steve Lehman, Tyshawn Sorey, Vijay Iyer, Mark Shim)
www.vijayiyer.com

Foto © 2017 por Lynne Harty
ECM Records / Music Works International

VIJAY IYER SEXTET (Vijay Iyer)
www.vijayiyer.com

Foto © 2017 por Lynne Harty
ECM Records / Music Works International

PASO SEIS

MONTY ALEXANDER TRIO

THE APEX

Bury St Edmunds

LUNES | 03 JUNIO 2019 | 7:30 PM

"[Alexander] entrelaza hábilmente los ritmos isleños de su herencia jamaiquina con un fondo de jazz directo."
//JAZZ TIMES

"Los que conocen de pianistas de jazz saben que Monty Alexander es uno de los mejores."
//NPR

montyalexander.com | theapex.co.uk

MONTY ALEXANDER TRIO

THE APEX

Bury St Edmunds

LUNES | 03 JUNIO 2019 | 7:30 PM

"[Alexander] entrelaza hábilmente los ritmos isleños de su herencia jamaiquina con un fondo de jazz directo."
//JAZZ TIMES

"Los que conocen de pianistas de jazz saben que Monty Alexander es uno de los mejores."
//NPR

montyalexander.com | theapex.co.uk

Mini-curso: Ejemplos de casos promocionales

Una selección de paquetes promocionales de nuestros artistas son utilizados como referencia e inspiración.

Estudio de caso #1: Monty Alexander

Monty Alexander es un pianista icónico de jazz. Antes de mudarse a los Estados Unidos y volverse una referencia en la escena del jazz en Nueva York, Monty escuchaba jazz en Jamaica, su lugar de origen, asistiendo en su adolescencia a conciertos de Nat King Cole y Louis Armstrong en los 50 's. Participó en los primeros tiempos de la grabación de música jamaiquina, asistiendo a seminarios con los músicos que más tarde formarían los Skatalites. También grabó con Ernst Ranglin y Sly and Robbie. Debido a la etiqueta de "jazz" que Monty adquirió por su trabajo con artistas como Milt Jackson, Count Basie y Frank Sinatra, pocos aficionados a otros géneros conocían sus otras grabaciones e interpretaciones de música antillana.

Unos meses antes de una gira por el Reino Unido, el equipo de Monty investigó el acceso a los fans fuera del mercado del jazz, recopilando una lista de restaurantes antillanos, grupos escolares, profesores, escuelas de música, tiendas de instrumentos musicales, programas especializados en reggae en la radio y grupos comunitarios en las redes sociales dentro del mercado objetivo. Monty colaboró con Music Works International en la creación de algunos vídeos para dar a conocer su larga historia con el jazz y sus raíces jamaicanas, de modo que los puntos de venta y los locales pudieran utilizarlos para publicarlos en las redes sociales e informar a su público.

El equipo también creó un video de promoción de la gira de verano que los locales podían personalizar para sus espectáculos.

Ejemplo: Anuncios de Monty Alexander (video de anuncio de Apex 1 y video de anuncio Apex 2) [Materiales esenciales para artistas]

Cada punto de venta recibió un correo electrónico individual y personalizado en el que se le presentaba a Monty y se le preguntaba si podía ayudar a promocionar el concierto poniendo su música, colocando un cartel y ayudando a correr la voz en su comunidad. Habría sido más fácil, pero menos eficaz, enviarles un correo electrónico general pidiéndoles ayuda. Utiliza tu investigación para hacerles saber que sabes algo de ellos. También puedes hacerles sugerencias sobre el uso que hacen de los materiales y preguntarles si puedes hablar con ellos sobre cómo colaborar eficazmente.

Algunos *venues* ofrecen precios especiales para estudiantes de música u otras ofertas promocionales. Utiliza estas ideas en tus correos electrónicos para atraer más ventas de entradas.

El local The Apex también organizó un festival el mes anterior al concierto de Monty. El equipo de marketing de MWI creó un folleto que Apex pudo repartir durante el festival para anunciar el próximo concierto de Monty.

Ejemplo: Monty Alexander The APEX Flyer (Dos en un A4 Internacional) [Materiales esenciales para artistas]

Estudio de caso #2: Barrence Whitfield y The Savages

Barrence Whitfield and the Savages era un grupo de garage-rock de Boston de los años 80; ruidoso, punk, histriónico, aunque con un largo y auténtico recorrido por las raíces del rock and roll. Las bulliciosas payasadas de Barrence y sus gritos rockeros son legendarios. Cada vez que pasan por la ciudad de Boston, Los Lobos invitan a Barrence para que los acompañase en unas cuantas canciones en su show. Barrence y The Savages se reencontraron después de algunas décadas, y en 2013 se volvieron a juntar y firmaron con Bloodshot Records. El último kit de medios de Bloodshot Records de Barrence y The Savages se puede encontrar en su página web, pero desde que escribimos el curso, Bloodshot fue vendido a una major. Existe la posibilidad de que todo esto desaparezca pronto. Hemos descargado el kit de medios y lo hemos subido a los [Materiales esenciales para artistas], por si acaso.

Antes de contar con un presupuesto para crear medios para la gira, contrataron a un asesor de medios, David Greenberg, y le pidieron que creara un video básico para promocionar su gira europea a partir de clips de sus archivos, que incluían una entrevista y una actuación de 1983 para el programa "The Old Grey Whistle Test" de la BBC, y material de dominio público de la increíble colección que se encuentra en los Archivos Prelinger. El clip se reutilizó y fue reeditado para su gira inicial de presentación de álbum por Estados Unidos y, con una edición adicional, se usó como promoción exclusiva de preventa en una creación de Bloodshot con la cadena Newbury Comics de Boston. El nuevo video se editó de tal forma que coincidiera con la calidad de garaje de los materiales de archivo.

Cuando The Savages firmaron con una agencia de booking, Greenberg también reunió el arte y las citas en un folleto promocional. Mientras que la mayoría de las agencias utilizan un folleto (una herramienta de venta de una página) para que los promotores conozcan el show con una breve biografía, citas y fotos, el espectáculo de los Savages era demasiado grande para contenerlo en una página. Aunque eran mucho más que leyendas -recuerda a Los Lobos y la aparición en "The Old Grey Whistle Test"- seguían siendo unos desconocidos. La cuestión aquí era reiniciar situándolos dentro de una historia mayor que incitara a los promotores a que los contrataran -de hecho, en aquel momento, habían tocado en el reinicio de "The Whistle Test", en el programa de la BBC "Later... with Jools Holland", y la primera edición de su vinilo se había agotado. Se estaban convirtiendo en algo importante, y sus presentaciones en vivo eran increíbles. Greenberg necesitaba más de una página para la pieza promocional You Need To Know This del grupo dentro de la estética punk de los 80.

Ejemplo: Barrence Whitfield - Newbury Comics Pre-Sale Promo Video and Barrence Whitfield and the Savages: You Need To Know This Booklet. [Materiales esenciales para artistas] *Descarga el PDF. No intentes leer las páginas de la derecha. Las páginas están desordenadas para que se vean mejor las fotos.*

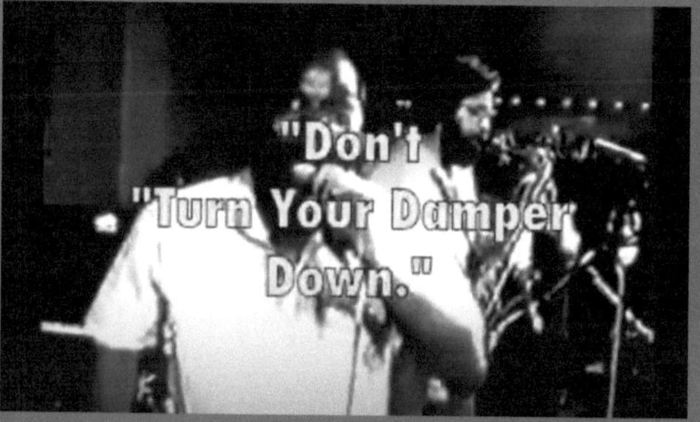

PORTADA »

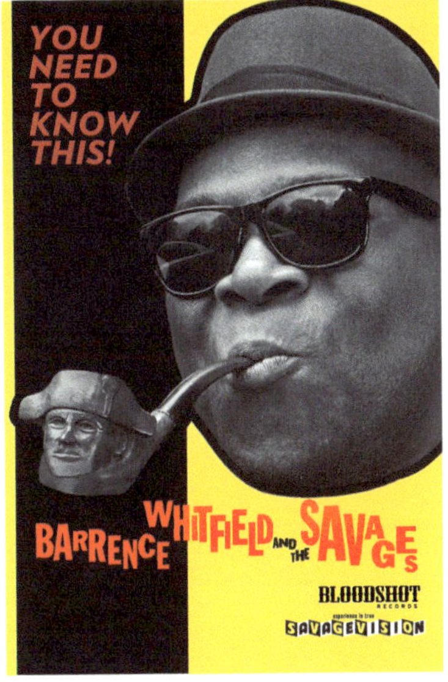

YOU NEED TO KNOW THIS!
BARRENCE WHITFIELD AND THE SAVAGES
BLOODSHOT RECORDS
SAVAGEVISION

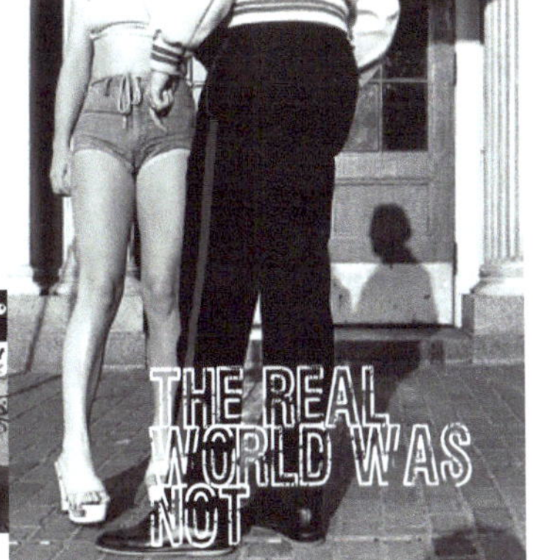

Barrence Whitfield and the SAVAGES
THEY MADE A RECORD...
FROM ALLMUSIC:
"It clocks in at under 30 minutes, so these days it qualifies as an EP, but the Savages' debut record is a scorcher. A 100-mph rave-up from the moment Barry screams his way through Don Covay's "BIP BOP BIP" to the go-for-broke "SHIP SAILS AT SIX." Peter Greenberg's garage grunge guitar sounds great propelling these tracks, and THE WHOLE THING JUST SCREECHES PARTY."
THEY GOT DISCOVERED BY ANDY KERSHAW OF THE BBC: "ASTONISHED" IS THE WORD HE USED IN HIS MEMOIR. CHECK IT OUT!
by Barrence Whitfield and the Savages, an R&B band from Boston. Impressed, I nipped over to catch them one weekend in Massachusetts, at my own expense, and was astonished. We were back, as Whistle Test, in Boston within a fortnight to film them. On a shoot in Los Angeles, I persuaded Trevor to use up the remaining film stock, following a Eurythmics interview, on
12
13

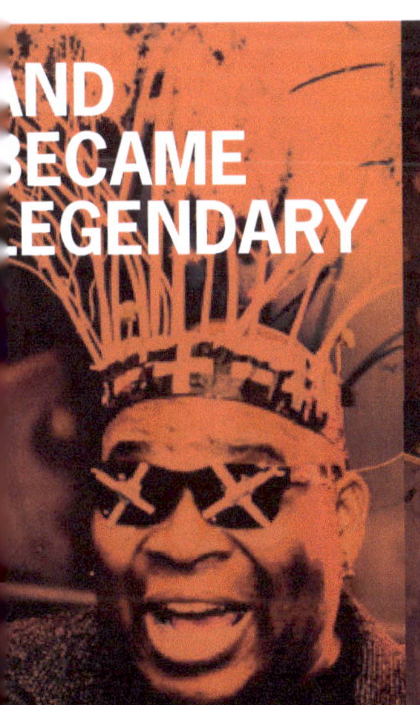

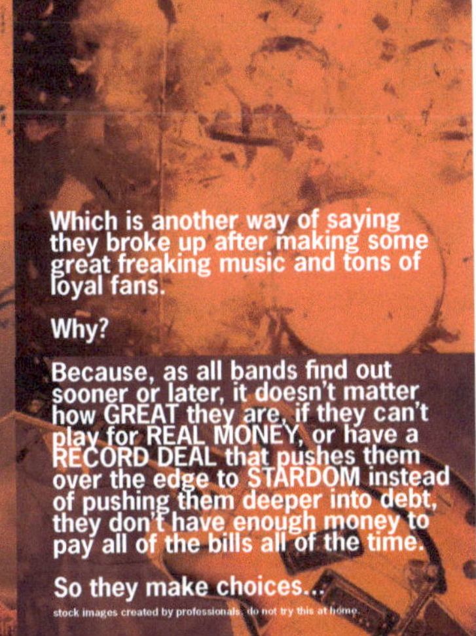

Which is another way of saying they broke up after making some great freaking music and tons of loyal fans.
Why?
Because, as all bands find out sooner or later, it doesn't matter how GREAT they are, if they can't play for REAL MONEY, or have a RECORD DEAL that pushes them over the edge to STARDOM instead of pushing them deeper into debt, they don't have enough money to pay all of the bills all of the time.
So they make choices...
stock images created by professionals. do not try this at home.
17

Here they are.
The SAVAGES are back with a kick-ass record from BLOODSHOT. In case you had any doubts, they've honed and chiseled their rocking live performances so as to guarantee YOU WILL singe the top of your head off.
BARRENCE WHITFIELD PETER GREENBERG PHIL LENKER TOM QUARTULLI ANDY JODY
That's one reason why they call BARRENCE WHITFIELD & THE SAVAGES "smoking."
20
21

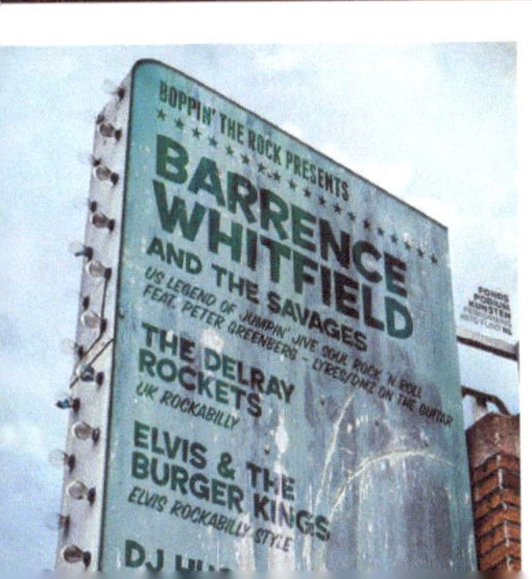

BARRENCE WHITFIELD AND THE SAVAGES
THE DELRAY ROCKETS
ELVIS & THE BURGER KINGS

BARRENCE WHITFIELD & THE SAVAGES
DIG THY SAVAGE SOUL
(BLOODSHOT)
01 SEPTEMBER 2013 — BY BRETT MILANO

As collections of vintage, long-lost garage rock and R&B go, this one's mighty hot: The opening "Corner Man" has the primal pound of a prime Sonics track and recording quality to match; you can practically see the sweat on the recording console. "Blackjack" is just the sort of crazed instrumental (with a few vocal interjections) that lights up dozens of compilations. The singer screams his head off throughout, but when he tears into a ballad—like "I'm Sad About It," which would sound like early Atlantic Records if the band was reined in, which it surely ain't—you can tell the guy has serious soul.

Hold on, you say: This isn't a reissue at all, but an actual 2013 recording? Boggles the mind, even if you know the backstory. The Savages were in fact formed in Boston back in 1984; guitarist Peter Greenberg and bassist Phil Lenker had spent a few years playing wild garage rock with the Lyres. In Barrence Whitfield, they found a screaming maniac in the Little Richard/Esquerita mold, but one who could also put a sensitive

BBC TWO: Later...with Jools Holland in America on PALLADIA
as they reviewed the guys in SWEDEN:
"Blues med en rejäl nypa punkattityd."
4/5 * * * *

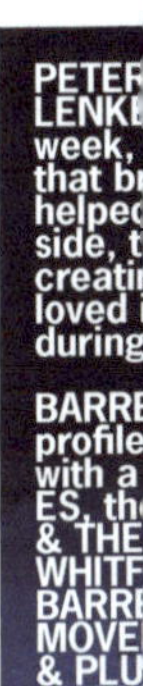

Reseñas de la prensa

Las reseñas en la prensa son fundamentales. Consolidan tu valor ante los promotores y tu público potencial. Las mejores reseñas venderán tus conciertos y tu música en todas sus formas físicas, y una buena lista de reseñas incita a otros escritores y críticos a prestarte algo de atención.

Ten cuidado al elegir tus citas. Intenta incluir tanta información como puedas y, si hay una línea impresionante, ¡excelente! Si hay líneas dispersas que juntas te pintan mejor como artista multidimensional, conéctalas con una elipsis (se trata de un conjunto de tres puntos [...] que indica una omisión o ruptura en una cita). Depende de ti cómo conectes las cosas, siempre que sea una cita sincera.

Puede ser difícil cuando estás empezando, conseguir que los escritores reseñen tu música y la publiquen. Sin embargo, un poco de exposición aporta más reconocimiento, de modo que las menciones menores pueden dar lugar a una reseña sólida con material de citas de prensa.

Si conseguir una reseña parece inalcanzable, primero fija en tu calendario un objetivo menor en menciones y componentes. Sé creativo a la hora de dirigirte a tus interlocutores y sé firme a la hora de conseguir que te presten atención. En primer lugar, ofrece entradas gratuitas para sus espectáculos, artículos de merchandising o copias anticipadas de tus nuevas grabaciones. Siempre es buena idea establecer relaciones con profesionales del sector para ampliar tus contactos profesionales, así que sé siempre lo más respetuoso posible.

Vamos a ayudarte un poco a elegir las citas que vas a sacar de tus reseñas con un ejercicio. Si te entrevistan en algún sitio, el escritor debería estar describiéndote a ti y a tu música antes de que llegue la primera pregunta.

En primer lugar, ve a Lydia Liebman Promotions, una agencia de relaciones públicas estelar que atiende a músicos.
[https://lydialiebman.com/][24]

Debajo de la pestaña Promociones de Lydia Leibman está el enlace Clientes. Haz clic en cualquier cliente. Debajo de toda la información biográfica, suele haber una o dos citas o, con suerte, un puñado de ellas extraídas de un artículo, pero busca primero la reseña completa o el artículo de fondo antes de leer la cita extraída. Al final de cada cita hay un enlace al artículo completo, así que puedes llegar desde ahí.

A continuación, extrae algunas secciones que consideres que describen con certeza el lanzamiento, el grupo, el músico, el quién o el qué del que se está hablando, y ve hasta qué punto se acerca a la que Lydia y su equipo eligieron como cita extraída.

ShockInk, otra empresa de publicidad con una lista de artistas y proyectos algo más conocidos, está dirigida por la veterana del sector Elaine Schock. **[https://shockink.com/]**[25] Algunos de sus artistas son tan grandes, como Willie Nelson, que no necesitan que la prensa les recuerde lo buenos que son o fueron.

Apostaría a que Elaine tiene que negar más entrevistas de las que Willie puede conceder. Otros tienen citas en sus páginas. Echa un vistazo a la página de Fred Eaglesmith allí. Tampoco hay enlaces a los artículos, así que si quieres hacer otro ejercicio aquí, coge la cita con las comillas:

"(uno de los) letristas más dotados e intérpretes más divertidos".

Y añade la atribución a los medios.

"(uno de los) letristas más dotados e intérpretes más divertidos". *The Angeles Times*

Copia y pega eso en tu navegador y búscalo en Google.

¿Adónde nos lleva eso?

A veces los publicistas hacen que una cita se lea más clara con algún texto entre paréntesis, como hizo SchockInk aquí. Demuestra que esas palabras no son pertinentes para la cita original, pero son necesarias para entender el contexto y las intenciones del escritor original. Elimina el (uno de los) y el punto (.), ya que puede que la frase no terminara ahí. Veamos a dónde nos lleva esto.

Si lo buscas en Google, encontrarás la reseña original en *The Angeles Times*.

Hacer este ejercicio unas cuantas veces te dará una idea de lo que los publicistas quieren que se sepa de sus clientes y, por extensión, de los detalles que esperan que llamen la atención de editores y escritores.

En última instancia, por supuesto, lo que quieres es que los redactores, editores y programadores de radio se interesen por ti, más que por el próximo grupo que se cruce en su camino. Quieres distraerlos de lo que están haciendo para que puedan dedicarte su escurridizo tiempo: ¿reseñando tu música o pensando en cómo hacer un reportaje sobre ti, o si eres algo sobre lo que quieren hacer un reportaje fotográfico o poner tu música en su programa de radio? O, como de lo que se trata es de conseguir un concierto, que ese promotor desinteresado se interese lo suficiente por ti como para hacer clic en tu música.

Crear una marca

Una marca es la expresión externa y la continuidad de tu música. Es la forma en que te presentas a tu mercado y el modo en que abordas la promoción de tus contenidos. Debe incluir coherencia, originalidad y aspectos reconocibles que capten los ojos y los oídos de tus seguidores, fans y otros clientes de tu contenido.

La forma en que decidas interpretar y presentar este objetivo depende de ti como artista, pero considera que estas características importan en todos los aspectos de tus esfuerzos promocionales, para que sean lo más eficaces posible. También deben situarse en el ámbito de interés de tus fans para captar su atención.

Utiliza el tablero **Crea tu propia marca personal** para que te ayude en el proceso creativo a encontrar tus "qué" fundacionales, los rasgos que te hacen ser tú y los elementos de tu música que la hacen TUYA. Utiliza esta hoja de trabajo para determinar y resaltar la individualidad de tu música a través de ejercicios que te ayudarán a entender cómo tu imagen puede influir en el tono de tu obra y viceversa.

Una vez completada esta hoja de trabajo, deberías tener una idea básica de hacia dónde va tu imágen, qué transmite y a quién se la presentas (tu público objetivo). Compartirla y discutirla con tu equipo o amigos cercanos también podría ayudarte a desarrollar más tu imagen y a planear tus campañas de promoción.

Conocer a tu público objetivo es una variable importante en la ecuación del marketing y la promoción. Por ejemplo, si quieres que a alguien le guste tu música, te ayudará saber lo que ya le gusta, para poder presentarle tu música (producto) de una forma que le resulte atractiva. No saber quiénes son esos fans es un bache que necesitas evitar.

¿Cómo clasificarías a los fans que tienes ahora? ¿Qué tienen en común? ¿Cuáles son sus redes sociales favoritas? Piensa también en el público objetivo que te gustaría alcanzar. ¿A quién quieres atraer en el futuro, y por qué? ¿Dónde consume este grupo su música, dónde descubre la música y dónde se informa sobre la música en vivo?

Una vez que conozcas a tu público y profundices en los detalles, sabrás a qué debes aspirar. Por ejemplo, los clubes preferidos de tus fans potenciales determinarán en qué clubes debes tocar. Las revistas que leen y los programas de radio que les gustan es donde tienes que aparecer. Las aplicaciones de las redes sociales que utilizan son en las que debes publicar con regularidad. Una vez que hayas formado una base de fans establecida y en crecimiento, puedes ajustar las expectativas y conseguir que se trasladen contigo a otros lugares y medios de comunicación.

Esto no quiere decir que tengas que venderte o convertirte en una versión poco auténtica de ti mismo para ganar popularidad. El objetivo es conocer a tu audiencia lo suficientemente bien como para llegar a ella con el contenido que tienes, y presentar ese contenido de una manera atractiva y cercana. Si te sientes incómoda haciendo esto, quizás no has dado en el blanco, por así decirlo, de tu público objetivo, y necesitas revisar tus métodos.

CREA TU PROPIA MARCA PERSONAL

Aquí te proponemos algunos ejercicios que te ayudarán a construir tu aspecto, tu estilo y tu vibra. Este tablero es para darte ideas sobre cómo puedes crear tu marca personal.

¿Cuál es tu QUÉ? ¿Cuáles son tus fortalezas de venta? ¿Qué te hace diferente? ¿Qué te hace único/a? ¿Cómo se traduce tu QUÉ en un estilo visual que fluya a través de todas tus obras, videos y fotografías publicitarias? La creación de una imagen eficaz requiere de un mensaje coherente que esté unificado en todo tu material promocional: tus fotos, tus textos, tus videos, tu logo...

Las empresas dedican una cantidad considerable de tiempo y energía en crear una guía de estilo con las agencias de publicidad. Como lo señala el ***Content Marketing Institute*** "Una guía de estilo de la marca es un conjunto holístico de normas que define la imagen de su empresa. Hace referencia a la gramática, el tono, el uso de logotipos, colores, elementos visuales, uso de las palabras, punto de vista y mucho más".

En lo que te dedicas a crear una marca o imagen coherente, te damos algunas ideas que debes tener en cuenta para facilitar el proceso creativo.

Te recomendamos que consultes los ejercicios de esta hoja de trabajo para inspirarte en la elección de las palabras que conforman tus textos (comunicados de prensa, publicaciones y biografías de artistas) y en la elección de imágenes (en tu merchandising y portadas).

Más adelante, puedes utilizar las ideas de los organizadores gráficos de esta hoja de trabajo para elaborar una guía de estilo que sea coherente. Es una buena idea consultar con tus amigos creativos/artistas/diseñadores gráficos para que te asesoren sobre tu guía una vez que la hayas creado.

TABLERO DE INSPIRACIÓN DE LA MARCA

Aquí te proponemos algunos ejercicios que te ayudarán a construir tu aspecto, tu estilo y tu vibra. Este tablero es para darte ideas sobre cómo puedes crear tu marca personal.

PASO UNO:

Junta cosas que te recuerden cómo suena tu música gráficamente. EJEMPLOS: Pueden ser objetos, libros, cuadros, anuncios, fuentes, portadas de libros, catálogos, personas, colores, etc. TAREA: Responde a las siguientes preguntas.

¿Qué has elegido y por qué lo has hecho?

¿Qué destaca en los objetos que elegiste?

¿Hay alguna imagen, color o símbolo que se repite?

PASO DOS:

Elige dos artistas que te gusten y cuya música suene como la tuya. Busca en su página web y en sus materiales de promoción. Busca y descarga sus biografías y/o comunicados de prensa.
CONSEJO: Puedes usar artistas de tu Hoja de Artistas Similares.
TAREA: Responde a las siguientes preguntas.

¿Cómo se presentan gráficamente? ¿Qué imágenes, combinaciones de colores y/o tipos de letra utilizan?

ARTISTA UNO

ARTISTA DOS

¿Qué palabras clave utilizan para describirse a sí mismos/as y a su música?

ARTISTA UNO

ARTISTA DOS

PASO SEIS

LISTA DE OPORTUNIDADES PERDIDAS

¿Qué "percepciones erróneas" o prejuicios tiene la gente en contra del producto (tú y tu música)?

Utiliza este tablero para crear una lista que suavice los aspectos negativos y vuelva a captar a tu público de oportunidades perdidas.

EJERCICIO:

Crea una lista de oportunidades perdidas para tu banda/proyecto. Sé sincero y piensa en todos los atributos negativos que los no fans pueden tener sobre ti, tu música, el nombre de la banda, etc. A continuación, elabora una respuesta positiva a ese negativo, alguna forma de contrarrestar esa percepción en la mente de la gente. Ciertos aspectos negativos no se pueden pulir, así que déjalos a un lado y trabaja en los que sí puedes tratar. Esos aspectos positivos deben utilizarse para crear tu material de marketing y promoción.

En el siguiente ejemplo puedes ver cómo convertir lo negativo en positivo.

Negativo: Barrence Whitfield and the Savages es solo otra banda de rock de garaje.

Respuesta:		**Remedio:**
La disquera de Barrence fue reseñada por Elvis Costello	→	La disquera de Barrence fue reseñada por Elvis Costello

PASO SEIS

Negativa: ______________________________

Respuesta:

Remedio:

Negativa: ______________________________

Respuesta:

Remedio:

Negativa: ______________________________

Respuesta:

Remedio:

Negativa: ______________________________

Respuesta:

Remedio:

Cómo trabajar con un agente de prensa y redactar un comunicado de prensa impecable

Ya que reuniste tu material y respondiste a las preguntas de marketing, puedes dirigirte a los fans, los medios de comunicación y el público en general proporcionando información sobre los próximos conciertos, lanzamientos y otros eventos. Aquí es donde entra en juego el comunicado de prensa. Un comunicado de prensa es una declaración oficial que proporciona información a los miembros de los medios de comunicación, es decir a gestores de redes sociales, emisoras de radio, escritores de publicaciones y artículos críticos.

Los dos primeros pasos para escribir un comunicado de prensa son formular un plan y pensar en el futuro. Los medios de comunicación, los fans y otros contactos deben ser informados con antelación de lo que se avecina en tu calendario. Deja que la imagen que estás desarrollando, con la ayuda de tu hoja de trabajo **Crea tu propia marca personal**, establezca el tono de tu comunicado de prensa mientras comunicas la información necesaria sobre el evento y proporcionas el contexto de tu material de promoción. Esto puede hacerse de forma independiente o con la ayuda de un encargado de prensa, es decir un profesional que busca oportunidades de promoción para que un artista mejore y mantenga su perfil ante el público.

Si tienes las condiciones económicas para contratar a una persona que se encargue de la prensa, obtendrás acceso indirecto a la importante lista de contactos que esta persona ha reunido a lo largo de los años. Sin embargo, ya sea que tengas una persona encargada en tu equipo o no, tendrás que crear tu propia red de contactos de la industria para ti. Hablaremos de esto más a fondo en la siguiente sección.

Si en el futuro contratas a una persona de prensa, pasarle la lista de contactos que has adquirido hasta ahora no sólo le ayudará, sino que le permitirá tener más éxito en su trabajo. Utilizará esa información para acceder a tu base de fans y a los medios de comunicación, de modo que podrá dedicar la mayor parte de su tiempo y energía en realizar lanzamientos más importantes para los medios de comunicación fuera de tu esfera de influencia actual. Ten en cuenta que, en cambio, los encargados de prensa no compartirán contigo su lista de contactos, ya que se trata de información confidencial, pero puedes incluir en tu base los datos de las personas con las que te pongan en contacto.

Antes de contratar a un encargado de prensa, investiga para estar seguro de que es una buena opción. Revisa su trabajo anterior, comprueba para quién han trabajado y si crees que podrías beneficiarte de una publicidad similar, y hazle una entrevista para responder a preguntas relevantes como: ¿Comprenden tu género musical y tu imagen? ¿Tienen contactos para enlazarte con personas a las que les gusta tu estilo musical? ¿Tienen contactos con publicaciones que puedan llegar a tu público objetivo?

En una ocasión, MWI puso en contacto a un publicista con un grupo al que representábamos (no se incluyen nombres porque el grupo ya no figura en nuestro roster). Con ello esperábamos conseguir publicidad para el grupo antes de empezar su gira en Europa, para así vender más entradas. Mientras que el mundo del jazz se resiste a etiquetar la música como "jazz", queriéndola comunicar como algo más expansivo como "música de improvisación", los medios de comunicación especializados en jazz y los publicistas que les comparten nueva música siguen siendo algo introspectivos en este sentido. Al final resultó que este publicista de jazz no encajaba con la música de nuestro artista.

Es útil recordar que las personas que se ocupan de la prensa no son invencibles ni sobrehumanos. Puede que no te consigan todos los éxitos mediáticos deseados, independientemente de lo que prometan o de lo mucho que se esfuercen. Tratan con otros seres humanos que reciben cientos de solicitudes de publicidad y críticas de artistas como tú y que buscan la atención de los medios. Razón de más para seguir recopilando tu propia base de datos y hacer conexiones personales con tus fans y los medios, para que así puedas ayudarlos a alcanzar un mínimo de éxito para tí.

Puede que quieras hacerlo tú mismo, pensando: "¿tan difícil es esto?". O "¡mi primo/hermana/hermano/mejor amigo/becario puede hacerlo!". Pues sí. Pero piensa en esto: aparece un número desconocido en tu teléfono. ¿Contestas? ¿Cuán convincente es el mensaje para que le devuelvas la llamada? Si no puedes permitirte pagar un publicista, hay formas de atraer la atención de los medios de comunicación.

Aunque, si puedes permitirtelo, un publicista es un miembro importante de tu equipo.

Sólo había un artista nominado al premio Grammy al Mejor Artista Nuevo de 2023 que no tuviera publicista: el rapero Tobe Nwigwe. Tobe trabajó duro en las redes sociales, generando suficiente expectación como para que los miembros de The Recording Academy se detuvieran al ver su nombre entre los cientos de artistas incluidos en la primera ronda de votaciones. ¿La ganadora? Samara Joy, del sello Verve y con la agencia Shore Fire como publicista. MWI ha contratado a Samara desde sus inicios y conocemos las bases que su publicista inicial, Lydia Leibman, sentó para su álbum de debut. Shore Fire llevó ese impulso hasta una enorme cantidad de prensa y publicidad y sus dos victorias en los Grammy 2023.

Hoja de trabajo 6.2 - Escribir un comunicado de prensa [Materiales esenciales para artistas]
Sigue esta hoja de ejercicios para aprender los componentes de un comunicado de prensa, qué incluir en el tuyo y cómo mantener el interés del lector.

Anyone Can Book A Gig
Paso Seis: Marketing y promoción

Hoja de trabajo 6.2
Escribir un comunicado de prensa

ESCRIBIR UN COMUNICADO DE PRENSA

Un comunicado de prensa es un anuncio oficial enviado a los medios de comunicación para anunciar y brindar información sobre un concierto, un proyecto o una obra específica. Usa esta hoja de trabajo junto con la **Plantilla 6.1 - Comunicado de prensa** para comprender plenamente los componentes de la redacción de un comunicado de prensa y cómo avanzar en la creación del tuyo. A continuación se desglosa lo que debe incluir, cómo organizarlo y consejos para volverlo tuyo. Para empezar, utiliza como guías la plantilla y los ejemplos de comunicados de prensa públicos que hemos incluido.

Cómo escribir un buen comunicado de prensa

Sé breve - En la medida de lo posible, trata de que no exceda una página. Dedica un rato a editar y a consolidar ideas. Pide la opinión de un amigo o amiga o contrata a un editor/a profesional.

Sé claro - Equilibra la creatividad con la información. Un comunicado de prensa es un argumento de venta, por lo que en ocasiones dejarse llevar por el proceso creativo puede oscurecer el mensaje. Asegúrate de que los puntos principales estén muy claros antes de utilizar un lenguaje muy creativo o referencias. Evita el exceso de adjetivos y mantén la objetividad (por ejemplo, "Fulano es el mejor cantante de jazz actual, y este es el mejor tributo a Nina Simone que ha llegado a Nueva York" no es apropiado para un comunicado de prensa).

Busca el "gancho" - Piensa en lo que te diferencia de otros músicos que promocionan conciertos en el mismo mercado el mismo día. Busca cosas interesantes sobre el proceso de grabación, los miembros de tu banda, tu historial de trabajo y tus planes de gira y, lo más importante, tu vida (consejo: todos hemos divertido a nuestra familia cantando con un cepillo de micrófono.... Este no es un ángulo único). Algunas ideas:

- ¿La historia de tu vida está relacionada con la grabación?
- ¿Quién participa en el álbum?
- ¿Quién produjo el álbum?

Plantilla 6.1 - Comunicado de prensa

[Materiales esenciales para artistas]

Utiliza esta plantilla para introducir información específica y hacerte una idea de cómo podría ser el formato de tus anuncios. Aprovecha esta oportunidad para experimentar y hacer que tu comunicado de prensa sea único y acorde con tu marca. Si utilizas IA para crear el borrador, revisa el resultado y reescríbelo para eliminar todas las generalidades, tonterías, mentiras, alucinaciones e hipérboles. Además, por favor, no debes sonar como uno de esas reseñas de libros que escribiste hace tiempo sin leer realmente el contenido.

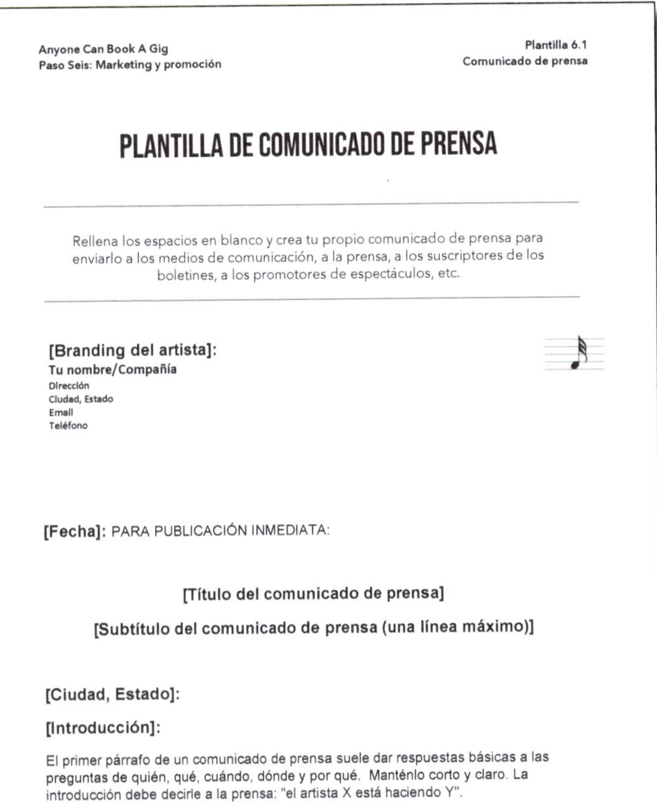

Anyone Can Book A Gig
Paso Seis: Marketing y promoción

Plantilla 6.1
Comunicado de prensa

PLANTILLA DE COMUNICADO DE PRENSA

Rellena los espacios en blanco y crea tu propio comunicado de prensa para enviarlo a los medios de comunicación, a la prensa, a los suscriptores de los boletines, a los promotores de espectáculos, etc.

[Branding del artista]:
Tu nombre/Compañía
Dirección
Ciudad, Estado
Email
Teléfono

[Fecha]: PARA PUBLICACIÓN INMEDIATA:

[Título del comunicado de prensa]

[Subtítulo del comunicado de prensa (una línea máximo)]

[Ciudad, Estado]:

[Introducción]:

El primer párrafo de un comunicado de prensa suele dar respuestas básicas a las preguntas de quién, qué, cuándo, dónde y por qué. Manténlo corto y claro. La introducción debe decirle a la prensa: "el artista X está haciendo Y".

Ejemplo 6.1 - Comunicado de prensa

Consulta este ejemplo mientras completas la hoja de trabajo y la plantilla anterior. Busca frases pegadizas y una redacción interesante que marque el tono, y piensa en cómo utilizar técnicas similares en tus propios comunicados.

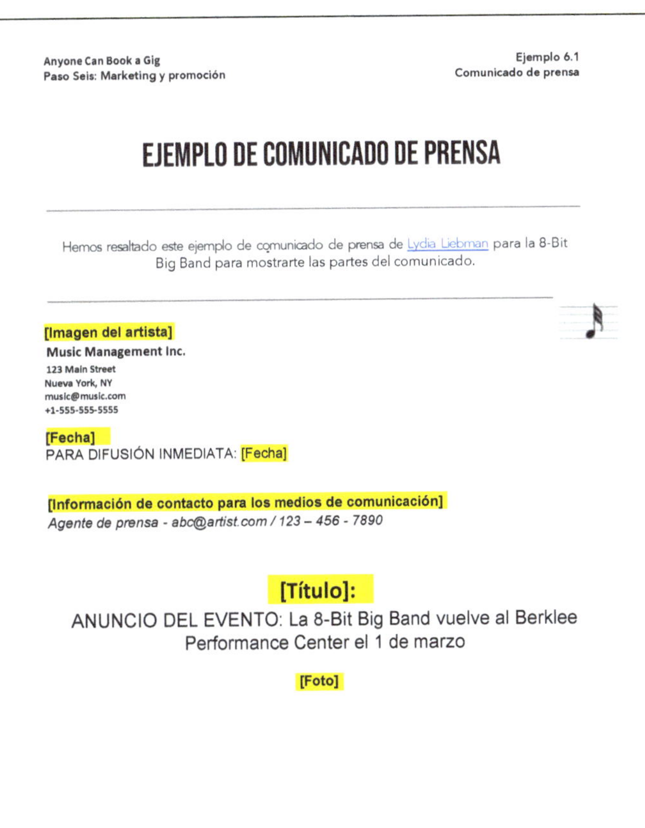

Anyone Can Book a Gig
Paso Seis: Marketing y promoción

Ejemplo 6.1
Comunicado de prensa

EJEMPLO DE COMUNICADO DE PRENSA

Hemos resaltado este ejemplo de comunicado de prensa de Lydia Liebman para la 8-Bit Big Band para mostrarte las partes del comunicado.

[Imagen del artista]
Music Management Inc.
123 Main Street
Nueva York, NY
music@music.com
+1-555-555-5555

[Fecha]
PARA DIFUSIÓN INMEDIATA: [Fecha]

[Información de contacto para los medios de comunicación]
Agente de prensa - abc@artist.com / 123 – 456 - 7890

[Título]:

ANUNCIO DEL EVENTO: La 8-Bit Big Band vuelve al Berklee Performance Center el 1 de marzo

[Foto]

Crear una base de datos con tus contactos locales de medios de comunicación y promotores

Crear una base de datos con tus contactos es importante para promocionarse y mantenerse como músico. La divulgación y la comunicación constante con los fans, los colegas músicos y otros profesionales del sector permitirán que tu nombre y tu música sigan siendo relevantes para los demás.

Los contactos son tu directorio de la industria musical. Incluso con un agente de prensa en tu equipo, te conviene seguir investigando y creando nuevos contactos por tu cuenta. Hay muchas maneras de incrementar y conseguir nuevas audiencias, así que ¿por dónde empezar? Lo más eficaz es una amplia gama de medios, es decir, contactos que se salgan de los circuitos habituales de los medios de comunicación en línea, como Facebook e Instagram. No te conformes exclusivamente con Facebook, Instagram, Twitter, TikTok u otras redes sociales para promocionar tus conciertos y llegar a tu base de fans. Las redes sociales como Facebook e Instagram pueden parecer la forma más obvia de llegar a la gente. Por desgracia, aunque pueden ser eficaces, no son una fuente de comunicación fiable. Incluso si tienes una fuerte presencia en las redes sociales, debes complementar tus campañas promocionales con correos electrónicos y promociones en vivo.

Ten en cuenta que este consejo es para todos, no sólo para los nuevos músicos. Incluso un veterano como Monty Alexander le pidió a su equipo que se pusieran en contacto con universidades, restaurantes, escuelas de música y comunidades para sostener su gira en el Reino Unido. En una agencia previa, cada vez que un concierto no se vendía para uno de sus artistas, el Presidente de la Agencia recordaba a su equipo sus días de promotor. "Nunca dejé de ser promotor, ni siquiera la noche del concierto. Repartía folletos a todos los que pasaban por la acera". Hasta los directivos de alto nivel y los agentes del equipo A tienen que encontrar todas las vías para la venta de entradas, muchas veces eso quiere decir también al nivel de la calle.

Plantilla 6.2 - Base de datos de contactos de prensa [Materiales esenciales para artistas]
Guarda esta plantilla para crear tu propio directorio de contactos para enviar correos con noticias sobre tu música.

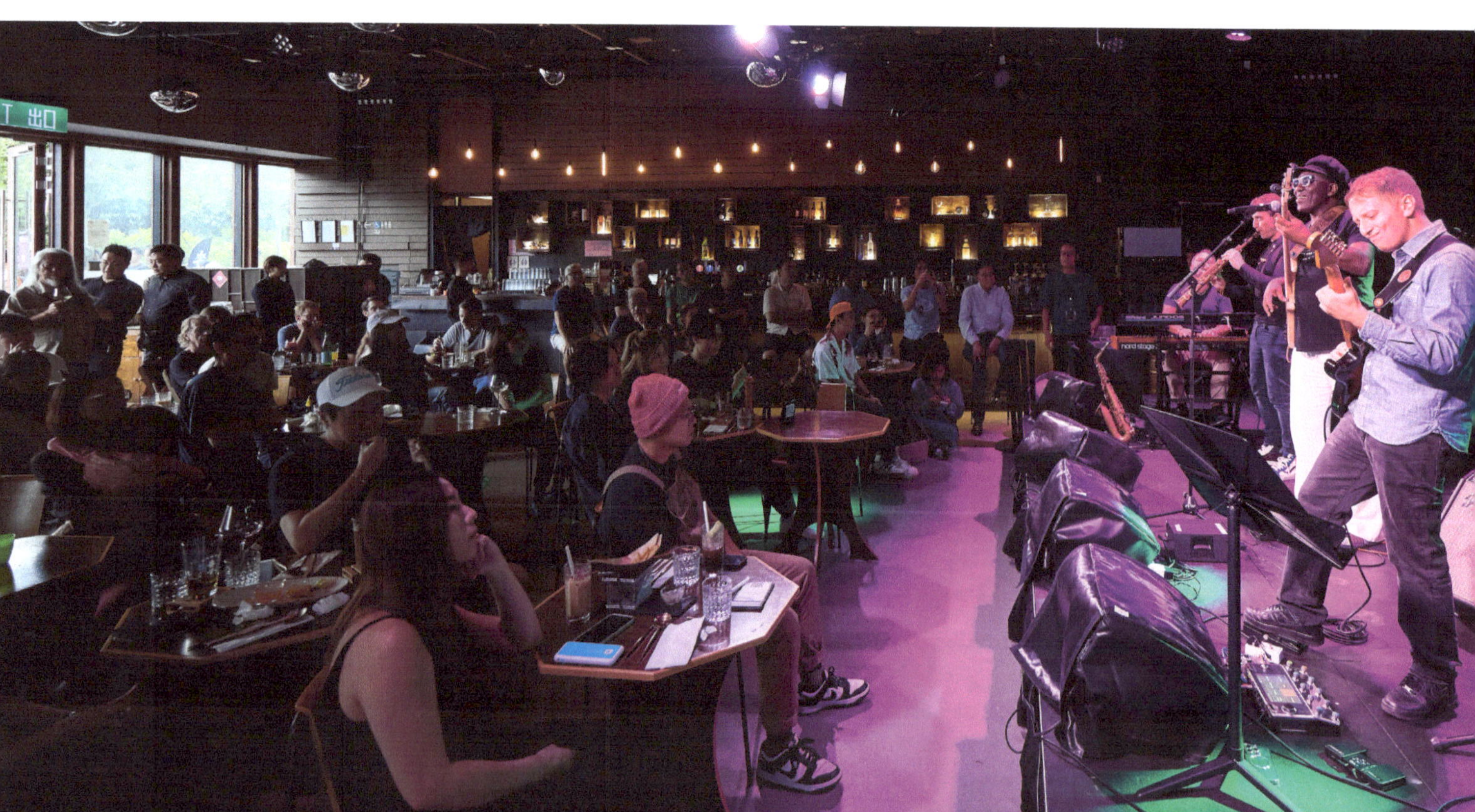

Mini-curso: Cómo identifcar contactos para tu base de datos

Este mini-curso desglosa varios métodos creativos clave para que puedas acceder a la prensa, a grupos específcos de interés y a otras personas cuya ayuda puedes aprovechar para lograr el éxito en tu carrera. Si organizas tus contactos en una base de datos y te pones en contacto con ellos de forma estratégica antes de una gira o un nuevo lanzamiento, te mantendrás relevante en sus radares. Y a su vez, tus contactos y seguidores ayudarán a que tu música llegue a nuevos oídos.

Quién y cómo

Es posible que ya tengas una base de datos de contactos comenzada: quizás tengas una hoja de cálculo dedicada a eso en Google Drive, o una lista de personas a las que siempre avisas cuando promocionas un espectáculo en tu zona. ¿Cómo organizas los datos de las personas que conoces? ¿Cómo te pones en contacto con ellas? ¿Tienes una forma sistemática de hacerlo? ¿O en realidad cada vez empiezas de cero?

Muchas plataformas de redes sociales dependen de la publicidad, por lo que sus algoritmos están programados para trabajar en tu contra hasta que les pagues por promocionar tus publicaciones. Esto significa que no hay garantía de que tus seguidores vean tus publicaciones. La mejor manera de llegar a tus contactos directamente es por teléfono, mensaje directo o correo electrónico. Este mini curso se centra en las formas de relacionarse con los contactos a través del correo electrónico. Si tienes una lista de correos, ya tienes una base de datos de contactos - y eres dueño/a de esos contactos. Descubrirás que su alcance por correo electrónico será mucho más eficiente (y fácil) si envías boletines electrónicos a través de una plataforma como Mailchimp, Constant Contact o Send In Blue. Puedes hallar una buena lista de las principales plataformas de marketing por correo electrónico en WPBeginner.com. **[https://www.wpbeginner.com/showcase/best-email-marketing-services/]**[26]

Ahora las preguntas principales: ¿cómo hacer crecer tu base de datos de contactos y a quién incluir en ella? Cualquier contacto de la industria - ya sea un individuo, un lugar, un grupo de música en el que estás involucrado- todos ellos pueden incluirse en tu base de datos de contactos y ser de gran valor para ti.

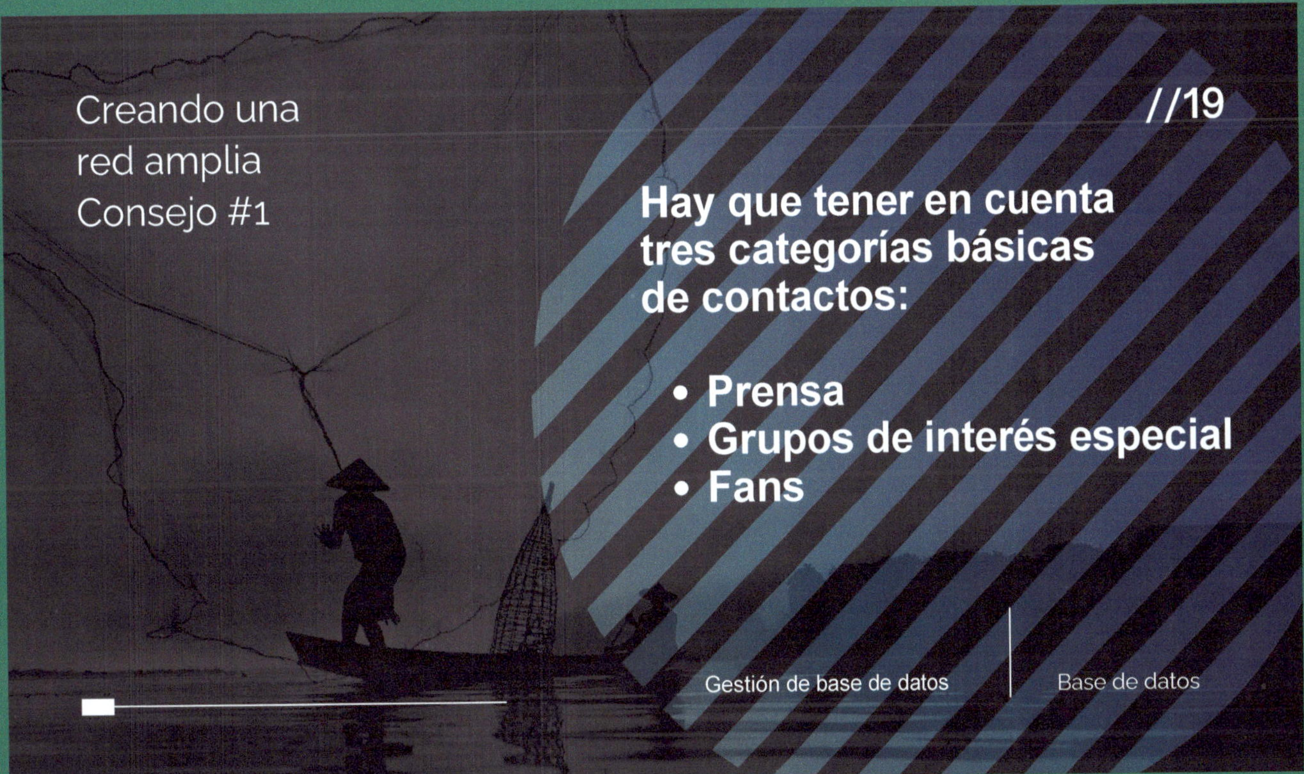

Creando una
red amplia
Consejo #1
//19
Hay que tener en cuenta tres categorías básicas de contactos:
• Prensa
• Grupos de interés especial
• Fans
Gestión de base de datos
Base de datos

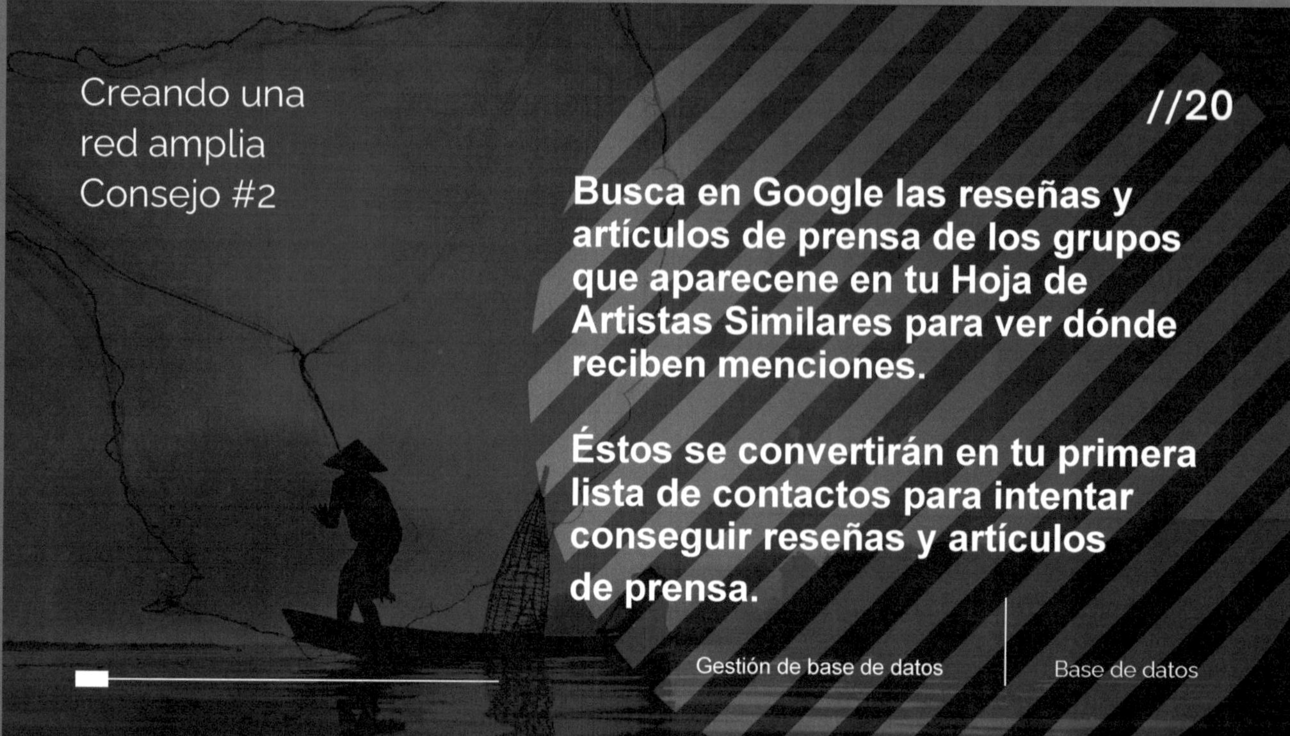

Creando una
red amplia
Consejo #2
//20
Busca en Google las reseñas y artículos de prensa de los grupos que aparecene en tu Hoja de Artistas Similares para ver dónde reciben menciones.
Éstos se convertirán en tu primera lista de contactos para intentar conseguir reseñas y artículos de prensa.
Gestión de base de datos
Base de datos

En este mini curso encontrarás consejos y orientación sobre lo que puedes hacer para crear contactos en cada una de estas categorías y, lo que es más importante, aprovechar esas conexiones.

Prensa

Estos pasos te permitirán empezar a añadir contactos de prensa a tu base de datos. Tu objetivo es crear conexiones con la prensa de todos los medios: periódicos, revistas, blogs y emisiones de radio.

Consejos de investigación

1. Limita tu búsqueda a los puntos de venta donde tocan música similar a la tuya e investiga a los artistas que son similares a ti. Busca los puntos de venta que creas que pueden entender tu música. Promocionar a través de ellos es una excelente manera de llegar a los consumidores que probablemente aprecien tu producto.

2. Empieza tu investigación a nivel local y ve ampliando. Concentra tus esfuerzos en cubrir una zona (por ejemplo, tu ciudad y las localidades vecinas) y crece a partir de ahí.

3. Piensa en todas las cosas que haces al margen de la música, los grupos a los que perteneces, las aficiones y las actividades extraescolares, para imaginar salidas suplementarias por las cuales te puedes vender y comercializar tu música.

4. Tu objetivo en esta exploración es encontrar a una persona de contacto específica para cada fuente y añadirla a tu base de datos. Si no encuentras información de contacto en una página web, investiga a la persona con la que te quieres conectar. ¿Tienen LinkedIn, Facebook o una red social pública orientada a la carrera? Es posible que puedas ponerte en contacto a través de estas.

Periódicos y revistas

Vuelve a la Hoja de Artistas Similares de la Sección Tres del curso. Investiga y lee los lanzamientos, las reseñas y las menciones de los artistas de tu lista. Esto te permitirá obtener una lista de publicaciones y periodistas musicales para seguir explorando. Spotify genera una lista de Fans y también una sección que te señala qué otros artistas escuchan los oyentes de tal artista, así que asegúrate de añadir esos grupos a tu investigación también.

Prensa local: ¿Cómo llegar a la prensa local? Dependiendo del giro de tu evento/música, puedes encontrar la forma de conseguir una mención o un anuncio en el calendario de un periódico diario/semanal como The New York Times, The Boston Globe o The Los Angeles Independent.

Estos son ejemplos de periódicos con una importante circulación en Estados Unidos [https://en.wikipedia.org/wiki/List_of_newspapers_in_the_United_States][27]. **¿Cuáles son los de tu país, región o territorio?**

Prensa musical: Intenta ponerte en contacto con medios de comunicación de géneros específicos. Igual, en Estados Unidos hay revistas especializadas como Jazz Times y DownBeat para el jazz, Alternative Press para el rock indie, No Depression para el country y el folk, Relix para los Deadheads y las Jambands, etc. ¿Cuáles son los medios especializados en tu país? La prensa también se puede encontrar aquí en Wikipedia **[https://en.wikipedia.org/wiki/List_of_music_magazines]**[28]. Por lo general, los álbumes enviados llegan al editor, que los distribuye entre los escritores que considera que dominan un género específico.

Blogs

Busca los blogs locales y nacionales que estén relacionados con el género musical que crees que tocas. Investiga un poco sobre el género al que crees que pertenece tu música para asegurarte de que estás describiendo con precisión tu sonido. Si tu música no es lo que ellos consideran su figura elegida, pregunta qué género creen que es. Busca a los propietarios de los blogs y envíales tu música. En tu correspondencia, haz preguntas personales e individualizadas en lugar de simplemente "escucha mis temas". Algunas preguntas sugeridas podrían ser ¿Cómo clasificarías/presentarías/describirías mi música? ¿Con qué otros artistas me agruparías? ¿Dónde esperarías que se escuche mi música? Sigue la pauta general de: "Hola, esta es mi música, ¿dónde debería de estar?"

Radio

Incluye tanto las emisoras de radio comunitarias como las comerciales o las digitales. En tu base de datos, toma notas y registra los detalles de cada una de las que encuentres: ¿Emiten música local? ¿Incluyen artistas locales en su programación especial? ¿Organizan sesiones en vivo en el estudio?

Pregúntate si tu música tiene elementos únicos. Esto incluye la escritura, la composición, la inspiración, el arte del álbum y cualquier otra cosa que se relacione directamente con tu arte. Utiliza estos puntos a la hora de presentar el material a los directores de los medios de comunicación/anfitriones/contactos del programa que crees que podrían estar interesados en tu contenido.

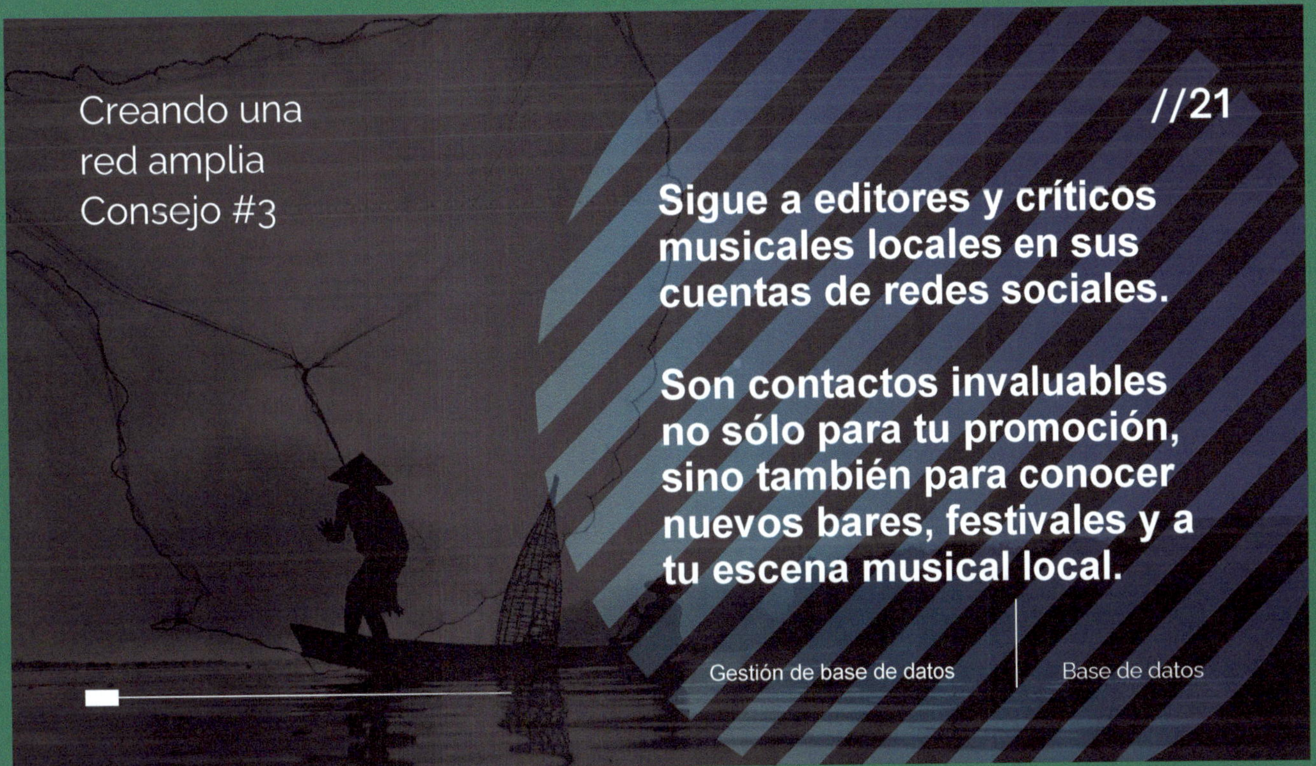

Creando una
red amplia
Consejo #3
//21
Sigue a editores y críticos musicales locales en sus cuentas de redes sociales.
Son contactos invaluables no sólo para tu promoción, sino también para conocer nuevos bares, festivales y a tu escena musical local.
Gestión de base de datos
Base de datos

Creando una red amplia Consejo #4

//22

Visita las emisoras de radio de facultades y universidades durante tus giras para dar a conocer aún más tus presentaciones y para futuras actividades y promocionales.

Gestión de base de datos | Base de datos

La radio universitaria ha sido, y sigue siendo, un componente clave para las nuevas bandas, ya que muchas emisoras tocan una gran variedad de géneros para un público fiel. Por lo general, apoyan presentaciones de músicos prometedores en sus estudios, y muchos de los estudiantes presentadores se tomarán el tiempo de investigar para conocer tu música. Una de las desventajas de tener estudiantes como anfitriones es que se gradúan, así que no des por sentado que el anfitrión/productor que estuvo el año pasado estará este año.

Investigación radiofónica: En un nivel más amplio, la NPR (National Public Radio) tiene una amplia variedad de programas musicales, entre ellos: WBGO en Nueva Jersey produce programas de jazz; Acoustic Café se produce de forma independiente en Ann Arbor, Michigan, y se ocupa de, lo has adivinado, la música acústica aunque tienen rockeros que tocar su música acústicamente; World Café es producido por WXPN en Filadelfia, Pennsylvania, pero no te dejes engañar por el nombre, ya que tocan una ecléctica selección de artistas esenciales y emergentes de todos los géneros.

Creando una red amplia Consejo #5

//23

Considera las promociones de entradas gratuitas como parte de tu presupuesto publicitario. Los estudiantes universitarios buscan entretenimiento barato, un público más numeroso comprará más licos, lo que te hace más querido en un bar, y un mayor número de fans significa que es posible vender más merch.

Gestión de base de datos | Base de datos

World Café es producido por WXPN en Filadelfia, Pennsylvania, pero no te dejes engañar por el nombre, ya que tocan una ecléctica selección de artistas esenciales y emergentes de todos los géneros.

Aquí te hay algunos ejemplos para investigar radios en Estados Unidos. Te los compartimos como referencia para que investigues las estaciones de radio en tu localidad: Public Radio eXchange **[https://www.prx.org/]**[29] National Public Radio Shows **[https://www.npr.org/podcasts-and-shows]**[30].

Grupos particulares de interés

La palabra se propaga rápidamente en entornos de grupo. Por eso debes pensar en grupos que tengan algún tipo de relación contigo o con tu música y que puedan estar interesados en asistir a tus espectáculos. Los grupos particulares de interés:

- Escuelas
- Universidades
- Programas de música
- Asociaciones de antiguos alumnos
- Clubes de lectura
- Grupos de fans de la música en redes sociales
- Foros y blogs en línea
- Grupos de aficiones o comunitarios

Piensa en todos los grupos online a los que perteneces (incluyendo páginas y grupos de Facebook, subreddits, foros, etc.). Piensa en los grupos presenciales a los que perteneces (club de ajedrez, círculos de tejido, práctica de tai chi). Ahora piensa en todas las formas en las que podrías acercarte a ellos para ayudar a difundir tu música. Por ejemplo, puedes crear un post en el grupo de Facebook "Magic The Gathering Fans of New England" al que perteneces desde hace 5 años en el que digas que tienes un concierto en Boston dentro de unas semanas y que estarías encantado/a de intercambiar tarjetas con quienes vengan del grupo, y también podrían jugar una partida antes de la prueba de sonido.

Entradas de cortesía

En casi todos los casos, te darán una cierta cantidad de entradas de cortesía para cada concierto que presentes. En lugar de regalar todas estas entradas a los amigos de la zona, deberías de darlas a personas que puedan ayudar a promocionar tu música. Ofrece entradas gratuitas a promotores locales, locutores de radio, críticos musicales y otras personas que puedan ayudar a difundir tu espectáculo y ayudarte a vender entradas. Anima a tus amigos a que compren entradas para tu concierto para apoyar el arte y la cultura, en lugar de fomentar la creencia de que si son tus amigos, deberían de recibir una entrada gratis para el concierto.

Ten una estrategia para repartir entradas gratuitas. Quieres que esas entradas lleguen a manos de personas que te ayudarán en el futuro. Dale acceso gratuito a quienes te ayuden a promocionar el concierto y a individuos con los que quieras establecer relaciones profesionales.

Universidades

Anuncia los próximos espectáculos con la ayuda de las universidades de la zona. Se trata de una gran cantidad de personas que buscan entretenimiento. También puedes considerar la posibilidad de realizar campañas promocionales que ofrezcan entradas con descuento a los estudiantes. Ten en cuenta que todos los descuentos deberán ser aceptados por el promotor -que posiblemente tenga sus métodos preferidos de descuento, como la tarjeta de identificación, el código de promoción o el código QR.

Conecta con los grupos de interés de los estudiantes del campus para anunciar tu espectáculo. Piensa en los ángulos únicos de tu música y encuentra los grupos de interés que se dedican a ello. Por ejemplo, si parte de tu espectáculo incluye interpretaciones con música folclórica tradicional, ponte en contacto con los grupos que practiquen culturas tradicionales dentro del campus y pídeles que mencionen tu concierto en su siguiente boletín. También puedes investigar un poco más para encontrar un tablón de actividades generales o un centro para publicar el anuncio de tu evento.

Talleres: Piensa en los talleres que puedes impartir en los programas de música de las universidades o conservatorios. Los temas de los talleres podrían ser: Cómo tocar tu estilo de música, composición de canciones, presupuestos, giras, etc. Siempre puedes ofrecer un taller a un grupo de interés de estudiantes o a un programa de música, además de ofrecer entradas con descuento a los participantes.

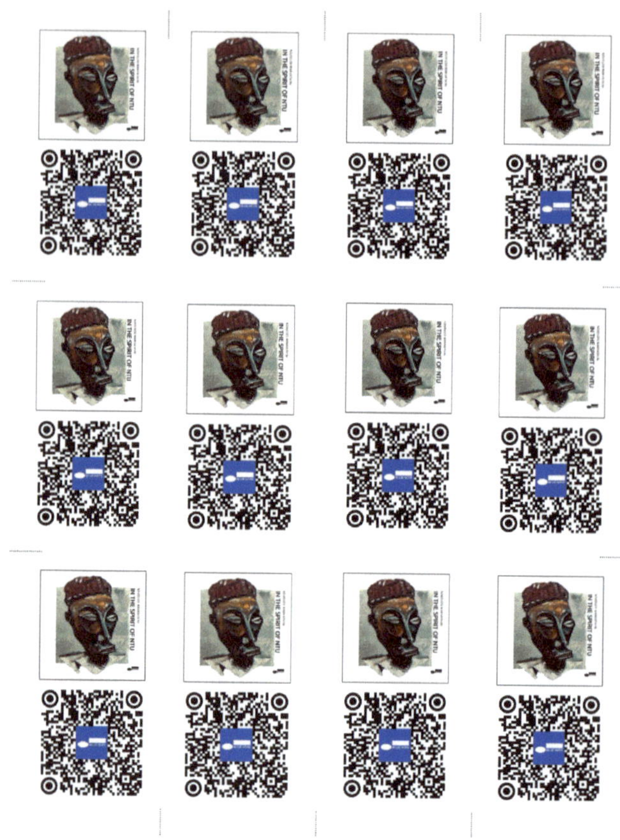

CONSEJO *Crea hojas de códigos QR que puedas recortar y colocar en las mesas o en los asientos del recinto. O pídele a alguien que los reparta en la puerta. El de Nicole lleva a una página biográfica, el de Nduduzo a un enlace creado por Blue Note.*

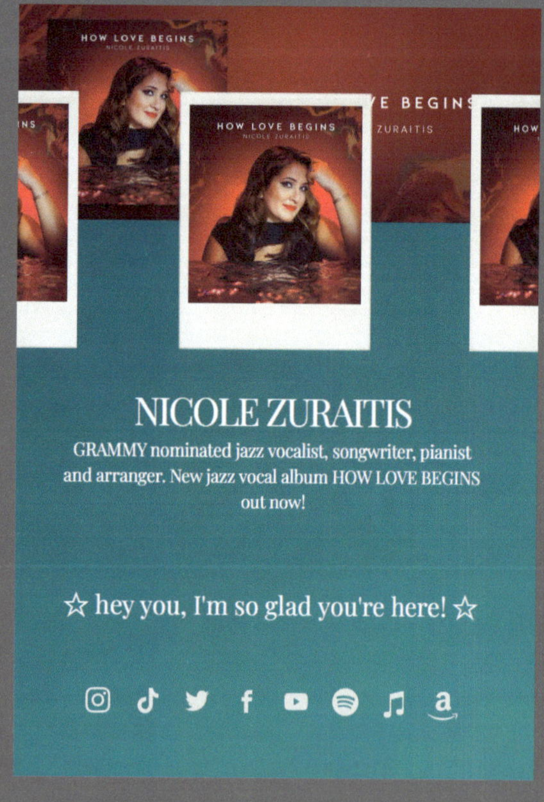

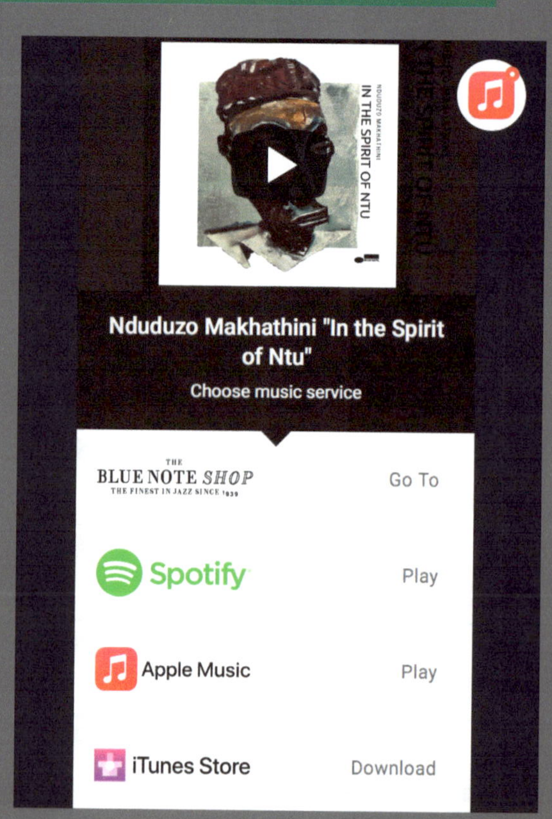

Personas

A medida que vaya creando tu base de datos de contactos, no pases por alto a las personas. La gente que te encuentres de pasada, ya sea en un concierto, en una gira o en el estudio, puede que no sean contactos obvios, pero podrían ofrecer valiosas oportunidades en el futuro. No sólo te relacionas con ellos y ellas, sino también con las personas con las que se relacionan, los *venues* con los que hacen negocios y los medios de comunicación con los que se comunican. También puedes ofrecerles servicios similares.

Músicos

Busca oportunidades para organizar conciertos con otras bandas. Investiga a otros grupos de tu zona que puedan hacer esto contigo. Dos bases de fans son mejores que una, y pueden ser exponencialmente mejores de lo que cualquiera de los dos piensa. Si estás pensando en hacer una gira, busca bandas afines en tu ruta. No tengas miedo de hablar con otros músicos sobre con quiénes han trabajado, qué lugares son buenos para tocar, con qué promotores es bueno trabajar, etc. Guarda su información de contacto y su ubicación en tu base de datos para poder invitarles a tus conciertos cuando estés en la ciudad.

Personal del venue

Pregunta a los lugares en los que vas a tocar cuál es su plan de marketing para saber si están preparados para promocionar el evento. Puedes llenar los vacíos que veas en su plan. Pregunta si hay piezas del rompecabezas de marketing que te puedan delegar.

Los contactos se consideran extremadamente confidenciales para la gente de publicidad y marketing de los *venues*, y no los compartirán con nadie. Algunos promotores están dispuestos a ayudar, sobre todo los que entienden que la creación de redes y el intercambio de contactos ayudarán a ampliar el alcance potencial del espectáculo, lo que supone una situación en la que todos salen ganando.

Por otro lado, hay que tener en cuenta la otra cara de la moneda: los promotores que no están dispuestos a compartir sus contactos probablemente estén pensando que, en el futuro, tú puedes usar esos mismos contactos para vender entradas en un lugar de la competencia.

Fans

Tus fans son uno de tus recursos más importantes: se trata de un grupo de personas que siempre querrán apoyarte, muchas veces a cambio de nada, sólo porque les gusta tu trabajo.

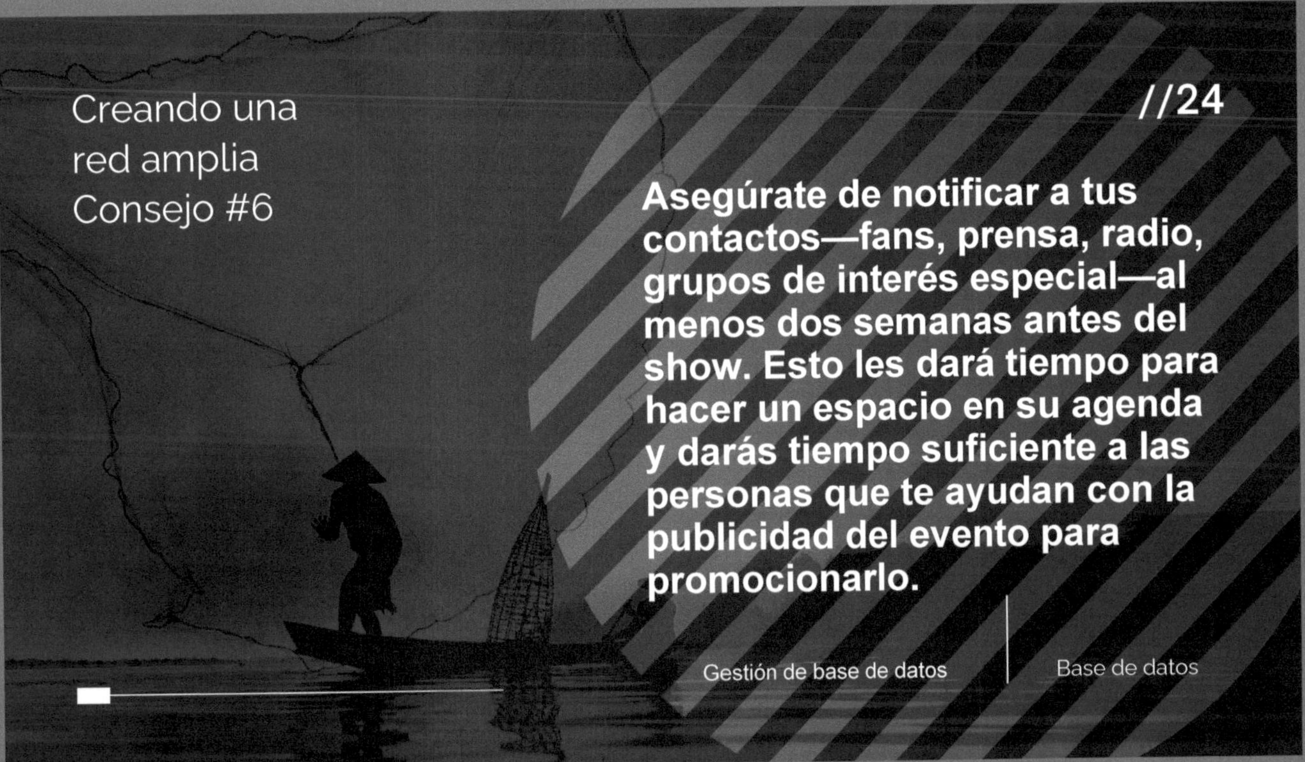

Creando una
red amplia
Consejo #6
//24
Asegúrate de notificar a tus contactos—fans, prensa, radio, grupos de interés especial—al menos dos semanas antes del show. Esto les dará tiempo para hacer un espacio en su agenda y darás tiempo suficiente a las personas que te ayudan con la publicidad del evento para promocionarlo.
Gestión de base de datos
Base de datos

Creando una red amplia
Consejo #7

No les estés vendiendo siempre a tus fans. Relaciónate con ellos de formas que vayan más allá de pedirles que compren más música u otras cosas. A nadie le gusta que siempre le aparezca un anuncio mientras navega por Internet o abre un correo electrónico.

Gestión de base de datos | Base de datos

Considera la posibilidad de formar un equipo de calle la próxima vez que vayas de gira a una nueva ciudad en la que ya tengas una base de fans preexistente. Un equipo de calle es un grupo de fans que se ofrecen como voluntarios para promocionar un álbum o un músico.

Pueden ayudarte a correr la voz sobre un lanzamiento, un evento o un proyecto en el que estés trabajando, y pueden hacerlo desde un afecto y aprecio sincero por lo que están promoviendo.

AQUÍ hay un gran artículo sobre cómo crear un Street Team **[https://www.thebalancecareers.com/what-is-a-street-team-2460939]**[31].

Acércate a tus fans socialmente, de forma que sientan que sus opiniones son valoradas. Ofrece a los fans un adelanto de tu música, publica en vivo en las redes sociales para hablarles directamente y darles las gracias por apoyarte, pídeles que voten sobre qué foto publicitaria/carátula de disco/diseño de camiseta debe usar tu banda, comparte otros detalles personales sobre tu proceso creativo y otros gestos que te funcionen.

Conclusión

Ahora estás listo/a para ampliar tu base de datos de contactos, con estas estrategias en mente y un documento organizado como punto de partida para mantenerlos archivados. Ten en cuenta que toda la información guardada en tu plantilla de base de datos de contactos puede transferirse fácilmente a un servicio de marketing por correo electrónico o a una base de datos avanzada.

Planea una campaña maestra de marketing

Una campaña de marketing es un esfuerzo colectivo para preparar y promocionar un evento o proyecto especial. Hemos enmarcado esta parte final del curso en torno a una pequeña gira hipotética para que te hagas una idea de lo que será necesario para crear y lanzar una campaña de marketing con éxito. Esta sección te llevará por los siguientes pasos críticos del proceso:

1. **Establecer objetivos a corto plazo**
2. **Encontrar canales de promoción**
3. **Comunicar con los promotores**
4. **Desglosar el presupuesto**
5. **Trazar un mapa de la venta de entradas y de los ingresos previstos**
6. **Informe y revisión sobre la marcha**
7. **Comercialización más allá de las campañas específicas de la gira**

Con una base de objetivos a corto plazo, un presupuesto práctico, una red de contactos cada vez mayor y una comunicación continua con los promotores de tus próximos conciertos, estarás en buen camino para planificar una campaña de marketing eficaz para una gira que impulse tu carrera.

Mini-curso: Crear una campaña de marketing para promocionar tu gira

Una campaña de marketing es un plan de acción con el objetivo final de anunciar un producto a tus consumidores, como el lanzamiento de un álbum o de nueva mercancía. Los pasos explicados en este mini-curso son parte del proceso de creación de cualquier campaña de marketing. Para ofrecer un ejemplo preciso, aplicamos los pasos a la preparación de una pequeña gira hipotética.

¡Felicidades, acabas de anunciar tu próxima gira! Junto con otros aspectos logísticos, deberás de ir planeando tu campaña de marketing. Te recomendamos que comiences tus esfuerzos promocionales al menos tres meses antes de que comience la gira.

Lee primero el contenido de este mini-curso para comprender los componentes de una campaña de marketing y cómo utilizar cada paso en tus futuros proyectos. Te invitamos a que tomes esta gira hipotética y la apliques a tu situación actual y a tus futuras posibilidades.

Establece tus objetivos

Establecer objetivos claros para una gira es importante para sentar las bases de una campaña de marketing exitosa. Saber lo que quieres lograr te permitirá dirigir específicamente tu campaña de marketing y comunicarte con otros si estás trabajando en equipo.

Entre las posibles metas que debes alcanzar se encuentran el aumento de la venta de entradas, la llegada a nuevos públicos, ampliar la gira o encontrar lugares suplementarios donde tocar, y la obtención de nuevas reseñas que puedan utilizarse tanto para la promoción como para futuras citas de prensa.

Por ejemplo, si tienes un historial de ventas de entradas con taquilla directa en un determinado mercado, al mirar tu historial de giras puedes establecer fácilmente tus objetivos para esta gira en función de las cifras de audiencia que hayas alcanzado hasta ahora. Ahora ya sabes a qué estadísticas debes aspirar para superar la venta de entradas en esta ocasión. También es importante hacer un seguimiento de los conciertos con entradas con taquilla indirecta o festivales, pero como ya lo hemos comentado, los conciertos de este tipo (que no suponen una venta real de entradas para tu grupo) pueden no ser un buen indicador de tu capacidad para vender entradas dedicadas en ese mismo mercado.

Te damos algunas pautas para enumerar los objetivos de tu campaña:

ESPECÍFICO Establece objetivos claros. "Tocar en estadios" es demasiado vago y posiblemente inalcanzable en este momento. Ten en mente lugares específicos, especialmente aquellos con los que tienes una conexión potencial o en los cuales "ya tienes entrada" con los dueños/ bookers.

MEDIBLE Establece objetivos que puedas medir. "Conseguir un gran éxito de la noche a la mañana" no es medible, pero "vender 30 entradas más en cada concierto" o "vender x entradas más en total que en la última gira" sí lo es.

ALCANZABLE Las metas deben ser realistas. Si estás tocando en clubes pero no tienes ni una sola reseña, "ser el grupo principal en una sala de 1,000 plazas en un año" no es alcanzable si no hay pistas sólidas. Al principio, es mejor tocar en clubes pequeños y agotar las entradas, ya que puedes conseguir mayores garantías en salas más grandes.

RELEVANTE Mantente relevante. Cuando te dirijas a los medios de comunicación con un comunicado de prensa sobre tu próxima gira, busca aquellos con audiencias más afines a tu sonido e imagen.

BASADO EN EL TIEMPO Todos los objetivos deben tener una fecha límite. En este caso, hazlos coincidir con el calendario de tu próxima gira.

Gracias a DIY Musician por la lista de su página de Plan de Marketing [https://diymusician.cdbaby.com/music-promotion/musicians-need-a-marketing-plan/][32].

Ten en cuenta también los objetivos relacionados con la mercancía, la participación en las redes sociales y los medios de comunicación. Piensa en la cantidad de ingresos que necesitas para (al menos) alcanzar el punto de equilibrio con la mercancía que vas a llevar de gira. Comunícate con los promotores de tus conciertos para que sepan que tendrás mercancía a la venta y colabora con ellos para obtener un mejor resultado de ventas.

Solicita en tu rider una mesa para vender mercancía. También debes prever que alguien, posiblemente un miembro de la banda o un/una mánager de gira gestione la venta de la mercancía. Si no tienes a nadie que lo haga, el recinto puede proporcionar a alguien, pero normalmente se te pedirá que des un porcentaje por la ayuda; lo más común es entre el 10 y el 15%. Los festivales suelen quedarse con un 20-30% por la venta de su mercancía en los quioscos del festival.

¿Piensas anunciar tu gira en un video? Planifica cuándo y dónde lo publicarás, y piensa con antelación en el éxito al que aspiras. Haz un seguimiento de tus resultados en las redes sociales por cada plataforma individual, de modo que puedas ver qué canales llegan a más gente y generan más interacción para futuras referencias.

El objetivo inicial en este caso sería la cantidad de seguidores, porque lo ideal es llegar a nuevos usuarios/cuentas que luego interactúen con tu publicación, tu perfil y tu contenido.

Los objetivos de prensa dependen de ti y de tu conocimiento de los medios de comunicación, tanto locales como sobre tu ruta, y del alcance de cada medio dentro de tu mercado. Una breve reseña, una mención o una entrevista sobre tu próxima gira es un buen punto de partida. Cada uno es aún mejor. Ten eso como objetivo inicial, y completa el resto de acuerdo con tu progreso en la prensa hasta el momento.

Elegir los canales de promoción y encontrar tu mercado

¿Qué sitios web, plataformas y canales utilizarás para anunciar tu próxima gira a tu público objetivo?

Piensa en los puntos de venta con mayor número de seguidores, los de mayor interacción y los que utilizas con más frecuencia.

Consejo de Marketing
//26
Si no estás usando LINKTREE o LATER en tu biografía de Instagram, obtén una cuenta gratuita ahora. Estas plataformas de marketing de Instagram crean un directorio de enlaces para tus seguidores.
Campaña de Marketing
Redes sociales

Consulta también tu base de datos de contactos. El éxito del marketing requiere de tiempo, con múltiples posibilidades, y el correo electrónico es una gran manera de llegar a los fans justo en su pantalla de inicio.

Conoce tus canales y sus puntos fuertes, y alinea tus mensajes de acuerdo con esto. Por ejemplo, Instagram es visual, TikTok es visual y audible, y tanto Twitter como Facebook son amigables con el texto. Fíjate qué plataformas ofrecen espacio para enlaces externos, una variable importante para el marketing y la promoción. A veces se pueden utilizar aplicaciones externas como Linktree **[https://linktr.ee/]**[33] para complementar las plataformas que sólo ofrecen un espacio limitado para los enlaces a tu contenido, sitio web y otras redes sociales.

Comunicar con tus promotores

Ponte en contacto con los promotores de tus espectáculos y pregunta por sus planes de marketing y promoción. Contar con esta información te permitirá intervenir y suplir cualquier carencia. Es una situación en la que todos ganan: ayudas al promotor a hacer un trabajo minucioso y tú llegarás al mayor número de consumidores posible.

El promotor debe tener un buen conocimiento de su mercado inmediato y puede recurrir a otras áreas más allá de las que pueda encontrar en Internet. Algunas preguntas potenciales para los promotores podrían ser:

¿Suelen vender la mayoría de sus entradas semanas antes, o su público suele comprar las entradas en el último momento, o incluso el día del espectáculo? Las entradas compradas el día del espectáculo se denominan ventas en taquilla. ¿El promotor te dará un recuento regular de los boletos vendidos cada semana? Si no es así, ¿qué día debes llamarlos para comprobar las ventas?

Si conoces a artistas que han tocado en los mismos lugares o han trabajado con los mismos promotores, pregúntales cómo ha sido su experiencia de marketing y publicidad con ellos.

Por ejemplo, es posible que un promotor tienda a encargar el marketing y la promoción a becarios a los que les vendría bien tu ayuda para cubrir todos los aspectos. La comunicación es la clave para una promoción y marketing exitoso.

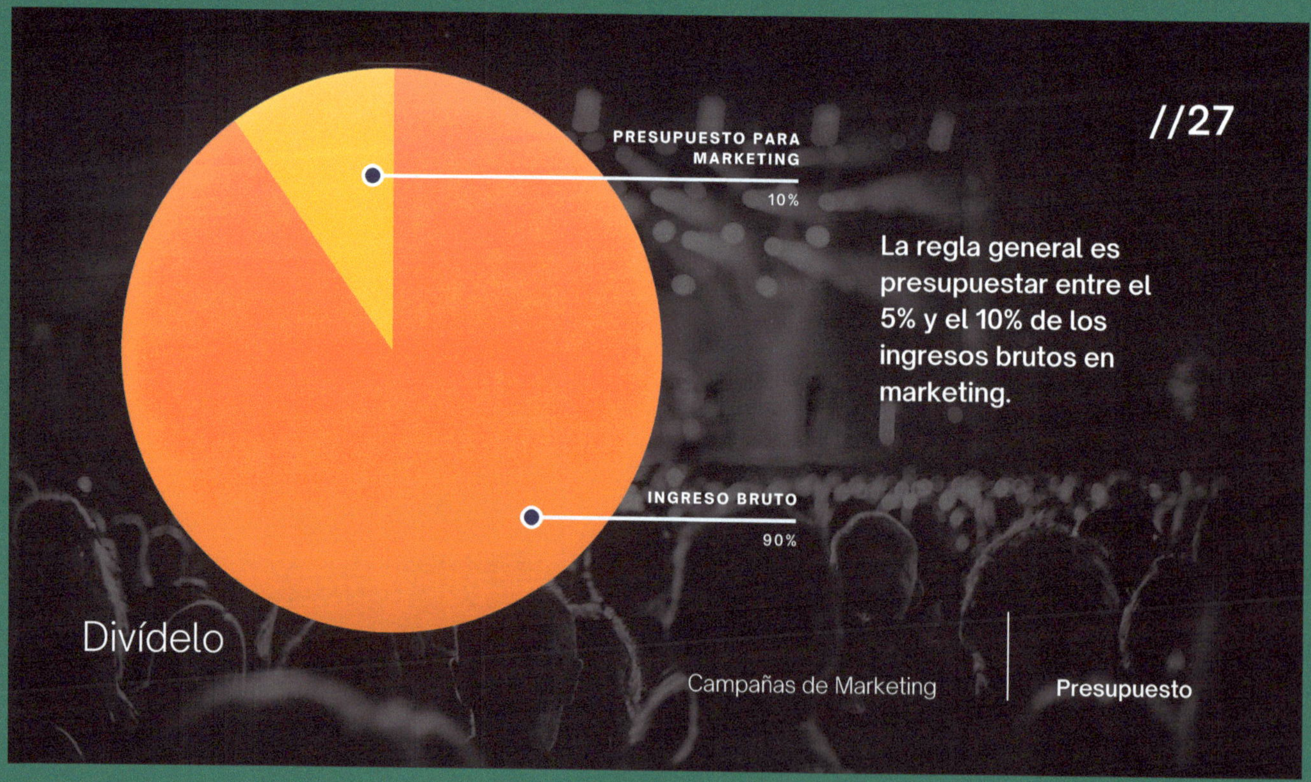
PRESUPUESTO PARA MARKETING
10%
//27
La regla general es presupuestar entre el 5% y el 10% de los ingresos brutos en marketing.
INGRESO BRUTO
90%
Divídelo
Campañas de Marketing
Presupuesto

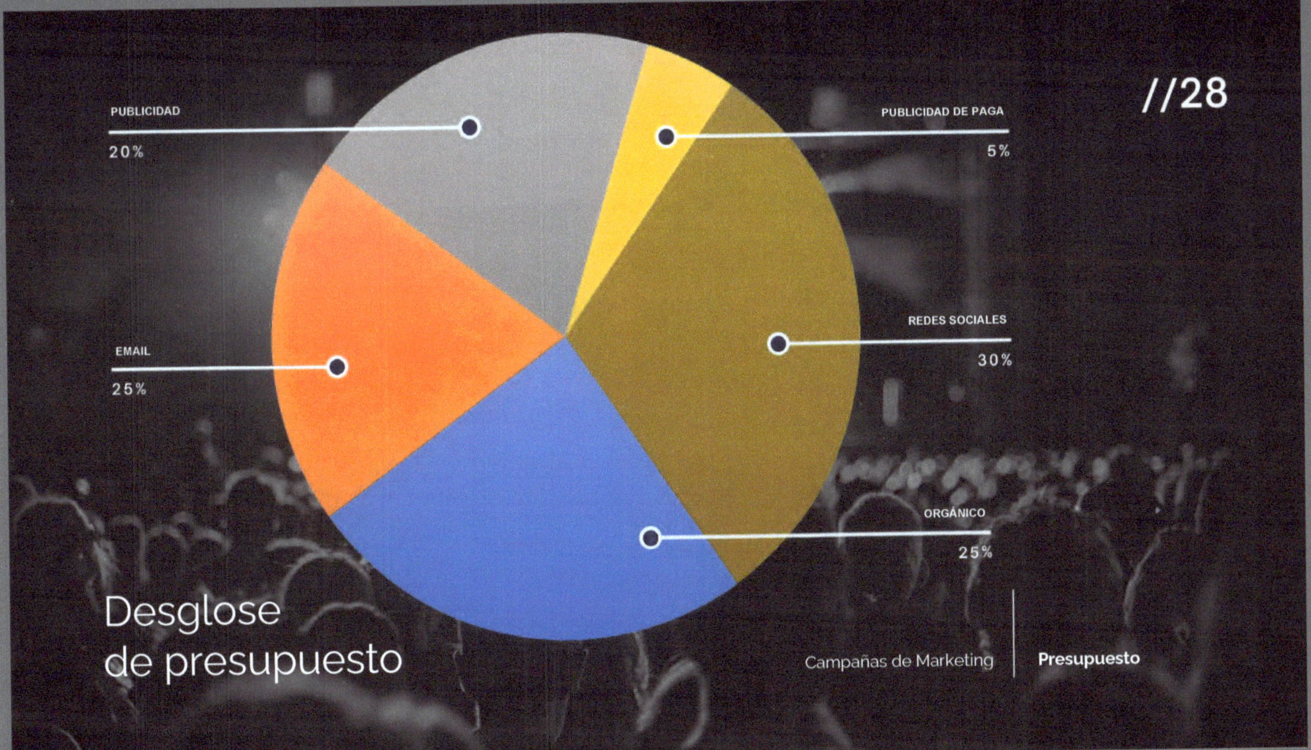

Establecer un presupuesto de marketing para tu próxima gira

Consulta la Plantilla 4.1 - Presupuesto de la gira para encontrar la estimación de los costos y la ganancia de tu próxima gira.

Cuando estás empezando, la mayoría de las giras apenas alcanzan el punto de equilibrio, o incluso es posible que pierdas algo de dinero. Si no has ajustado tus tarifas para incluir el marketing, tendrás que calcular qué parte de los ingresos potenciales puedes gastar. Cuanto menos gastes, menor será el potencial de generar ventas de boletos. Sin embargo, cuanto más gastes, obtendrás menos beneficios finales del concierto.

A continuación se muestra un desglose de tu presupuesto de marketing (entre el 5 y el 10% del bruto) por canal de promoción, y otro por cada red social.

Tendrás que revisar continuamente el presupuesto de marketing en función de cómo vaya la venta de entradas en cada concierto.

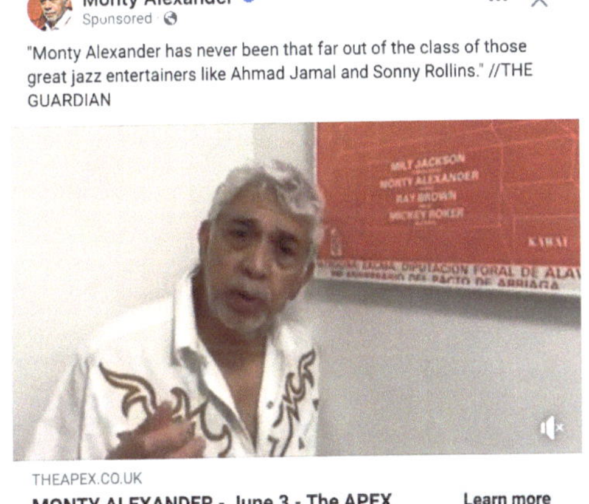

Monty Alexander
Sponsored
"Monty Alexander has never been that far out of the class of those great jazz entertainers like Ahmad Jamal and Sonny Rollins." //THE GUARDIAN
THEAPEX.CO.UK
MONTY ALEXANDER - June 3 - The APEX
Learn more
"The exuberant reggae-jazz icon!" //NY MUSIC DA...

VACATION IN JAMAICA with MONTY ALEXANDER – Monty, born in Jamaica and was skipping school to record at Coxone's Sound One Studio before Ska was even called Ska, melds his exuberant jazz with the soulful West Indian rhythms he was raised upon. Check out Monty's music with this video of Jamaica scenes – it's like a Vacation in Jamaica, even if only for 15 minutes. You can buy tickets to see Monty at the Apex here: https://www.theapex.co.uk/whats-on/details.cfm?id=469547...

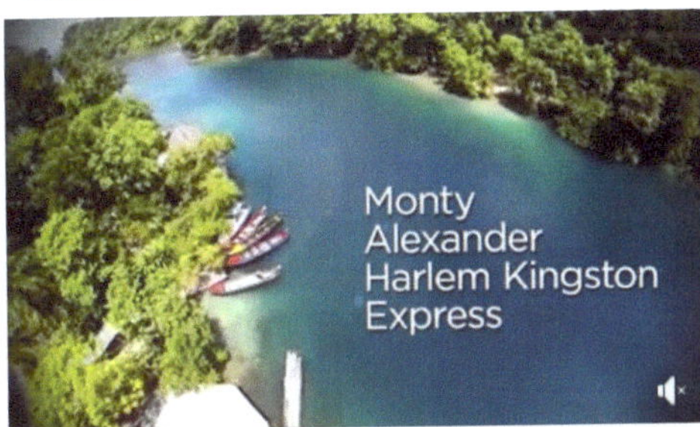

THEAPEX.CO.UK
MONTY ALEXANDER TRIO | June 3 | The APEX
Learn more

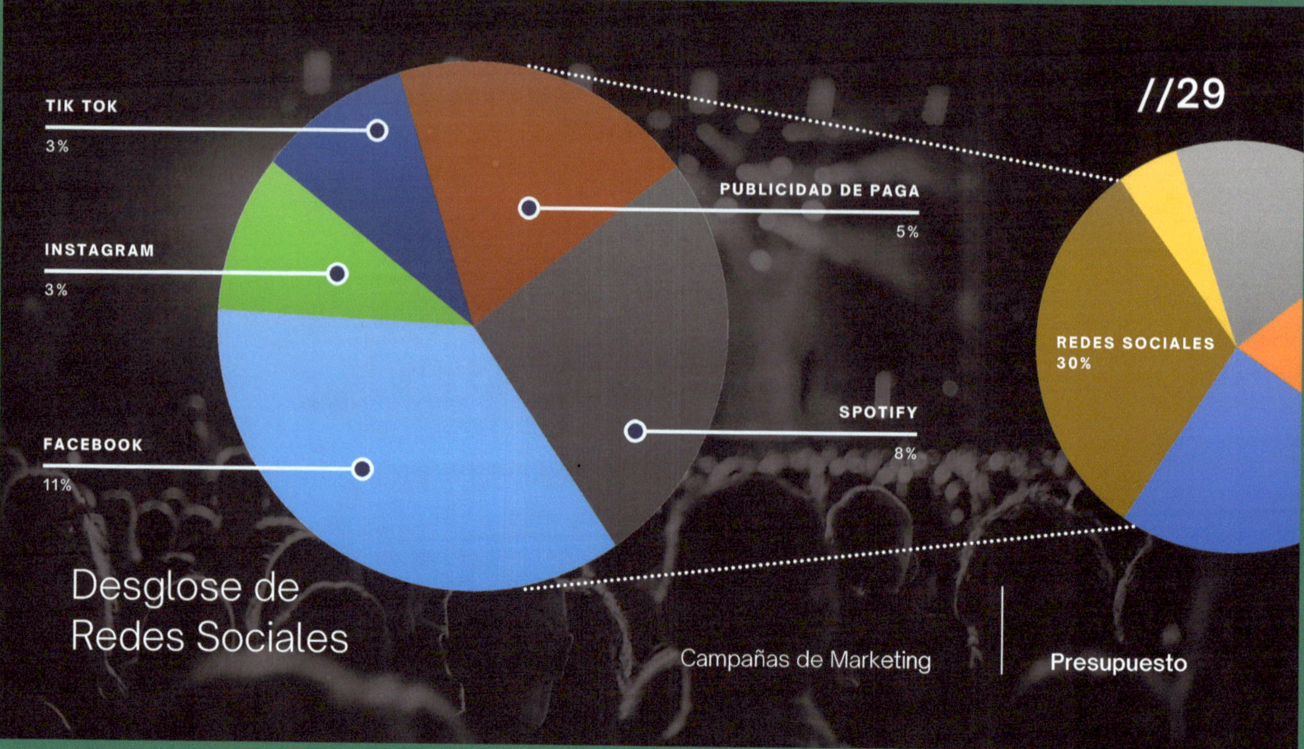

Haz una lista de tus principales canales de marketing. A continuación, haz una lista de tu presupuesto -si lo hay- para cada canal.

Ten en cuenta tus plataformas de redes sociales activas y tus respectivos seguidores en cada una de ellas. Divide el presupuesto asignado centrando la mayor parte del gasto en la mayor parte de tus seguidores.

Por ejemplo, si tienes más seguidores en Facebook y Spotify, y un segundo lugar en Youtube, dedica la mayor parte de tus esfuerzos en comercializar tu gira en estas aplicaciones.

L63 | fx

	A	B	C	D	E	F	G	H	I
2	Ámsterdam, NL	15	01-ene		07-feb	80	19%	01/01/2021	21-02-07-Ámsterdam, NL
3	Bruselas, BE	12	01-ene		05-feb	92	13%	01/01/2021	21-02-05-Bruselas, BE
4	Essen, DE	18	01-ene		06-feb	100	18%	01/01/2021	21-02-06-Essen, DE
5	Gdansk, PL	5	01-ene		10-feb	67	7%	01/01/2021	21-02-10-Gdansk, PL
6	Riga, LV	12	01-ene		12-feb	88	14%	01/01/2021	21-02-12-Riga, LV
7	Riga, LV	20	05-ene		12-feb	88	23%	05/01/2021	21-02-12-Riga, LV
8	Ámsterdam, NL	21	06-ene		07-feb	80	26%	06/01/2021	21-02-07-Ámsterdam, NL
9	Bruselas, BE	15	06-ene		05-feb	92	16%	06/01/2021	21-02-05-Bruselas, BE
10	Gdansk, PL	10	06-ene		10-feb	67	15%	06/01/2021	21-02-10-Gdansk, PL
11	Essen, DE	24	07-ene		06-feb	100	24%	07/01/2021	21-02-06-Essen, DE
12	Riga, LV	22	10-ene		12-feb	88	25%	10/01/2021	21-02-12-Riga, LV
13	Gdansk, PL	12	12-ene		10-feb	67	18%	12/01/2021	21-02-10-Gdansk, PL
14	Bruselas, BE	23	13-ene		05-feb	92	25%	13/01/2021	21-02-05-Bruselas, BE
15	Essen, DE	26	14-ene		06-feb	100	26%	14/01/2021	21-02-06-Essen, DE
16	Riga, LV	42	18-ene		12-feb	88	48%	18/01/2021	21-02-12-Riga, LV
17	Ámsterdam, NL	29	19-ene		07-feb	80	36%	19/01/2021	21-02-07-Ámsterdam, NL
18	Gdansk, PL	30	20-ene		10-feb	67	45%	20/01/2021	21-02-10-Gdansk, PL
19	Essen, DE	35	01-feb		06-feb	100	35%	01/02/2021	21-02-06-Essen, DE

Instrucciones | Actualizaciones | Resumen | Lista de giras | +

Ready | Accessibility: Investigate | Page: 5 of 6

Plantilla 6.3 - Seguimiento del conteo de boletos [Materiales esenciales para artistas]
Utilice esta plantilla para seguir el progreso de la venta de entradas en los *venues* de tus próximos espectáculos.

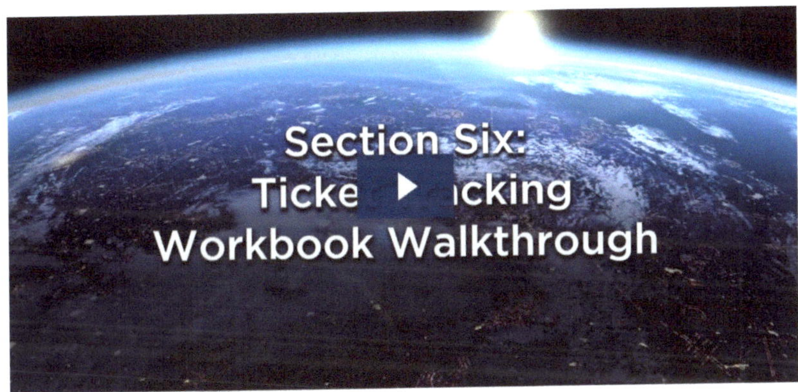

Video 6.2 - Tutorial de la Hoja de recuento de entradas
Sigue este video y descubre las funciones de nuestra plantilla de seguimiento de conteo de boletos.

Estrategia y seguimiento de los logros de tu marketing

Nuestro tablero de recuento de entradas está diseñado para hacer un seguimiento de las cifras de venta de entradas para cada concierto de tu gira. Podrás hacer un seguimiento del incremento de las ventas a medida que se acerque tu gira y tu campaña de marketing surta efecto. Observa también el porcentaje de crecimiento y cuándo se producen picos para anotarlo y usarlo en tu próxima serie de conciertos.

Haz un seguimiento constante de los promotores. Es importante hacer un seguimiento para asegurarte de que tus solicitudes de colocación en los medios de comunicación no se pierdan en la mezcla de los demás mensajes que bombardean a esa persona. Y hay que estar al tanto de la venta de entradas hasta el día en que llegas al show.

Informe y revisión de tu campaña de marketing para planes futuros

A medida que construyes tu campaña, tiene sentido revisar cada paso con tus compañeros/as de banda y el equipo de apoyo. Necesitarás sus comentarios y guardarás cualquier idea adicional que puedan aportar, y sin duda ellos deberán ayudarte con el estudio de mercado. A medida que el plan se desarrolle, tendrás que ser flexible y hacer algunos ajustes a medida que vayas ganando impulso hacia el concierto.

Guarda y comparte tu campaña de marketing con otros miembros de la banda o de tu equipo para tu próxima gira. Esto te permite mantener la comunicación abierta y asegurarte de que todos están en el mismo canal o en sintonía.

Después de cada gira, también deberías convocar una reunión para informar al equipo, revisar lo que ha funcionado y lo que no, y qué secciones/acciones de tu plan necesitan ser ajustadas. Por ejemplo:

¿Qué dinero se gastó bien?

¿Qué fue un desperdicio?

¿Quiénes captaron tu música a la perfección?

¿Quiénes fallaron y no deberían ser priorizados en el futuro?

¿Cuál fue el equipo de producción del *venue* que se desvivió por tu concierto? Considera la posibilidad de enviarles una nota de agradecimiento o incluirlos en una lista de tarjetas/regalos navideños.

¿Qué estadísticas en línea de esta campaña de marketing puedes utilizar para que las futuras campañas tengan más éxito?

No tienes que esperar hasta tu próxima campaña de marketing para utilizar lo que has aprendido esta vez. Al contrario. Toma lo que aprendiste y aplícalo a tus esfuerzos de promoción durante todo el año.

Comercializar tu música de forma constante

Además de tocar en vivo, debes seguir aumentando tu exposición y crear una presencia en los mercados en los que vas a tocar o en las ciudades que quieres incluir en tu gira. Si puedes, trata de introducirte en los medios de comunicación basados cerca de la zona de tu gira. Los agentes de prensa buscan oportunidades para promover a artistas de actualidad en artículos, entrevistas para reportajes, comentarios sobre eventos y proyectos, etc.

La retransmisión de espectáculos en colaboración con un *venue* también contribuirá a aumentar tu audiencia. Si el local está dispuesto a presentar tu video en sus redes sociales, llegarás al público fiel del local y crearás la expectativa de que en algún punto tocarás allí en vivo.

Si las plataformas de redes sociales que utilizas lo permiten, considera la posibilidad de presupuestar algo de dinero para promocionar las publicaciones. Las publicaciones impulsadas o promocionadas a veces ayudan en un sentido general, cuando no hay información directa y urgente que comunicar

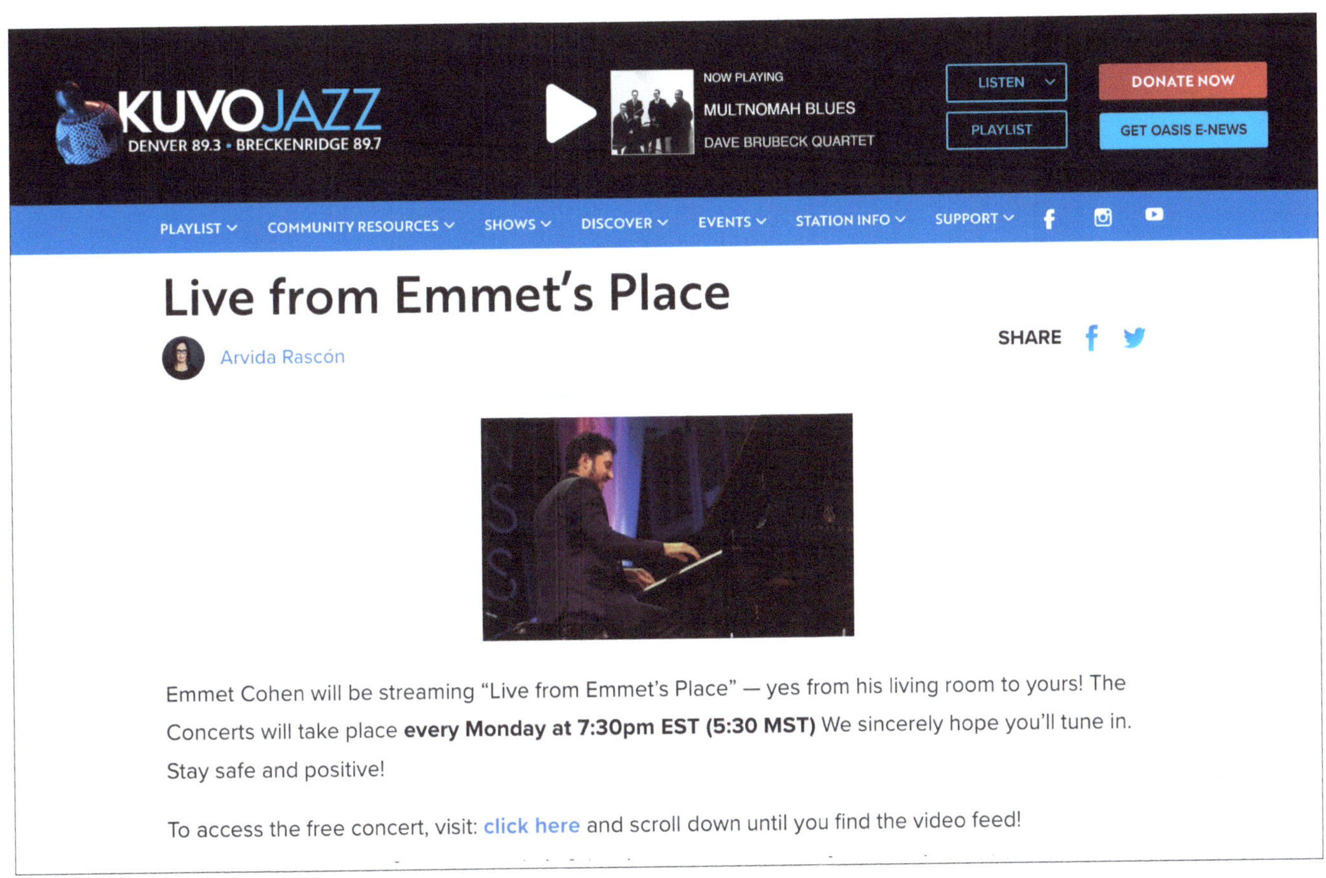

directamente. Hacer esto también te dará una mejor idea de los mercados cuando pretendas vender entradas dedicadas para tus espectáculos a través de las estadísticas de los posts que elijas promocionar.

Conclusión: Marketing y promoción

Ya que superaste el contenido del Paso Seis, tienes lo que necesitas para afrontar los aspectos de marketing y promoción de tus conciertos en particular y de tu carrera musical en general.

Repasemos. Tienes tu paquete de comunicación, incluyendo tu material de promoción. Sabes cómo seleccionar citas de prensa de la cobertura de los medios de comunicación y presentarlas en un comunicado de prensa que tú mismo/a escribirás. Estás construyendo una imagen única e intrigante. Tienes una creciente base de datos de contactos en la industria. Estás preparado/a para llevar una campaña de marketing de principio a fin, con datos que puedes aplicar a la estrategia del próximo proyecto. ¡Pensamos que te puedes auto felicitar!

Stockholm Central
FLIXBUS FLIXTRAIN
SKB

CONCLUSIÓN

¡ENHORABUENA!

Has completado Anyone Can Book a Gig

¡Felicidades! Sabemos que fue un montón de trabajo.

Si rellenaste todas las hojas de trabajo, creaste las hojas de cálculo y entendiste todos los ejemplos, ya cuentas con una excelente base para empezar a bookearte a tí mismo. Cuando empecé a desarrollarme como artista, no sabía como empezar. El lado del negocio de la música me parecía como una gran pared de ladrillo. En este libro, hemos hecho todo lo posible para guiarte paso a paso para que puedas organizarte y poder absorber la información poco a poco. Sé amable contigo mismo, comprende que esto es un viaje, que lleva mucho tiempo dominar todo esto, y que hay mucho que dominar.

Pero cuanto antes empieces a hacerlo, más rápido alcanzarás los objetivos que te has fijado. Esperamos que hayas hallado mucha información en te libro que te ayude a tomar los siguientes pasos para seguir desarrollando tu carrera.

Mantente en contacto con nosotros en redes sociales (Facebook e Instagram). Compártenos tus logros, fracasos, hacks y consejos.

e/ textbook@musicworksinternational.com
www.musicworksinternational.com
www.anyonecanbookagig.com
www.facebook.com/anyonecanbookagig
www.instagram.com/anyonecanbookagig

Agradecimientos

Estoy realmente agradecida con todos los amigos que tenemos en la grandiosa comunidad del jazz alrededor del mundo y especialmente por el maravilloso equipo que tenemos en MWI. Muchas personas ayudaron a traer este libro a la vida.

En primer lugar, gracias a **Alice Feldman**, porque fue la primera en sugerir que escribiera este curso/libro. Lo que empezó como un comentario casual que hizo después de observar mi consulta con algunos artistas, nos llevó a desarrollar un curso paso a paso para enseñar a los músicos a abogar por sí mismos, a planificar sus carreras y a bookear espectáculos por sí mismos. Este libro recoge mis más de 30 años de experiencia y conocimientos y los sintetiza en una guía práctica para artistas.

Meesh Fradkin también estuvo presente en el inicio de este proyecto. Investigó sobre los planes de estudios de escritura y nos dio muy buenos comentarios sobre el mundo académico.

Gracias a quienes nos ayudaron a organizar el tema en módulos progresivos y dedicaron horas a editar y corregir el contenido: **Emily O'Neil**, **Julia Hoffmann** y **Alice Feldman**. Gracias al personal que prestó apoyo en la producción: **Rachel Hoffmann**, **Éamon Laughlin**, **Kailey Zercher** y **Meghan McCarney**.

Un agradecimiento especial a **Deidra Levasseur**, nuestra Directora de Finanzas y Operaciones, que asumió la ingrata tarea de editar, corregir y comprobar dos veces los números para asegurarse de que todo tuviera sentido. Los conocimientos de Deidra sobre programas informáticos, su buen ojo para el diseño y su atención al detalle han sido inestimables para dar un aspecto estupendo al curso.

Gracias a **David Greenberg** por encargarse de la sección de marketing y promoción, aportar ejemplos de sus años de trabajo y proporcionar los bellos gráficos que se incluyeron en la versión en línea de este libro de texto y en la copia impresa que tiene en sus manos. Un agradecimiento especial a **Éamon Laughlin** por llevar el libro de texto hasta el final, haciendo los últimos retoques de producción y las ediciones finales.

Gracias a nuestro equipo latinoamericano: **Matt De León**, **Pablo Solis** y **Majo Amieva** por ayudar a producir la versión en español para los territorios ibéricos.

Gracias al equipo central de Educación de MWI: Deidra, Éamon y Matt, que se reúnen cada semana para aportar nuevas ideas sobre cómo seguir desarrollando nuestro alcance educativo y ampliar nuestra misión de ayudar a los músicos a ayudarse a sí mismos. Este es sólo el primer paso de lo que esperamos conseguir apoyando a la comunidad de músicos en general.

Gracias a nuestros valiosos colaboradores que aportaron sus ideas y experiencia para mejorar el contenido:

Svetlana Shmulyian contribuyó en gran medida al desarrollo de los contenidos de marketing y promoción de la Sección Seis.

Randy Harrison nos dio grandes ideas y sugerencias para el marketing y para explicar el riesgo financiero en el libro.

Gracias a todos los beta-testers de este curso: **Alec Hutson, Zachary McVicker, Joel Smith, Delbert Anderson** y **Mike Casey.** Les agradecemos que hayan encontrado los fallos, que nos hayan dado su opinión para mejorar el contenido y que nos hayan ayudado a hacer el mejor curso posible. Gracias también a Mike Casey por su contribución a la retransmisión y a los contenidos en las redes sociales.

Un agradecimiento especial a **Javon Jackson** y **Shaun Flynn**, de la Hartt School of Music de la Universidad de Hartford, por repasar en detalle todo este curso y aportar sus sugerencias y mejoras. Javon ha sido un firme aliado y un gran amigo apoyando nuestra iniciativa educativa. Gracias por todo, Javon.

Gracias a los Conservatorios, Escuelas de Música, Conferencias y programas artísticos que nos han traído a sus comunidades en los últimos 8 años para hablar con los estudiantes en persona o en línea para compartir nuestros conocimientos y experiencia, incluyendo: la Hartt School of Music, Berklee College of Music, Northeastern University, UCLA, Conservatorio de Ámsterdam, Conservatorio de Maastricht, Jazz Power NYC, Jazz at Lincoln Center, y el programa «Take Five» de Serious Productions London.

MWI ha presentado talleres en más de 12 países hasta la fecha, desde EE.UU. a África, México a Europa, e incluso en Asia, llegando a cientos de estudiantes. Le agradecemos la oportunidad de ayudar a sus estudiantes a tener éxito como músicos profesionales.

¡Con un corazón agradecido por el arduo trabajo de todos!

Katherine McVicker
Boston, Massachusetts, EE.UU. febrero 2024

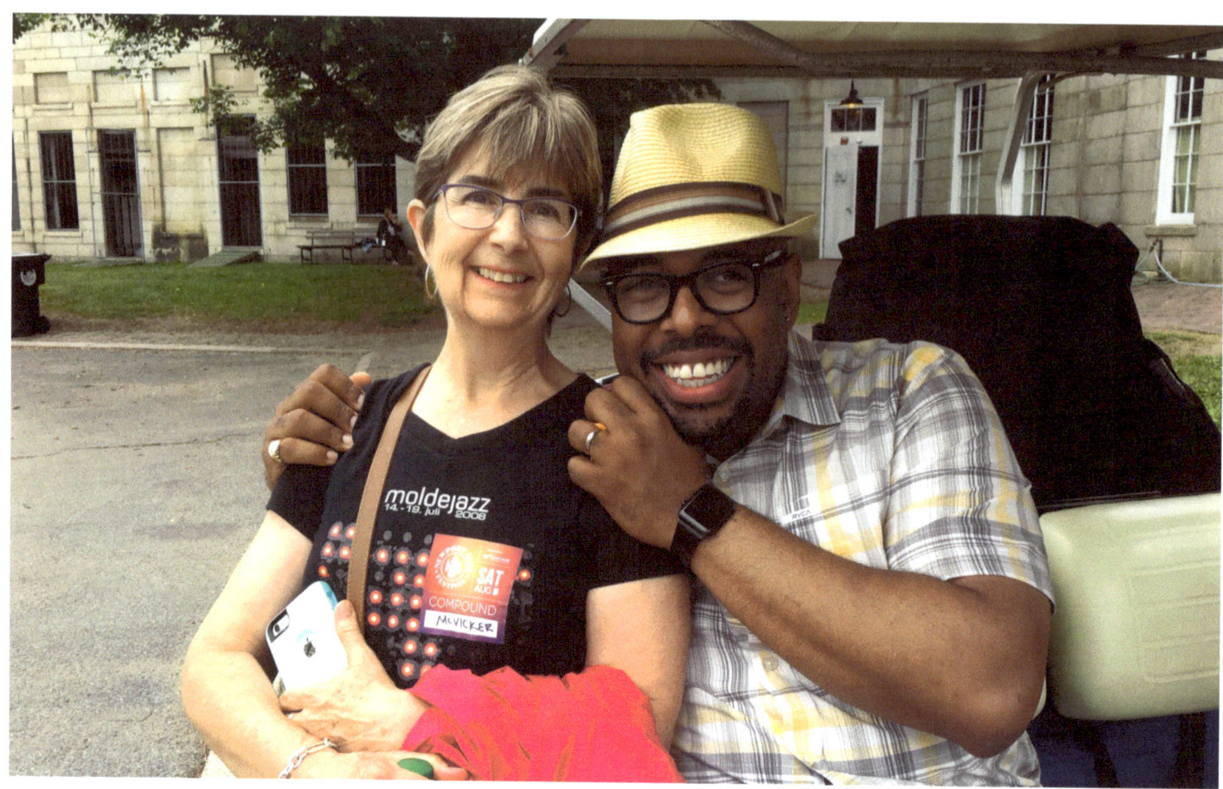

Katherine con Christian McBride en el Newport Jazz Festival

SOBRE LA AUTORA

Katherine McVicker es la fundadora y directora de Music Works International (MWI). Experta oradora y agente de booking, en sus 30 años de carrera especializada en jazz y world music ha ayudado a desarrollar y apoyar las carreras internacionales de una amplia gama de artistas, entre ellos Norah Jones, Wayne Shorter, Joshua Redman, Branford Marsalis, Richard Bona, Dianne Reeves, Jason Moran, Kurt Elling, Christian McBride, Jon Cleary, Vijay Iyer, Lizz Wright y Samara Joy.

Katherine ha desarrollado redes de profesionales en Europa y Escandinavia y está creando redes similares en África, América Latina y Asia-Pacífico. También es músico en recuperación.

Consulta nuestro roster completo de artistas en **www.musicworksinternational.com**

RESPUESTAS DEL CUESTIONARIO DEL GLOSARIO DE LA INDUSTRIA MUSICAL [PÁGINA 80]

1. A
2. B, C
3. B
4. B
5. D
6. A
7. A, B, D
8. D
9. A, B, C, D
10. B
11. B
12. A
13. D
14. C
15. D
16. A
17. B
18. C
19. A
20. C

INDEX

Créditos de fotos

Portada Bokanté; Union Chapel, Londres, Inglaterra, Reino Unido; Tatiana Gorilovsky, fotógrafa; cortesía de GroundUP Music.

2,3 Roosevelt Collier; Rio das Ostras Jazz & Blues Festival, Brasil; César Fernández, fotógrafo.

6 Bebop Club, Buenos Aires, Argentina; cortesía del *venue*.

12 Hombre con micrófono en el escenario; Kozhikode, India; Vishnu R. Nair, fotógrafo; cortesía de Unsplash.

14 DJ Trotsky, cortesía del artista.

15 Katherine McVicker; En algún lugar lejos de los teléfonos de MWI; Bruce Stephen, fotógrafo.

18 Charlotte Campbell, Londres, Inglaterra, Reino Unido; Maaria Lohiya, fotógrafa; cortesía de Unsplash.

21 Un público alegre en el GroundUP Music Festival (GUMFest), Miami, Florida; cortesía de GroundUP Music.

31 Emmet Cohen; Gabriela Gabrielaa, fotógrafa; cortesía de Mack Avenue Records.

34 Grace Kelly; Estudio casero preparado para retransmisiones en directo: clases, conciertos, vídeos musicales; Los Ángeles, California, EE.UU.; Pasha Riger, fotógrafo; cortesía del artista.

40 Lucy Woodward; Cartel genérico de la gira; cortesía de GroundUP Music.

41 Nduduzo Makhathini; Cartel de la gira en las redes sociales; cortesía del artista.

42 Festival Clockenflap; Isla de Hong Kong, Hong Kong, China; Kitminlee, fotógrafo; cortesía de Clockenflap.

45 Antonio Sanchez, Birdman Live!; Teatro Metropólitan, Ciudad de México, México; Bógar Adame, fotógrafo; cortesía del fotógrafo.

48 *(arriba)* Material gráfico de marketing para Joshua Redman Quartet con Gabrielle Cavassa en el Voll-Damm Barcelona Jazz Festival, Barcelona, España; cortesía del Voll-Damm Barcelona Jazz Festival/TheProject Music Company, S.L. ***(abajo a la derecha)*** Emmet Cohen; Screengrabs de las publicaciones de Emmet en Facebook para promocionar las próximas retransmisiones en directo.

49 ***(arriba a la izquierda)*** Admat para Samara Joy en NOSPR (Narodowa Orkiestra Symfoniczna Polskiego Radia), Katowice, Polonia; cortesía de Marcin Kydryński y 4MUSIC. ***(arriba a la derecha)*** Admat para Stacey Kent en el CSK (Centrum Spotkania Kultur), Lublin, Polonia; cortesía de 4MUSIC. ***(abajo)*** Hamilton de Holanda Trio, (i-d: Thiago Rabello, Hamilton de Holanda, Salomão Soares); cortesía del artista.

50 Jason Lilly, Kailey Zercher de The Womps; Park Sounds Concert Series, Harvard Square, Cambridge, Massachusetts, EE.UU.; Joe Froeber, fotógrafo; cortesía del artista.

58 *(arriba)* Kurt Rosenwinkel; Festival de Funchal, Madeira, España; Renato Nunes, fotógrafo; cortesía de Heartcore Records. ***(abajo)*** All About Jazz; Artistas similares a Kurt Rosenwinkel

60 Javon Jackson; Village Vanguard, Nueva York, Nueva York, EE.UU.; Alan Nahigian, fotógrafo; cortesía del artista.

63 ***(izquierda)*** Lucy Woodward y Soundville en el Brașov Jazz and Blues Festival admat, Brașov, Rumanía; cortesía del Brașov Jazz and Blues Festival. ***(derecha)*** Pantalla LED, Festival de Jazz y Blues de Brașov; Lucy Woodward, fotógrafa; cortesía de la fotógrafa.

66 Un tipo tocando a pleno pulmón en algún lugar y todo el mundo probablemente hablando por encima de su canto; Lachlan Ross, fotógrafo; cortesía de Pexels.com.

67 Screengrab de la página de artistas similares de Roosevelt Collier en Spotify. Roosevelt está respaldando a Jelly Roll, así que échale un vistazo allí también.

71 Festival JetLAG, Downsville, NY. Imágenes de su sitio web.

85 Público; Sala Henry Le Boeuf, Bozar, Bruselas, Bélgica; Marin Driguez, fotógrafo; cortesía del fotógrafo.

86: Ema Jean (Emanuelle Kami); Presentación del álbum Room For Fascination en Casa Del Popolo, Montreal, Canadá; Sharon Cheerma, fotógrafa; cortesía de la artista.

89 Christian McBride's Inside Straight (Christian McBride, Peter Martin, Carl Allen, Steve Wilson, Warren Wolff) siendo fotografiados por David Salafia; Britt Ryan, fotografía; cortesía del fotógrafo.

94 Diapositiva 1 Peso vs. Riesgo. ***(izquierda)*** Snarky Puppy; Moe's Alley, Santa Cruz California, EE.UU.; Cynthia St. John, fotografía; cortesía del fotógrafo. ***(derecha)*** Snarky Puppy; Royal Albert Hall, Londres, Inglaterra, UK; Justin de Souza, fotografía; cortesía de GroundUP Music.

96 Diapositiva 2 Potencial bruto. Bozar, Bruselas, Bélgica. Imagen cortesía del *venue*.

97 ***(superior)*** Diapositiva 3 Costo del show (Gastos). Emmet Cohen Trío; Newport Jazz Festival, Newport, RI, EE.UU.; Gabriela Gabrielaa, fotografía; cortesía del artista. ***(inferior)*** Diapositiva 4 Punto de equilibrio. Dhangsha and Bantu; Amar Cura, fotografía; cortesía del fotógrafo.

98 Diapositiva 5 Punto de reparto. D'DAT (Mike McCluhan, Def-I, Nick Lucero, Delbert Anderson); Totah Theatre, Farmington, Nuevo México, EE.UU.; David Greenberg, fotografía; cortesía del fotógrafo.

99 Diapositiva 6 Ganancia final. Aubrey Johnson Quintet; The Nest, Brooklyn, Nueva York; cortesía del artista.

103 Diapositiva 11 Giras sostenibles, Manteniendo una relación. Joyce Cheung, Dean Li, Jackiz Tsang; Lau Bak Livehouse, West Kowloon Cultural District, Hong Kong, China; Winnie Yeung/ Visual Voice, fotografía; cortesía de West Kowloon Cultural District Authority.

104 Diapositiva 12 Giras sostenibles, Primer show. Snarky Puppy; Moe's Alley, Santa Cruz, California, EE.UU.; Cynthia St. John, fotografía; cortesía del fotógrafo.

105 Diapositiva 13 Giras sostenibles, Segundo show. Daniel Rotem Quinteto; The Blue Whale, Los Ángeles, California, EE.UU.; cortesía del artista.

106 Diapositiva 14 Giras sostenibles, Tercer show. Gulfer cargando una Greenvans, Beverly, Massachusetts, EE.UU.; David Mitchell, fotografía; cortesía de Greenvans.

108 Ema Jean (Emanuelle Kami), David Osei-Afrifa; Upstairs Jazz Bar and Grill, Montreal, Canadá; Sharon Cheema, fotografía; cortesía del artista.

113 Diapositiva 17 Ruta de gira Consejo #1. Bebop Club, Buenos Aires, Argentina. Imagen cortesía del *venue*.

114 Josh, Kitt Lau, Nelson Fung, Wong Tak Chung; Harbourside, Lawn West, West Kowloon Cultural District, Hong Kong, China. fotógrafo de Pattor/Luster Angle; cortesía del West Kowloon Cultural District Authority.

115 Set de batería de Nicholas Lucero (D'DAT); ENMU (Eastern New Mexico University, Portales, Nuevo México, EE.UU., aunque reside en Farmington, Nuevo México, EE.UU.; Nicholas Lucero, fotografía; cortesía del fotógrafo.

116 Momi Maiga/Kora Days; Studio, Bozar, Bruselas, Bélgica; Marin Driguez, fotografía, cortesía del fotógrafo.

122 Melissa Aldana Cuarteto; Voll-Damm Barcelona Jazz Fest, Barcelona, España; Hal Masonberg, fotografía; cortesía de Voll-Damm Barcelona Jazz Festival/TheProject Music Company, S.L.

130 Barrence Whitfield & The Savages esperando entre bastidores antes de una actuación; cortesía del artista.

132 The Burning Paris; Fete Music Hall, Providence, Rhode Island, EE.UU.; Amanda Montague, fotografía; cortesía del artista.

133 Duchess y Antonio Sanchez & Bad Hombre en tour; fotografías y pies de foto cortesía de los artistas.

134 ***(izquierda a derecha)*** Todd Londagin, Lucy Woodward, Corey A. Wallace, Andy LaViolette director de cámara, video musical tomado por "Live Live Live" del álbum ***Till They Bang On The Door*** de Lucy Woodward; Shapeshifter Lab, Brooklyn, Nueva York, EE.UU.; Mikiodo, fotografía, cortesía del artista.

136 Looppool actuando en The Box, Freespace, West Kowloon Cultural District, Hong Kong, China; Winnie Yeung, fotografía; cortesía de West Kowloon Cultural District Authority.

137 La portada de la desbordante cuenta de Instagram de Lydia Liebman. Cortesía de Lydia Liebman.

141 Fotos publicitarias del lanzamiento de *Far From Over*, Vijay Iyer Sexteto (Vijay Iyer, Graham Haynes, Steve Lehman, Mark Shim, Stephan Crump; Tyshawn Sorey); Lynne Harty, fotografía; cortesía de ECM Records y Music Works International.

142 Monty Alexander; Foto publicitaria utilizada en el folleto 2-Up; Caterina Zapponi, fotografía; cortesía del fotógrafo.

143 Imagen del video de anuncio de Monty Alexander Image; cortesía del artista.

144 Imágenes de los vídeos promocionales de Barrence Whitfield and the Savages editadas por David Greenberg; cortesía del artista.

144 Páginas del libro *Barrence Whitfield and the Savages: You Need To Know* This escritas y diseñadas por David Greenberg; cortesía del diseñador.

147 Jason Lilly, Kailey Zercher de The Womps; Buffalo's Mohawk Cafe, Buffalo, Nueva York, EE.UU.; Emily Beagles, fotógrafa; cortesía del artista.

149 Sirintip, Maia Schecter, Nitcha Tothong/Director/ Director artístico, Phapfun Watcharasombat/Productor, Winnie Asawakanjanakit/Coreografía, Tucchtram Thientawach/Colorista rodaje del vídeo musical de «Plastic Bird featuring Alex Hahn» del álbum *Carbon* de Siritntip; The Atrium, Bushwick, Brooklyn, Nueva York, EE.UU.; Brick Thana, fotógrafo, Derek Siyarngnork, director de fotografía; fotografías por cortesía del artista, capturas de pantalla del vídeo.

158 Richard Bona; Freespace, Distrito Cultural de West Kowloon, Hong Kong, China; Winnie Yeung/Visual Sounds, fotógrafa; fotografía cortesía de la Autoridad del Distrito Cultural de West Kowloon.

166 ***(arriba a la izquierda)*** Hoja de códigos QR de 12 páginas que promociona el registro en el sitio web de Nicole Zuratis y su álbum ***How Love Begins,*** nominado a los Grammy; abajo se muestra la ubicación del enlace, aunque siempre se puede saltar desde la imagen del QR. ***(arriba a la derecha)*** Hoja maestra de impresión de códigos QR promocionando el álbum de Nduduzo Makhathini, ***In The Spirit Of Ntu***; el enlace aparece más abajo.

169 Lucy Woodward; JazzX, Festival de Jazz de Timişoara, Timişoara, Rumanía; cortesía de la artista.

171 Screengrabs de medios sociales de la página de Facebook de Monty Alexander de contenido publicado para su fecha en The Apex, Bury St Edmunds, Suffolk, Reino Unido. Puedes encontrar el vídeo de su *Harlem Kingston Express Vacation In Jamaica* en el canal de YouTube de Music Works International, ya que hemos reunido 15 minutos de música de Monty con un vídeo de viaje de su país natal, Jamaica.

172 Captura de pantalla de la página de artista de Kinga Głyk en Spotify. Su número de oyentes mensuales ha aumentado desde entonces y seguro que aumentará tras su debut producido por Michael League en el sello GroundUP de Snarky Puppy, que saldrá a la venta a principios de 2024.

175 Captura de pantalla de la página web de KUVO Jazz promocionando la cornucopia de jazz en streaming que es el programa Live From Emmet's Place del pianista Emmet Cohen y grabado en su apartamento/estudio situado en Harlem, NY, EE UU.

176 Sirintip; Estación Central de Estocolmo (en sueco: Stockholms centralstation), Estocolmo, Suecia; foto de Nolan Byrd por cortesía del artista.

180 La directora de MWI, Katherine McVicker, y el director artístico del Festival de Jazz de Newport, Christian McBride, entre bastidores en el Festival de Jazz de Newport, Newport, RI. EE.UU. Tenga en cuenta que el Sr. McBride es tan polifacético que debería leer su mini biografía en la sección *Músicos, venues, festivales y más*, más abajo, para hacerse una idea de su larga y profunda carrera.

190 - 191 Público; Sala Henry Le Boeuf, Bozar, Bruselas, Bélgica; Marin Driguez, fotógrafo; cortesía del fotógrafo.

Músicos, Venues, Festivales y Más

Eche un vistazo a los artistas, *venues* y festivales que amablemente nos han prestado sus imágenes para nuestro libro:

ANTONIO SÁNCHEZ antoniosanchez.net
Desde que se trasladó a Nueva York en 1999, Antonio Sánchez se ha convertido en uno de los bateristas más solicitados de la escena internacional del jazz. Tras 18 años y nueve álbumes como uno de los colaboradores más venerados del guitarrista y compositor Pat Metheny, también ha grabado y actuado con muchos otros artistas de la talla de Chick Corea, Gary Burton, Michael Brecker, Charlie Haden y Toots Thielmans. Su último proyecto de colaboración, Bad Hombre, publicó su último álbum *SHIFT (Bad Hombre Vol. II)* en la primavera de 2022. El álbum es una colección de canciones de un espectro de cantautores internacionales reimaginadas por Sánchez para convertirse en algo nuevo.

AUBREY JOHNSON aubreyjohnsonmusic.com
Aubrey Johnson es una vocalista, compositora y educadora afincada en Nueva York especializada en jazz, música brasileña y música contemporánea creativa con y sin palabras. Tiene un máster en interpretación de jazz por el Conservatorio de Nueva Inglaterra. Lanzó su álbum debut, Unraveled, de sus propias composiciones y arreglos, en el otoño de 2019. Actualmente enseña en Berklee College of Music en el Departamento de Voz, y en el Programa de Maestría de Jazz en Queens College en la ciudad de Nueva York. También ha ocupado puestos docentes en el Conservatorio de Nueva Inglaterra y en la Universidad Estatal de Montclair.

BARRENCE WHITFIELD AND THE SAVAGES
facebook.com/BarrenceWhitfieldSavages/
Barrence Whitfield & the Savages salieron disparados de Boston a mediados de los 80 con la fuerza de una bala de cañón. A través de sus sudorosos espectáculos en fiestas de baile y su amor por el soul primitivo, fueron al R&B lo que los Cramps fueron al rockabilly: una droga musical de iniciación para los nacientes genios de las raíces underground (entre ellos un futuro cofundador de Bloodshot, Rob Miller, con los ojos muy abiertos y las orejas cubiertas de rocío). Junto con los Savage originales Peter Greenberg (The Lyres, DMZ) y Phil Lenker, publicaron varios discos en Rounder, se convirtieron en uno de los favoritos del DJ de la BBC Andy Kersha y ganaron siete Boston Music Awards. Se volvieron a reunir en 2011 con los nuevos Savages Andy Jody a la batería y Tom Quartulli al saxo, girando con bandas como The Sonics, apareciendo en SXSW y actuando en directo en el famoso programa de televisión musical nocturno *Later...with Jools Holland* de la BBC en 2013.

BEBOB CLUB bebopclub.com.ar
El Bebob Club de Buenos Aires (Argentina) es uno de los locales más importantes de Sudamérica. Inaugurado en 2014, se convirtió rápidamente en un sello distintivo de la escena musical de la ciudad y la región. Su nuevo espacio en el barrio de Palermo Soho tiene capacidad para 160 personas y presenta dos shows por día. Desde 2016, acoge el prestigioso Festival Internacional de Jazz de Buenos Aires y ha sido seleccionado por el sello Blue Note para las celebraciones de su 75 aniversario.

BOKANTÉ bokante.com
Bokanté: el supergrupo fundado por el músico y compositor Michael League, del colectivo de jazz instrumental Snarky Puppy, ganador de un Grammy, criado en Texas y afincado en Nueva York. Una fusión de músicos de cinco países, cuatro continentes, diferentes

géneros, razas y generaciones que trabajan en armonía, celebrando la individualidad. Una banda cuyos miembros están unidos en la creencia de que la música debe ser la voz de los sin voz, una fuerza de cambio contra la creciente marea de exclusión e indiferencia en un mundo que, bueno, está llegando a un punto de ebullición.

BOZAR bozar.be
Situado en Bruselas, BE, BOZAR, el proyecto cultural del Centro de Bellas Artes, ofrece un programa cultural dinámico y diversificado de conciertos y exposiciones: un enfoque multidisciplinar en el que debates, teatro, cine, literatura y otras disciplinas se dan cita para reflexionar sobre las conexiones entre arte y sociedad.

BRAȘOV JAZZ AND BLUES FESTIVAL brasovjazz.ro
El Festival de Jazz y Blues de Brasov está organizado por la Asociación Cultural Fanzin y cofinanciado por la Diputación de Brasov y el Ayuntamiento de Brasov (Rumanía).

BUFFALO'S MOHAWK PLACE buffalosmohawkplace.com
El Mohawk Place de Búfalo ha sido un lugar básico de la escena musical del oeste de Nueva York desde 1990, con actuaciones de Jack White, Link Wray y Black Keys, entre otros. Aunque cerró brevemente en 2013, fue adquirido y reabierto por su nuevo propietario Richard Platt en dos años, recuperando un escenario importante en el entramado musical de la ciudad.

CARL ALLEN carlallen.com
Con más de 200 grabaciones en su haber, el talentoso batería nacido en Milwaukee y afincado en Nueva York, acompañante, director de orquesta, empresario y educador, Carl Allen, con sus profundas y propulsivas percusiones, proporcionó un apoyo conmovedor y sincopado durante casi tres décadas.

CASA DEL POPOLO casadelpopolo.com
Fundada en septiembre de 2000, la Casa del Popolo (Casa del Pueblo) es desde hace tiempo la sede de conciertos, eventos y otros encuentros independientes, experimentales y comunitarios de Montreal. Es en parte un local de música, en parte un bar con DJ en directo todos los fines de semana y en parte un restaurante. La Casa es un lugar íntimo y cálido para reunirse con amigos y ver las actuaciones en directo más memorables de artistas locales y visitantes.

CLOCKENFLAP clockenflap.com
Clockenflap es el principal festival de música y arte al aire libre de Asia, y uno de los platos fuertes del calendario cultural anual de Hong Kong. Cultivando y celebrando la creatividad, el festival es una mezcla sin igual de talento local e internacional con la misión de inspirar a través de la música y las artes. Con una deslumbrante y diversa selección de actividades y atracciones, Clockenflap es un festival de talla mundial que anima a la gente a reunirse con apertura e imaginación.

CHARLOTTE CAMPBELL charlottecampbell.co.uk
Las alegres y divertidas versiones de clásicos del pop de Charlotte son un éxito para todas las edades. A menudo se la encuentra tocando en las orillas del río Támesis y en las estaciones de tren más concurridas de Londres. Las actuaciones callejeras de Charlotte le han llevado a vender todas las entradas para sus espectáculos en Londres y a participar en los festivales de Cornbury, Henley y Glastonbury. Charlotte ha creado una base de fans en Internet a través del arte callejero y ha publicado su música de forma independiente. En 2021 sus canciones originales aparecieron en el programa de ITV Love Island, junto con su versión de «Mr. Brightside» de The Killers.

CHRISTIAN McBRIDE christianmcbride.com
Christian McBride es un bajista, compositor y director de orquesta ganador de ocho premios GRAMMY. Es director artístico del histórico Festival de Jazz de Newport, del New Jersey Performing Arts Center (NJPAC), del TD James Moody Jazz Festival y del Museo Nacional de Jazz de Harlem. McBride es también un respetado educador y defensor de la juventud, y ejerce de Director Artístico de Jazz House KiDS y de las Jazz Aspen Snowmass Summer Sessions. Además de la dirección artística y las giras constantes con sus conjuntos, presenta «Jazz Night in America» de NPR y «The Lowdown: Conversations With Christian» en SiriusXM.

COREY A. WALLACE cawallacemusic.com
El trombonista y nativo de Baltimore, Maryland, Corey Wallace se ha ganado el respeto y la admiración de muchos en su incesante búsqueda de la buena música y de experiencias vitales asombrosas. Durante más de una década, Wallace se ha hecho un hueco como parte vital de la escena neoyorquina como líder, colaborador, intérprete, comisario, director musical y freelance. Ha actuado en grandes bandas/secciones de trompa/orquestas/ensambles para conciertos, festivales, grabaciones y apariciones en televisión con una extensa lista de colaboradores icónicos.

CSK (Centrum Spotkania Kultur) csklublin.pl
El CSK es la mayor institución cultural de la orilla oriental del río Vístula, en Polonia. Está situado en el corazón de la provincia de Lublin y depende del gobierno provincial. Es un lugar donde confluyen el pasado y el futuro; la alta cultura y la popular, el arte tradicional y el contemporáneo. En los últimos años se han presentado aquí artistas polacos y extranjeros que representan casi todas las formas de arte.

D'DAT ddatlive.com
Habiendo aparecido en NPR, Yahoo, MIC.com, SiriusXM, TED Talks, y más, Por una buena razón, D'DAT han sido descritos con los términos de «Funky», «Poético», «Complejo», «Pensamiento Adelantado», «Fuera de la Caja» y «Malas Madres». Combinando las inspiradoras y sentidas letras de James Pakootas con el duro fuego instrumental del galardonado trompetista Delbert Anderson, el profundo funk del artista de giras internacionales y batería Nicholas Lucero, y el groove intelectualmente explorador y expansivo de Mike McCluhan al bajo, D'DAT se ha labrado su propio camino con influencias forjadas en el alto desierto y una musicalidad de talla mundial.

DANIEL ROTEM danielrotem.com
Daniel Rotem es saxofonista, compositor, arreglista, director de orquesta y pedagogo. Criado en Israel, junto al mar Mediterráneo, Daniel se enamoró de la libertad y el potencial de expresión que encontró en el jazz cuando empezó a tocar el saxofón siendo adolescente. Sus comienzos musicales en la Thelma Yellin High School for the Arts y la Rimon School of Music de Israel inculcaron en Daniel una profunda reverencia y amor por la tradición y la historia del jazz, y un anhelo de viajar por todas partes para recibir la mejor educación musical posible, dentro y fuera del escenario. Tuvo la suerte de experimentar ambas cosas: Se graduó en el Berklee College of Music y en el Thelonious Monk Institute of Jazz Performance (ahora Instituto Herbie Hancock), y también tuvo el privilegio de tocar y grabar con artistas como Herbie Hancock, Wayne Shorter, Dee Dee Bridgewater, Billy Childs, Terri Lyne Carrington, Stevie Wonder, Jeff Parker, Darek Oles, Lionel Loueke, Miguel Atwood-Ferguson, Josh Nelson, Anat Cohen, Sara Gazarek y muchos más.

DEAN LI gingermuse.com/jazzical-artists
Dean Li es un baterista de sesión profesional con amplia experiencia en actuaciones en directo. Empezó a aprender música muy joven. Li estudió con los aclamados bateristas locales Eason Siu y Lawrence Tsui cuando tenía 15 años. Como joven de la industria musical local, Dean ya ha tocado con músicos de todas las generaciones, especialmente con los de la nueva generación, como Kandy Wong, Subyub Lee, Michael Lai, Don Ng y Takki Wong. Además, recientemente ha sido miembro principal de la banda de folk-rock Stranded Whale y del grupo de jazz Pentatonic Jazz Fusion Band.

DELBERT ANDERSON delbertanderson.com
El trompetista Delbert Anderson crea caminos musicales inspirados en el Diné. Anderson preserva su música cultural creando una base de nuevas melodías diné y las fusiona a través del jazz, el jam y el funk. Cada camino sirve a la cultura indígena a través de relatos, sanación, historia y colaboración. Anderson ha aparecido en The New York Times, JazzTimes, Grammy.com, NASA, NPR Music Top 10, Smithsonian Magazine, Yahoo/Mic.com, TEDx, PBS, FNX Television y muchos más. Anderson también ha recibido el Cultural Capital Fellowship 2023 de First Peoples Fund, Jazz Road Touring Grant 2023 de South Arts, Arts Forward 2022 financiado por la Andrew W. Mellon Foundation, 2021-22 Presenters Consortium for Jazz Award de Chamber Music America financiado por la Doris Duke Charitable Foundation, 2022 Collective Spirit Award de First Peoples Fund, 2022 Jazz Road Creative Residency de South Arts financiado por Doris Duke Charitable Foundation y la Andrew W. Mellon Foundation, 2021 Emerging/Leaders of Color Program de Western States Arts Federation y el 2019-22 Native Launchpad Award de Advancing Indigenous Performance con Western Arts Alliance.

DHANGSHA+BANTU
sound-space.bandcamp.com/album/dhangsha
Dhangsha es el álbum homónimo del músico electrónico Aniruddha Das. Los temas son un conjunto de instrumentales oscuros y angustiosos en los que motivos cíclicos de sintetizador mutan sobre ritmos inestables y desintegradores, describiendo un mundo en estado de cambio. Urgentes pulsaciones de bajo apuntalan violentas fluctuaciones en la atmósfera superior. Hay un cuestionamiento incesante, una lucha por comprender, como antropólogos alienígenas en una febril discusión sobre lo que ha ido mal aquí. Las síncopas disparatadas nos obligan a recorrer rutas desconocidas, tanto físicas como mentales. Aniruddha es más conocido como «Dr. Das», bajista y miembro fundador de Asian Dub Foundation. Inauguró Dhangsha en 2018, para retomar su exploración del ritmo y el ruido experimentales, que se remonta a más de 30 años, anteriores a su implicación con el dub. Este álbum revela su amor por el sonido de Detroit, en particular Underground Resistance y Robert Hood, aunque ha programado

una propulsión mucho más abstracta. A esto se añade una estética sucia, resultado de una prolongada exposición al álbum Dark Magus de Miles Davis. Das es miembro integrante del colectivo musical IR::Indigenous Resistance.

DJ TROTSKY djtrotsky.com
La estética de DJ Trotsky se caracteriza por sus canciones bien elaboradas, rebosantes de melodías contagiosas y letras a menudo íntimas y vulnerables. A partir de este núcleo, elabora temas modernos y elegantes, fruto de toda una vida de búsqueda de cajas como DJ y de tocar instrumentos orgánicos en grupos de rock, así como de su incansable deseo de buscar siempre nuevos sonidos. A lo largo de su trayectoria, DJ Trotsky ha tocado en grupos de funk en San Francisco, ha vivido el renacimiento de la música electrónica de baile moderna en Ibiza (España) y se ha deleitado con los estruendos del punk, el hip-hop primitivo y la música de baile en aquellos momentos sísmicos y formativos de la música en Nueva York, en el Mudd Club y el CBGBs. También ha actuado como DJ en fiestas exclusivas en locales vibrantes de Bali, Tailandia, Ibiza y Estonia.

DUCHESS duchesstrio.com
Duchess es un trío vocal de jazz formado por las notables cantantes neoyorquinas Amy Cervini, Hilary Gardner y Melissa Stylianou. Mezclando lo clásico y lo contemporáneo, el trío ha actuado en los principales festivales y clubes de jazz más prestigiosos de Estados Unidos, Canadá, Europa e Israel, ganándose con razón una reputación por su belleza vocal y su gran diversión. Duchess ganó el premio al «Grupo Vocal del Año» durante dos años consecutivos en los Premios de la Asociación de Periodistas de Jazz de 2021 y 2022, y fue nombrado «Mejor Grupo Vocal» en la Encuesta de Críticos del Jazz Times de 2021.

EMANUELLE KAMI (EMA JEAN) emanuellekami.bandcamp.com/
El polifacético pianista y compositor de jazz estadounidense Emmet Cohen es una de las figuras fundamentales de su generación en la música y las artes afines. Líder del Emmet Cohen Trio y creador de la Masters Legacy Series, es un artista de jazz aclamado internacionalmente, un dedicado educador, ganador de los American Pianists Awards 2019 y finalista del Concurso Internacional de Piano Thelonious Monk 2011. Cohen es cabeza de cartel regularmente en Jazz at Lincoln Center, el Village Vanguard y Birdland, y ha aparecido en los festivales de jazz de Newport, Monterey y North Sea. Su arte le ha llevado a salas y festivales de más de 30 países. La energía emprendedora de Cohen le llevó a desarrollar «Live From Emmet's Place», una «fiesta de alquiler en Harlem» retransmitida en directo que une a una audiencia mundial a través de decenas de millones de visitas en Internet. Cohen ha publicado más de diez álbumes como líder y ha actuado o grabado con Ron Carter, Benny Golson, Jimmy Cobb, George Coleman, Jimmy Heath, Tootie Heath, Houston Person, Christian McBride y Kurt Elling.

EMMET COHEN emmetcohen.com
Multifaceted American jazz pianist and composer Emmet Cohen is one of his generation's pivotal figures in music and the related arts. Leader of the Emmet Cohen Trio and creator of the Masters Legacy Series, he is an internationally acclaimed jazz artist, a dedicated educator, the winner of the 2019 American Pianists Awards, and a finalist in the 2011 Thelonious Monk International Piano Competition. Cohen headlines regularly at Jazz at Lincoln Center, the Village Vanguard, and Birdland, and has appeared at the Newport, Monterey, and North Sea jazz festivals. His artistry has taken him to venues and festivals in over 30 countries. Cohen's entrepreneurial energies led to his developing "Live From Emmet's Place," a live-streamed "Harlem rent party" that unites a worldwide audience via tens of millions of internet views. Cohen has released over ten albums as leader and has performed or recorded with Ron Carter, Benny Golson, Jimmy Cobb, George Coleman, Jimmy Heath, Tootie Heath, Houston Person, Christian McBride, and Kurt Elling.

FETE MUSIC HALL fetemusic.com
Fête Music Hall, en Providence, RI, Estados Unidos, es el principal destino de Nueva Inglaterra para música en directo y eventos. Con un público tan diverso como la propia Nueva Inglaterra, Fête se dedica a crear un refugio donde todos puedan reunirse para celebrar las artes. El Ballroom y el Lounge cuentan con los sistemas de sonido más avanzados de Fulcrum Acoustic. El interior está inmaculadamente diseñado y elaborado por el propietario, el artista y filántropo Nicolas Bauta.

FUNCHAL JAZZ FESTIVAL funchaljazz.com
Funchal es la capital del archipiélago portugués de Madeira, frente a las costas del norte de África. Desde el año 2000 se celebra en la isla el Festival de Jazz de Funchal, que reúne a grandes nombres del jazz portugués e internacional.

GABRIELLE CAVASSA gabriellecavassa.com
Gabrielle Cavassa es una vocalista-compositora estadounidense de ascendencia italiana que está acaparando la atención por su voz distintiva y su expresión íntima. Fue coronada ganadora del Concurso Internacional Sarah Vaughan Jazz Vocal en 2021 tras el lanzamiento independiente de su álbum debut, aclamado por la crítica. Cavassa aparece en el álbum inaugural del saxofonista Joshua Redman con Blue Note Records, Where Are We, publicado en septiembre de 2023.

GRACE KELLY gracekellymusic.com
Un prodigio musical inequívoco, la cantante, saxofonista, compositora y líder de banda Grace Kelly ha sacudido el mundo del jazz con conciertos con todas las entradas agotadas, 14 aclamados álbumes y un currículum que incluye actuaciones en el Hollywood Bowl, así como formar parte de la banda de «The Late Show with Stephen Colbert», todo ello antes de alcanzar la veintena. Desde octubre de 2022 es el miembro más joven del Consejo de Administración del Berklee College of Music. En colaboración con el Berklee College of Music, Kelly creó el Fondo de Becas Fred Taylor produciendo, actuando como maestra de ceremonias y actuando en un concierto benéfico de estrellas en el Berklee Performance Center el 12 de septiembre de 2017, recaudando fondos suficientes para establecer un fondo de becas dotado.

GREENVANS rentgreenvans.com
Anthony Rovedo y Andrew Reitz comenzaron Greenvans en 2008 con una furgoneta y una idea a medias para alquilar a sus amigos en las bandas de gira. Esa idea se convirtió en una empresa de alquiler de furgonetas con más furgonetas y más amigos que dependen de nosotros para el transporte de gira asequible, fiable y seguro. Tomaron lo que aprendimos de nuestras propias experiencias tocando en bandas de gira y crearon una empresa construida por músicos para músicos. Una década, más unos pocos años después, han trabajado duro para extender el mismo nivel de atención y servicio, no sólo a los músicos de gira, sino a cualquiera que quiera hacer negocios con una empresa de alquiler en la que puedan confiar.

GROUNDUP MUSIC groundupmusic.net
GroundUP Music es un sello creado por el multiinstrumentista, productor y director de orquesta Michael League, ganador de cinco premios Grammy, para su grupo de jazz fusión Snarky Puppy. Creado para el sexto álbum de estudio de la banda, el sello ha crecido, no sólo publicando álbumes de Snarky Puppy, sino también lanzando exitosas carreras en solitario para muchos de los miembros del grupo y asumiendo su propia lista de célebres artistas que abarcan continentes y géneros.

GROUNDUP MUSIC FESTIVAL (GUMFest)
groundupmusicfestival.com
GroundUP Music Festival fue fundado en 2017 por Paul Lehr, veterano de las artes y CEO de Miami, y Michael League, director artístico y líder de la banda Snarky Puppy. Conocido por su ambiente relajado e íntimo, dentro de los confines del North Miami Beach Bandshell, la curaduría de League trae al Festival alineaciones salvajemente dinámicas de artistas difíciles de definir. Locales y promotores de todo el mundo acuden para ver a grupos que deberían conocer, pero no lo hacen. También para escuchar a los iconos musicales que actúan como Artistas Residentes de GroundUP colaborando con los artistas más jóvenes que desafían exuberantemente los géneros. El Festival es un relajado oasis de auténtica comunidad, a pocos pasos de las arenas de Miami Beach.

GULFER gulfer.bandcamp.com
Gulfer es una banda de rock canadiense de Montreal, Quebec, Canadá. Se formó en 2011 y está compuesta por David Mitchell, Vincent Ford, Joe Therriault y Julien Daoust. Su sonido hace uso de compases extraños, tapping, tonos limpios de guitarra, dinámicas tonales cambiantes y letras introspectivas. «En lugar de aferrarse a su juventud -el camino elegido a menudo por las bandas de guitarra emo-adyacentes de su clase- el cuarteto de Montreal se enfrenta a las realidades de entrar en los veintitantos en su nuevo álbum autotitulado, desde la disolución de amistades decepcionantes a la cómoda cadencia de la duda. No hay una lista de quejas ni muestras de narcisismo autocompasivo. En su lugar, Gulfer utilizan el álbum como caja de resonancia de los miedos cotidianos de la edad adulta, al tiempo que se afianzan en la madurez musical y lírica». / Pitchfork

HAMILTON DE HOLANDA hamiltondeholanda.com
Con 33 de sus 38 años dedicados a la música profesional y 26 álbumes en su discografía, Hamilton de Holanda lleva toda una vida evolucionando su estilo único de tocar y ha reinventado la mandolina de 10 cuerdas. Ha transformado su principal influencia desde la infancia, la música Choro brasileña, sin alterar sus raíces, desafiando las etiquetas de género e insistiendo en que lo único que importa

es que la música sea bella. Ha grabado o compartido escenario con Egberto Gismonti, Hermeto Pascoal, Milton Nascimento, Chucho Valdés, Wynton Marsalis, Chic Corea, Buena Vista Social Club, Béla Fleck and the Flecktones, John Paul Jones (Led Zeppelin), Djavan, Cesaria Evora, Melody Gardot, Richard Galliano, Stefano Bollani, Seu Jorge, Ivan Lins y Paquito D'rivera.

HARBOURSIDE LAWN WEST westkowloon.hk/en/artpark
El Art Park, donde se ubica el escenario Harbourside para los conciertos, está dentro del Distrito Cultural de Kowloon Oeste. Cuenta con un extenso paseo marítimo, amplias vistas del puerto Victoria, espacios abiertos con césped y senderos, creando un oasis urbano para el ocio, la relajación y los animales domésticos. Desde bistros y cafés que admiten mascotas hasta restaurantes de lujo, el Parque del Arte ofrece un sinfín de opciones gastronómicas frente al puerto. También dispone de una gran variedad de opciones de ocio en interiores y al aire libre, como Freespace, un centro de artes escénicas contemporáneas. Entre sus servicios se incluyen SmartBikes de alquiler y dispensadores de agua en varios puntos.

JACKIZ TSANG gingermuse.com/jazzical-artists
Jackiz Tsang es un bajista afincado en Hong Kong desde hace años. También es un experimentado instructor de bajo que además tiene un perfil versátil en la interpretación. Ha actuado con diversos artistas de la ciudad o de todo el mundo, como Jayesslee, Peter Yarrow, Albert Au, Ruth Chen, Frances Yip, Alan Tam, Corinna Chamberlain, Peter & Andrew Cheung, Lucia Martinez, Dominic Chow, Justin Lo, Phil Lam y muchos más. Jackiz también participa regularmente en dos grupos de música original, como Green Bean, de estilo fusión-rock, y Ocean Boulevard, de orientación japonesa.

JAVON JACKSON javonjackson.com
Nacido el 16 de junio de 1965 en Carthage, Missouri, Jackson se crió en Denver, Colorado, y eligió el saxofón a los 10 años. A los 16, cambió el alto por el tenor y más tarde se matriculó en la Universidad de Denver antes de pasar parte de 1985-86 en el Berklee College of Music de Boston. Abandonó Berklee en 1986 para unirse a los Jazz Messengers de Art Blakey y permaneció en el grupo hasta el fallecimiento de Blakey en 1990. Al año siguiente, Jackson hizo su debut discográfico con *Me and Mr. Jones*, con James Williams, Christian McBride y el maestro de batería Elvin Jones. Se unió al grupo de Jones en 1992, apareciendo en sus álbumes *Youngblood* y *Going Home*. El debut de Jackson en Blue Note en 1994, *When the Time Is Right*, fue un asunto directo producido por la icónica vocalista de jazz y directora de orquesta Betty Carter. Sus cuatro grabaciones posteriores para el sello Blue Note hasta los años 90 fueron producidas por Craig Street y presentaban programas salvajemente eclécticos que iban desde Caetano Veloso, Frank Zappa y Santana hasta Muddy Waters, Al Green y Serge Gainsbourg. Jackson siguió con cuatro grabaciones para el sello Palmetto en las que exploró una mezcla de funk, jazz y soul con acompañantes estelares como el organista Dr. Lonnie Smith, los guitarristas Mark Whitfield y David Gilmore, el trombonista Fred Wesley y el batería Lenny White.

JAZZX plai.ro/jazz/
Creado en 2013 como candidatura al título de Capital Europea de la Cultura, JAZZx ha evolucionado a lo largo de nueve ediciones, atrayendo a aclamados artistas como Richard Bona, David Murray & Macy Gray, Terri Lyne Carrington, Lizz Wright, Anoushka Shankar, Dianne Reeves, Marcus Miller, The Chick Corea Elektric Band, Monty Alexander, Chief Adjuah (entonces conocido como Christian Scott), John Beasley & Monk'ESTRA, Jazzmeia Horn, Yussef Dayes, Tank & the Bangas, Gonzalo Rubalcaba, Jazz at Lincoln Center con Wynton Marsalis, Hiromi - The Piano Quintet, y Stanley Clarke. JAZZx se ha convertido en un faro para celebrar el multiculturalismo y la vibrante energía de Timişoara, rehabilitando el valor de las acciones culturales accesibles y subrayando al mismo tiempo la calidad y la importancia de la cultura en una comunidad sana. Como parte de «Timişoara: Capital Europea de la Cultura», un programa nacional de Rumanía, el festival está financiado por el Consejo del Condado de Timiş, y lo organiza el Museo Nacional de Banat en colaboración con el Centro Cultural PLAI. El festival sigue siendo un evento gratuito.

JETLAG FESTIVAL jetlagfestival.com
JetLAG es el mayor festival de músicas eslavas, balcánicas y de Europa del Este en Estados Unidos. Fundado en 2008 por un grupo de artistas y activistas culturales, es un festival de acampada al aire libre en las montañas Catskill de Nueva York que pone de relieve las tendencias tradicionales y contemporáneas de la música, la poesía y la interpretación. Las actuaciones comisariadas abarcan desde los grandes nombres a los nuevos descubrimientos, en JetLAG escuchará de todo, desde rock avant garde a wave balcánico y klezmer; desde trance psicodélico a folk eslavo y poesía cantada; reggae, rap, cabaret, math rock experimental. Por si fuera poco, prometen que la cosa se pondrá más rara. JetLAG gira en torno a la espontaneidad, la creatividad y la colisión de continentes con la misión de presentar y representar expresiones bellas, apasionadas y creativas en el arte y la música. Podrás acampar, disfrutar de música en directo de todos los géneros, improvisar junto al fuego, participar en actividades artísticas y teatrales, conocer talleres, idiomas y culturas, enviar a tus hijos a jugar y, en definitiva, volverte loco.

JOSHUA REDMAN joshuaredman.com
Joshua Redman es uno de los artistas de jazz más aclamados y carismáticos surgidos en la década de 1990. Nacido en Berkeley, California, es hijo del legendario saxofonista Dewey Redman y de la bailarina Renee Shedroff. En 1991, Redman se graduó summa cum laude en el Harvard College y ya había sido aceptado por la Facultad de Derecho de Yale, pero aplazó su ingreso por lo que creía que sólo iba a ser un año. En su lugar, se trasladó a Nueva York e inmediatamente se vio inmerso en la floreciente escena jazzística de la ciudad. Cinco meses después, Redman fue nombrado ganador del prestigioso Concurso Internacional de Saxofón Thelonious Monk. Desde entonces, Redman ha trabajado y tocado con un amplio abanico de luminarias del jazz, ha publicado más de veinte álbumes (Warner y Nonesuch) y ha obtenido los máximos honores en las encuestas de críticos y lectores de DownBeat, Jazz Times, The Village Voice y Rolling Stone. Su último álbum, Where Are We, su primer proyecto vocal y debut en el legendario sello Nonesuch, cuenta con la participación de la vocalista Gabrielle Cavassa, el pianista Aaron Parks, el bajista Joe Sanders y el batería Brian Blade, además de invitados especiales como Nicholas Payton a la trompeta, Kurt Rosenwinkel a la guitarra, Peter Bernstein a la guitarra y Joel Ross al vibráfono.

JOYCE CHEUNG gingermuse.com/jazzical-artists
Joyce Cheung es una pianista, arreglista y compositora de jazz afincada en Hong Kong, y co-directora artística del organizador de festivales Music Lab. Intérprete consagrada, colabora frecuentemente con aclamados artistas de Hong Kong como Chan Fai-young, Joey Yung, On Chan y Grasshopper. Cheung pasó sus años de formación en el Berklee College of Music, donde obtuvo una matrícula de honor en Film Scoring, Contemporary Writing and Production en 2014, y un máster en Contemporary Performance en 2017. Su álbum debut, Set Loose, se publicó en septiembre de 2020. También apasionado de la educación, Cheung trabaja actualmente como profesor en el programa de jazz de la Universidad de Educación de Hong Kong.

KINGA GŁYK kingaglyk.com
La bajista Kinga Głyk publicó su álbum debut en 2015 a la edad de 18 años. Menos de diez años después, ha grabado su quinto álbum, Real Life, coproducido por el fundador de Snarky Puppy Michael League, y que se publicará en el sello GroundUP Music. En 2016, un vídeo de Kinga interpretando «Tears in Heaven» de Eric Clapton ganó popularidad viral en Facebook, alcanzando la impresionante cifra de 20 millones de visitas. Kinga ha actuado en varios países, como Polonia, Alemania, Austria, Suiza, Indonesia, Portugal, Italia, Francia, Eslovaquia, Ucrania y Noruega.

KUVO JAZZ kuvo.org
Desde 1985, KUVO, una emisora de radio pública e independiente, ofrece una rara mezcla de música y noticias. Emiten lo mejor del jazz, el jazz latino y el blues, además de diecisiete programas de producción local y diversidad cultural. Su misión es ofrecer una programación musical, informativa y de noticias distintiva que refleje los valores y la diversidad cultural de nuestra comunidad de oyentes. Los telespectadores pueden sintonizarla para escucharla desde cualquier parte del mundo a través de su página web. La emisora es una filial de Rocky Mountain Public Media, Inc, una organización sin ánimo de lucro que también alberga Rocky Mountain PBS.

LAU BAK LIVEHOUSE westkowloon.hk/en/livehouse
Livehouse es un bar, un restaurante y un espacio para actuaciones en el distrito cultural de West Kowloon. Ofrece una gran selección de cervezas artesanales, cócteles de autor y deliciosos platos y tentempiés, así como actuaciones en directo de lo mejor de la escena musical local e internacional. Pásate con tus amigos antes o después de una actuación de Freespace, para una happy hour después del trabajo o un brunch de fin de semana.

LOOPPOOL instagram.com/loop_pool69/
El compositor y pianista Bowen Li y los artistas del nuevo colectivo Looppool -Justin Cheung, Michael Chan, Lawrence Lau, Hin Leung y Dean Li- presentan canciones originales y creaciones instrumentales que exploran la vida, la incertidumbre y la condición humana. Fusionando jazz, rock y música electrónica con elementos narrativos y visuales, la actuación temática lleva al público a sumergirse en aguas musicales moldeadas por las vueltas y revueltas de la vida.

LUCY WOODWARD lucywoodward.com
Nacida en Londres y criada en Nueva York y los Países Bajos, Lucy Woodward fue criada por una madre cantante de ópera, musicóloga

y bailarina de danza del vientre y un padre director de orquesta y compositor, con una dieta musical constante de Chopin, música de Oriente Medio y Michael Jackson. A principios de la década de 2000, Lucy alcanzó por primera vez el éxito internacional en los 40 Principales, con dos premios BMI Music Awards antes de finales de 2004. Tras el éxito de su debut en Atlantic Records, publicó una serie de discos aclamados por la crítica en los sellos Barnes & Noble, Verve y GroundUP/Universal. Aparte del éxito de su carrera en solitario, Lucy ha participado en giras con Pink Martini, Rod Stewart y el grupo Snarky Puppy, ganador de un Grammy. Más recientemente, Lucy grabó dos álbumes con el virtuoso de la guitarra nominado al Grammy Charlie Hunter, que los tuvo de gira constantemente desde 2018 hasta 2020 en América del Norte y Europa. Los créditos discográficos de Woodward también su aparición en varias bandas sonoras de películas como *The Blindside*, *Last Vegas*, *What a Girl Wants* y *Ice Princess* con su versión del clásico de Bjork «It's Oh So Quiet».

LYDIA LIEBMAN PROMOTIONS lydialiebman.com
Lydia Liebman Promotions es una empresa líder en relaciones públicas y consultoría musical con sede en Nueva York. Fundada en 2011, LLP ha trabajado con una sólida lista de artistas musicales, muchos nominados a los Grammy, y artistas, instituciones educativas y culturales, sellos discográficos, organizaciones sin ánimo de lucro y empresas de producción para cautivar y atraer al público, al tiempo que da a conocer la mayor forma de arte de Estados Unidos (el jazz, por cierto) y sus primos musicales. Aunque creció con el jazz -busca en Google su apellido-, Lydia se inició profesionalmente cuando estudiaba en el Emerson College y en el Berklee College of Music, en la emisora de radio WECB FM. Fundó el programa *Reeds & Deeds II*, en el que entrevistó a músicos de la talla de Pat Metheny, Gregory Porter, Kurt Elling y Jason Moran, entre muchos otros. En 2016, Liebman presentó como invitada varios episodios del programa The Checkout de WBGO para apoyar la ceremonia del Fondo Nacional de las Artes de ese año. Lydia señala que su experiencia en la radio influye mucho en su forma de enfocar las relaciones públicas y la promoción.

MELISSA ALDANA melissaaldana.net
Melissa Aldana es una saxofonista tenor de Brooklyn nominada a los Grammy. Aldana nació en Santiago de Chile y creció en una familia de músicos. Tanto su padre como su abuelo eran saxofonistas, y ella empezó a tocar el instrumento a los seis años bajo la tutela de su padre Marcos. Desde que se trasladó a Estados Unidos, ha publicado varios álbumes aclamados por la crítica. En 2013, a los 24 años, se convirtió en la primera mujer instrumentista y la primera sudamericana en ganar el Concurso Internacional de Saxofón de Jazz Thelonious Monk. Su álbum más reciente, 12 Stars, se publicó en 2022 y aborda conceptos como la crianza de los hijos, el perdón familiar, la aceptación y el amor propio. Además, Aldana es una profesora y profesora muy solicitada y recientemente ha sido nombrada profesora del Departamento de Estudios de Jazz del Conservatorio de Nueva Inglaterra.

MIKE MORENO mikemoreno.com
Mike Moreno es una voz destacada en el mundo de la guitarra de jazz con sede en Nueva York y ha tocado y realizado giras con artistas de la talla de The Joshua Redman Elastic Band, Lizz Wright Band, Nicholas Payton Quartet, Stefon Harris Black Out, Me'Shell N'Degeocello, Common, Jason Moran y muchos más. Además, Mike ha grabado con numerosos artistas importantes, tanto dentro como fuera del género del jazz, y tres de esas grabaciones han sido nominadas para un Grammy.

MOE'S ALLEY moesalley.com
Moe's Alley se encuentra en Santa Cruz, California, y fue fundado en 1992. Con una experiencia íntima y envolvente que propicia una estrecha conexión entre artistas y asistentes, dicen que «este es el bar de carretera que estabas buscando.» Todos los géneros son bienvenidos: Blues, Reggae, Roots, Latin, Funk... un festival musical perpetuo para tu groove. El local ha presentado a artistas de renombre como B.B. King y James Brown, al tiempo que ha apoyado a artistas emergentes a través de noches de micro abierto y escaparates, y es conocido por descubrir joyas ocultas antes de que se hagan conocidas.

MOMI MAIGA momimaiga.com
Momi Maiga, un virtuoso de la kora, presume de fluidez vocal y destreza compositiva autodidacta. Nacido en Gambia en 1997, se sumergió en el rico patrimonio musical de Senegal en el seno de la célebre familia Cissokho de Djelis. Formado desde una edad temprana, comenzó a tocar la kora a los seis años, heredando un legado en el que los miembros de la familia, incluido Solo Cissokho, eran custodios de este venerado laúd-arpa de África Occidental. Su andadura musical arrancó en 2015 con colaboraciones en Suecia, seguidas de conciertos en España y Francia. Instalado en Cataluña en 2019, las atrevidas composiciones de Momi, que mezclan las lenguas mandinga y wolof, culminaron en su álbum debut Nio. Publicado en 2021, el álbum fusiona a la perfección el jazz étnico, el flamenco y las raíces mandingas, marcando el inicio de una prometedora carrera musical. Con un estreno espectacular a finales de 2021 en la Fira Mediterrània de Manresa, Momi llamó la atención de promotores nacionales e internacionales con la ovación del público que agotó las entradas.

MONTY ALEXANDER montyalexander.com
Casi sesenta años después de trasladarse a Estados Unidos desde Kingston (Jamaica), su ciudad natal, el pianista Monty Alexander, nominado a los premios Grammy, es un clásico estadounidense que recorre el mundo sin descanso con diversos proyectos, deleitando a un público global atraído por su vibrante personalidad y su mensaje conmovedor. Favorito permanente en festivales y salas de jazz de todo el mundo, así como en el Festival de Jazz de Montreux, donde ha actuado 23 veces desde 1976, su enérgica concepción se nutre de las verdades eternas: melodía inagotable, surcos efervescentes, voicings sofisticados, espíritu romántico y una predisposición constante, como Alexander afirma con precisión, «a caldear el ambiente y provocar una tormenta». En el transcurso de cualquier actuación, Alexander aplica esa estética a un repertorio que abarca una amplia gama de expresiones musicales del jazz y de Jamaica: el cancionero americano y el blues, el gospel y el bebop, el calypso y el reggae. Documentado en más de 75 grabaciones y citado como el quinto mejor pianista de jazz de todos los tiempos en *The Fifty Greatest Jazz Piano Players of All Time* (Hal Leonard Publishing). El gobierno jamaicano designó a Alexander Comandante de la Orden de la Distinción en 2000 y le confirió el honor nacional de la Orden de Jamaica en 2022 por «Contribuciones Sterling a las promociones de la música jamaicana y las interpretaciones del género del jazz a nivel mundial.» En 2018, la Universidad de las Indias Occidentales le concedió un doctorado honoris causa (DLitt) en reconocimiento a sus logros.

NDUDUZO MAKHATHINI
bluenote.com/artist/nduduzo-makhathini/
Nduduzo Makhathini, originario de las pintorescas colinas umGungundlovu de Sudáfrica, se inspira profundamente en la conexión simbiótica entre la música y las prácticas rituales profundamente arraigadas en su educación periurbana. La importancia histórica de su tierra natal, antaño dominio del rey zulú Dingane, alimenta la visión artística de Makhathini. Formado por el código del guerrero africano que confía en la música para motivarse y curarse, su viaje musical también navega entre las influencias de leyendas del jazz sudafricano como Bheki Mseleku y Abdullah Ibrahim. Makhathini, un recién llegado al jazz, descubrió su voz musical a través de mentores como Mseleku y los sonidos transformadores del cuarteto de John Coltrane. Como influyente educador, dirige el departamento de música de la Universidad de Fort Hare y ha actuado en escenarios de todo el mundo, desde el Festival Internacional de Jazz de Ciudad del Cabo hasta el Blue Note Jazz Club de Nueva York. Más allá de sus colaboraciones con luminarias del jazz, Makhathini, con su sello Gundu Entertainment, ha publicado una notable discografía, galardonada con premios y aclamada por la crítica. Su debut en Blue Note, *Modes of Communication*, y el posterior, In the Spirit of Ntu, muestran su brillantez evolutiva en el panorama del jazz. Su próximo álbum para el sello saldrá a la venta en 2024.

NEWPORT JAZZ FESTIVAL newportjazz.org
El Festival de Jazz de Newport, conocido como «el abuelo de los festivales de jazz», se celebra anualmente en el Fort Adams State Park de Newport (Rhode Island). Fundado por los entusiastas del jazz Louis y Elaine Lorillard, con el apoyo organizativo de George Wein, el Festival debutó en 1954 en el Casino de Newport, abarcando diversos géneros como el folk, el gospel, el rock and roll y el rhythm and blues, y con artistas legendarios como Billie Holiday y Dizzy Gillespie, consolidando su reputación como caldo de cultivo de la excelencia jazzística. El Festival de Folk de Newport y el Festival de Jazz de Newport se convirtieron en entidades separadas en 1959, principalmente debido a la creciente popularidad y diversidad de la música folk. El Festival tuvo problemas con el control de multitudes y los disturbios durante la edición de 1961, por lo que las autoridades municipales cancelaron el evento para ese año. El Festival de Jazz se reanudó en 1962, evolucionando desde sus orígenes sin ánimo de lucro a una empresa con ánimo de lucro. La influencia de George Wein se extendió por todo el mundo, incluyendo un componente de jazz en la Feria Mundial de 1958 y una gira europea del Festival de Jazz de Newport en 1962. George Wein falleció en 2021 y, a pesar de los cambios organizativos, el Festival sigue siendo una fuerza cultural vital, con Christian McBride asumiendo el cargo de Director Artístico en 2016.

NICHOLAS LUCERO nicholaslucero.com
Nacido en Albuquerque, NM y criado en el sur de Colorado - Nicholas ha tenido la oportunidad de tocar con varios grandes artistas de jazz que van desde Kevin Eubanks a Bud Shank. Tocando música desde que tenía cinco años - Nicholas ha trabajado en la integración de su cultura peruana y española en un estilo funky moderno. Ha realizado

giras con D'DAT, Nicholas también forma parte de la junta de la San Juan Jazz Society y es fundador de la Indigenous Youth Arts Education Foundation y ha tocado con The Spirit Coalescent, Delbert Anderson Trio y Phil Manzanera. Ha aparecido en NPR Music Top 10, Smithsonian Magazine, Yahoo/Mic.com, TEDx, FNX Television y mucho más.

NICOLE ZURATIS nicolezmusic.com
Nicole Zuraitis, cantante y compositora de jazz nominada en dos ocasiones a los Grammy, posee una voz extraordinaria y un corazón a la altura. La ganadora de la Medalla de Oro del American Traditions Vocal Competition 2021 ha publicado seis álbumes, entre ellos *How Love Begins*, coproducido con Christian McBride y en el que participa, nominado al Mejor Álbum Vocal de Jazz en 2024. Al frente de su cuarteto y actuando con la Birdland Big Band, adorna emblemáticos locales de jazz de Nueva York y colabora con luminarias. Nicole fue aclamada con su arreglo de «Jolene», de Dolly Parton, nominado a los Grammy, y fue incluida en la lista de los 40 menores de 40 años de la revista Connecticut Magazine. Como educadora y activista, sigue teniendo un impacto significativo en el panorama del jazz moderno.

NOSPR (Narodowa Orkiestra Symfoniczna Polskiego Radia)
nospr.org.pl
La Orquesta Sinfónica de la Radio Nacional de Polonia, con sede en Katowice, es una de las orquestas sinfónicas polacas más importantes, además de una institución cultural polifacética. La historia de la orquesta se remonta a 1935 y está indisolublemente ligada a Grzegorz Fitelberg, a quien se encomendó la tarea de crear la primera orquesta sinfónica de radio independiente de Polonia. El conjunto debutó el 2 de octubre de 1935 y desde entonces ha sido una presencia constante en la Radio Polaca. Tras la Segunda Guerra Mundial, la orquesta se reactivó en Katowice y su reconstrucción se confió a Witold Rowicki.

PARK SOUNDS facebook.com/parksoundsboston/
Park Sounds es una serie de festivales gratuitos que se celebran en diversos espacios verdes del área metropolitana de Boston y se centran en el arte y la música locales.

PETER MARTIN petermartinmusic.com
Peter Martin, aclamado pianista de jazz, compositor y pedagogo, ha realizado giras por todo el mundo, ha tocado en seis continentes y ha actuado en la Casa Blanca por invitación del Presidente Obama. Artista versátil, hizo arreglos para el álbum de Dianne Reeves, ganador de un Grammy, y apareció en la película de George Clooney «Buenas noches, y buena suerte». Colaborador de iconos del jazz como Wynton Marsalis y Betty Carter, el arte de Martin se extiende a prestigiosas orquestas. Alumno de la Juilliard School, ha impartido clases en instituciones de renombre, compartiendo su experiencia en todo el mundo. Además de actuar, Martin revolucionó la enseñanza del jazz con Open Studio, una plataforma web que llega a estudiantes de más de 120 países y fomenta una comunidad global de aprendizaje.

RIO DAS OSTROS JAZZ & BLUES FESTIVAL
riodasostrasjazzeblues.46graus.com
Desde su creación en 2003, el Festival Rio Das Ostras Jazz & Blues ha acogido más de 550 conciertos y 100 conferencias, cautivando a un millón de espectadores y fomentando el amor por la música de alta calidad. Centrado en el desarrollo del público, el turismo y la democratización cultural, el festival sigue siendo una parte vital del calendario de eventos oficiales del Estado de Río de Janeiro, demostrando su impacto duradero y su responsabilidad social.

RICHARD BONA richard-bona.com
Richard Bona es un músico ganador de un Grammy y uno de los bajistas, compositores y multiinstrumentistas internacionales más consumados. Con su sonido único y su don vocal, representa continuamente sus orígenes africanos. La música de Bona aborda las tradiciones, la cultura, la belleza y los problemas del continente. Su propósito y la forma en que conecta con su público le han convertido en un nombre básico en la música del mundo, el jazz y el afropop. Richard Bona ha realizado giras, compuesto, grabado y creado formas de arte musical con los más grandes: Herbie Hancock, Harry Belafonte, Steps Ahead, Quincy Jones, Chick Corea, Buena Vista Social Club, Cesária Évora, Sting, Mike Stern, Pat Metheny, Stevie Wonder, Bobby McFerrin, Chucho Valdés, George Benson, Oumou Sangaré y muchos más. Además de las diversas colaboraciones notables, Richard también ha enseñado Improvisación de Jazz en la Universidad de Nueva York y está constantemente enseñando y tutelando a jóvenes talentos de todo el mundo. También es conferenciante TED y embajador de varios proyectos sin ánimo de lucro.

ROOSEVELT COLLIER rooseveltcollier.com
De voz suave por naturaleza, Roosevelt Collier, criado en el sur de Florida, grita con la pedal steel guitar. Criado en la tradición del «sacred steel» de la iglesia House of God, Roosevelt se forjó una reputación junto a sus tíos y primos en The Lee Boys, conocidos por sus animadas actuaciones en directo, que sacudían el alma. Sentado al frente y en el centro, «The Dr.» deja una huella indeleble en los oyentes, encandilando al público con su rapidísimo slide en la pedal steel. En los festivales, es un habitual «Artist at Large», actuando junto a muchos de los actos más prestigiosos de la música, desde los Allman Brothers, Tedeschi- Trucks, Los Lobos , la Del McCoury Band y un sinfín de otros. En 2017, Roosevelt debutó con su nuevo proyecto Bokanté - una «World Music All-Star Band» creada por el fundador de Snarky Puppy Michael League y que cuenta con la voz de Malika Tirolien. Como líder de banda, Roosevelt lidera sus mundialmente famosos «get-downs» con una mezcla de «superestrellas y folk de iglesia», su propio trío de estrellas al estilo «Jimi Hendrix Experiment», y en 2018 lanzó su disco debut, Exit 16, con una increíble mezcla de blues, gospel, rock y funk, todo ello enrollado por el productor y compañero de banda Michael League.

SALOMÃO SOARES salomaosoares.com.br/
Nacido y criado en Cruz do Espírito Santo, en el interior de Paraíba, y actualmente residente en São Paulo, Salomão es pianista, arreglista y compositor. Se ha destacado como una de las grandes revelaciones de la nueva generación de instrumentistas brasileños y ya ha compartido escenario con nombres destacados de la música brasileña como Hermeto Pascoal, Toninho Horta, Hamilton de Holanda, Leny Andrade, Filó Machado, Renato Braz, Mônica Salmaso, Itiberê Zwarg, Arismar do Espírito Santo, Toninho Ferragutti, entre muchos otros.

ROYAL ALBERT HALL royalalberthall.com
Desde su inauguración en 1871, el Royal Albert Hall ha acogido a las principales figuras mundiales de la música, la danza, el deporte y la política. Actualmente acoge a más de 1,7 millones de personas al año y es una organización benéfica registrada cuya misión es promover las artes y las ciencias y conservar el edificio histórico.

SAMARA JOY samarajoy.com
Con su debut en Verve Records, Linger Awhile, ganadora de un Grammy, Samara Joy, de 23 años y nacida en el Bronx, se une a Sarah, Ella y Billie como la próxima sensación del jazz grabada por el venerable sello. Su voz, rica y aterciopelada pero precozmente refinada, ya le ha valido admiradores como Anita Baker y Regina King, apariciones en TODAY Show, The Tonight Show w/Jimmy Fallon, The Late Show w/Stephen Colbert, CBS Mornings, MSNBC, Kelly Clarkson, Jennifer Hudson, Drew Barrymore, etc., además de millones de me gusta en TikTok, consolidando su estatus como quizás la primera estrella del jazz de la Generación Z. En Linger Awhile, Samara presenta a ese público masivo una serie de estándares clásicos varias veces más antiguos que ella a través de su sonido atemporal e irresistible. The New York Times elogió a la «estrella emergente de voz sedosa» por «ayudar al jazz a dar un giro juvenil», mientras que NPR All Things Considered la nombró «cantante de jazz clásico de una nueva generación». En febrero de 2023, Samara Joy se llevó a casa dos Grammys: el de Mejor Álbum Vocal de Jazz y el auspicioso galardón de Mejor Artista Revelación.

SHAPESHIFTER LAB shapeshifterlab.com
ShapeShifter Lab es un espacio para actuaciones situado en Park Slope, Brooklyn. Inaugurado en 2011 y situado originalmente en Gowanus, el lugar cuenta con un espacio de actuación muy versátil con sistemas de sonido, iluminación y distribución que se pueden adaptar a cada artista y actuación. Se trasladaron a su nuevo espacio en Park Slope en 2022.

SIRINTIP sirintipofficial.com
Sirintip, la artista sueco-tailandesa afincada en Washington Heights, entrelaza jazz, pop, música tradicional tailandesa e influencias clásicas europeas. Famosa por su versatilidad vocal, ha colaborado con más de 30 artistas, entre ellos Bill Laurance, de Snarky Puppy. Incorpora objetos encontrados a su arte, crea experiencias de inmersión en el espectáculo y ha sido reconocida internacionalmente, recibiendo becas de organizaciones como la New York Foundation for the Arts.

SNARKY PUPPY snarkypuppy.com
Tras una década de incesantes giras y grabaciones en la más absoluta oscuridad, este cuasi colectivo nacido en Texas y afincado en Nueva York se ha visto de repente señalado por la prensa y el público como una de las principales figuras del mundo del jazz. Pero, como indican los nombres de las categorías de los cuatro premios Grammy® que ha recibido la banda (Mejor Interpretación de R&B en 2014, Mejor Álbum Instrumental Contemporáneo en 2016, 2017 y 2021), Snarky Puppy no es exactamente un grupo de jazz. No es una banda de fusión, y definitivamente no es una banda de jam. Probablemente lo mejor sea seguir el consejo de Nate Chinen, del New York Times, como se dijo en un debate en línea sobre el grupo, de «tomarlos por lo que

son, en lugar de juzgarlos por lo que no son». Snarky Puppy es una especie de colectivo con hasta 25 miembros en rotación regular. En su esencia, la banda representa la convergencia de la cultura musical estadounidense blanca y negra con diversos acentos de todo el mundo. Japón, Argentina, Canadá, Reino Unido y Puerto Rico están representados en el grupo. Pero más que la diversidad cultural de cada uno de los componentes, la característica que define la música de Snarky Puppy es la alegría de tocar juntos en un perpetuo esfuerzo por crecer creativamente.

SODABAR sodabarmusic.com
Soda Bar es un local de música en directo y bar situado en el barrio de City Heights/North Park de San Diego, California. El club abrió por primera vez en noviembre de 2008 de la mano de los propietarios de Bluefoot Bar, Adam Cook, Cuong Nguyen y la socia Nina Babcock, en el local anteriormente conocido como Chaser's. Soda Bar no tardó en convertirse en uno de los pilares de la escena musical de San Diego, tanto para actuaciones locales como para giras nacionales como Foster The People, Shakey Graves, Tune-Yards, Cults, Japandroids, Sylvan Esso, The War On Drugs, Purity Ring, Benjamin Booker y muchos más.

STACEY KENT staceykent.com
Stacey Kent, célebre cantante de jazz estadounidense, domina una audiencia mundial con más de dos millones de discos vendidos, nominaciones a los Grammy y discos de platino. Conocida por sus interpretaciones llenas de emoción que trascienden los géneros, su repertorio multilingüe incluye originales de su marido, el saxofonista Jim Tomlinson, y del autor ganador del Premio Nobel Kazuo Ishiguro. Colaboraciones con leyendas brasileñas como Marcos Valle y Roberto Menescal ponen de manifiesto su versatilidad. El álbum de 2021 «Songs From Other Places» ha recibido elogios, mientras que las actuaciones en directo de Kent han merecido el premio a la «Mejor Interpretación Vocal» en los Jazz Music Awards de 2022 y el «Prix Ella Fitzgerald» en el Festival de Jazz de Montreal de 2023. Con una carrera que abarca 55 países, el último lanzamiento de estudio de Stacey Kent, «Summer Me, Winter Me», cautivará al público de todo el mundo.

STEVE WILSON stevewilsonmusic.com
El célebre saxofonista Steve Wilson, un fijo tanto en los estudios de jazz como en las actuaciones en directo, presume de una prolífica carrera con más de 100 grabaciones junto a luminarias del jazz como Chick Corea, Michael Brecker y Dianne Reeves. Jazz Times lo aclama como un «consumado saxofonista-compositor», destacando su influencia. El cuarteto de Wilson, Wilsonian's Grain, exhibió su destreza en «Live in New York: The Vanguard Sessions», capturando la esencia de una experiencia en directo. Artista de diversas colaboraciones, desde los Blue Note Seven hasta actuaciones orquestales, el polifacético arte de Wilson se extiende a sus funciones como educador y director de Estudios de Jazz en el City College de Nueva York.

TEATRO METROPÓLITAN teatrometropolitan.mx
El Teatro Metropólitan de la Ciudad de México se inauguró el 8 de septiembre de 1943 con la película Les Meserables. OCESA comenzó a operar el teatro en 1996 y lo posicionó como el centro de entretenimiento más importante en el corazón de la Ciudad de México. Hasta la fecha, el recinto ha recibido a músicos, cantantes, intelectuales, investigadores y diversas personalidades del mundo del espectáculo.

THANA ALEXA thanalexa.com
Entrelazando sin esfuerzo elementos del folk, el jazz y el soul, Thana Alexa no tiene miedo de superar los límites musicales. La artista nominada a los Grammy y portada de Downbeat autoeditó su álbum ONA en 2020. El álbum, que significa «ELLA» en el croata nativo de su familia, es una exploración de las mujeres inmigrantes de su familia, así como de la experiencia de las mujeres contemporáneas de todo el mundo. Además de su propio éxito, Thana colabora estrechamente, sobre todo con su marido, Antonio Sánchez, ganador de cinco premios Grammy, en numerosos proyectos, incluido el último, Bad Hombre.

THE APEX theapex.co.uk/
El Apex es un local galardonado, conocido por su excelencia acústica y sede de un variado programa de música y eventos en directo; desde conciertos de música clásica hasta pop, rock, jazz, blues, world, country y folk, además de espectáculos de comedia y danza. El local está situado en el centro de la ciudad de Bury St Edmunds, en Suffolk.

THE ATRIUM theatriumnyc.com
Las fotógrafas Alicia Henderson y Atarah Atkinson empezaron a desarrollar el espacio comunitario Atrium en 2017. El versátil estudio de 2.500 pies cuadrados está situado en Brooklyn, Nueva York, y sirve como espacio comunitario de reunión y colaboración para creativos de todos los medios, así como escenario de rodaje y filmación en alquiler.

THE BLUE WHALE *(permanently closed)*
Galardonado con el premio al *MEJOR CLUB DE JAZZ 2015 LA WEEKLY*, con Gary Fukishima escribiendo: «Tras años de frustración por la forma en que la mayoría de los clubes de Los Ángeles veían el jazz y trataban a los músicos, el vocalista de origen coreano Joon Lee decidió abrir el suyo propio, prometiendo gestionarlo desde la perspectiva de un artista. El compromiso de Lee con la calidad de la música por encima de todo (enmarcado en un espacio elegante y moderno) ha otorgado a Bluewhale, en su sexto año de existencia, el estatus de favorito entre músicos de jazz y mecenas por igual. Por la entrada de cristal del club desfilan infinidad de estrellas del jazz de Nueva York y de otros lugares, pero Bluewhale sigue siendo la opción más asequible para ver lo mejor que el jazz puede ofrecer, con precios de entrada bajos y sin mínimos de comida o bebida, lo que hace que la música sea accesible a un público más joven y moderno. Es una pena que el club esté escondido en un anodino centro comercial de Little Tokyo; esperemos que puedan trasladarse a un nuevo emplazamiento cuanto antes». Lamentablemente, el 31 de diciembre de 2020 se anunció el cierre definitivo del club.

THE BOX westkowloon.hk/freespace/
The Box, el mayor teatro de caja negra de Hong Kong, es un espacio muy flexible, totalmente adaptable a representaciones de pequeño y mediano formato de teatro experimental, danza, espectáculos multimedia y eventos musicales, así como a exposiciones.

THE BURNING PARIS theburningparis.bandcamp.com
El grupo de post-rock de Boston The Burning Paris se formó inicialmente entre 2000 y 2003, periodo durante el cual publicaron un álbum completo, un EP/mini-álbum y otros temas diversos. Conocidos por un sonido único marcado por arreglos de ritmo glacial, tratamientos vocales somnámbulos y shoegaze, e instrumentos clásicos entretejidos con buen gusto entre instrumentos de rock tradicionales, el primer lanzamiento de la banda en casi 20 años, *Everything is Broken & I Don't Feel a Thing*, continúa precisamente donde lo dejó todo, sin perder ni un ápice de ritmo.

THE NEST facebook.com/thenestbrooklyn
The Nest es un local y bar situado en un sótano en el centro de Brooklyn, Nueva York. Acogen música en directo de los géneros Rock, Metal, Alternativo, Punk e Indie.

THE PROJECT theproject.es
Fundada en 1988 por Tito Ramoneda y Joan Roselló, con la incorporación de Iñaki Martí como tercer socio en 2004, TheProject es una de las principales promotoras de conciertos del país. TheProject organiza más de 400 conciertos al año con una asistencia media anual de más de 500.000 espectadores y una experiencia acumulada de más de 10.000 eventos musicales de todo tipo. Asimismo, organiza festivales de renombre como el Voll-Damm Festival Internacional de Jazz de Barcelona, el festival de música coral Els Grans del Gospel, el Guitar BCN y el Festival de la Porta Ferrada, entre otros. Ha sido galardonada con la Medalla de Oro al Mérito Cultural del Ayuntamiento de Barcelona.

THE RED ROOM AT CAFE 939 | BERKLEE berklee.edu/cafe939
The Red Room at Cafe 939 es la sala para todos los públicos más moderna de Berklee. Abarca casi todos los estilos musicales, desde rock, jazz, folk y músicas del mundo hasta bluegrass, hip-hop, vanguardia, etc. Es un club con capacidad para 200 personas dedicado a mostrar, desarrollar y apoyar la música y la interpretación. La Red Room del Café 939 ha acogido actuaciones de Young the Giant, Lianne La Havas, Andra Day, Tori Kelly, Why Don't We, Tyler Childers, Hozier, Snarky Puppy, Ryan Bingham, Betty Who, Antonio Sánchez, Ingrid Michaelson, Passenger con Ed Sheeran, Daniel Rotem, Sirintip y Leon Bridges, por nombrar algunos de los muchos artistas que han actuado aquí. El local cuenta con un sonido de primera calidad, una ingeniería soberbia y el componente único de los estudiantes de negocios musicales de Berklee que trabajan junto a profesionales del sector para hacer de este local musical de Boston una experiencia deslumbrante, íntima y exuberante tanto para los fans como para los artistas. Todo ello crea una conexión mágica que hace que el público vuelva una y otra vez.

THE WOMPS thewompsofficial.com
Funky New England-formed fusion jam band The Womps es una banda única en sus innovaciones y familiar en sus raíces de la vieja escena jam. Divide and Conquer los ha calificado de banda «artesanal, llena de amor y buena grasa de codo». The Womps

comunica con otros músicos y con el público lo que ellos denominan «un esfuerzo por hacer que cada espectáculo sea único a través de la improvisación colectiva, las armonías elevadas y la atractiva composición de canciones». Los líderes de The Womps Jason Lilly (batería, guitarra y voz) y Kailey Zercher (violín y voz) son intérpretes que inspiran a artistas de todas las edades a convertirse, como ellos mismos, en «sus propios creadores, sin importar lo que otros les digan que es o no posible». Han actuado en los festivales Marshfield Fair, Jamaica Plains Porchfest y StART on The Street en (Worcester, MA), entre otros, y en muchos locales de música famosos, como The Lizard Lounge y Nietzsche's en Buffalo. Los Womps también han tocado en locales nocturnos legendarios, como Ghenghis Cohen en Los Ángeles, y The Stone Church en New Hampshire. También fueron artistas residentes en Fury's Publick House. Los Womps han actuado o colaborado con Ben Taylor, The Rumpke Mountain Boys, Hawthorne Heights y Pitti Hecht.

THIAGO RABELLO thiagorabello.com/
Thiago «Big» Rabello es batería, productor musical, ingeniero de sonido y propietario del estudio de grabación Da Pá Virada. Profesional ecléctico y muy solicitado, ha recorrido el mundo trabajando como instrumentista junto a iconos como César Camargo Mariano, Romero Lubambo, Luan Santana, Jorge y Mateus, Marília Mendonça, Sergio Dias (Mutantes), Zezé de Camargo y Luciano, Chrystian y Ralf , Chitãozinho y Xororó, João Bosco y Vinicius, Elza Soares, Paulo Moura, Bruno y Marrone, Claudia Leitte, y Arnaldo Antunes.

TODD LONDAGIN hotsardines.com
Para los amantes del jazz alegre y sin pretensiones, pero muy creativo y espontáneo, Todd Londagin es su hombre. La música de este vocalista y trombonista es un vivo reflejo de sus raíces personales. Creció tocando música y tocando en la calle en el seno de una familia itinerante y de estilo de vida alternativo, y vivió en autobuses, coches, barcos caseros o tiendas de campaña, viajando por Estados Unidos, México, Canadá y Europa. Todd estudió en casa y no recibió formación musical formal, por lo que perfeccionó sus habilidades a la antigua usanza gracias a influencias como Nat King Cole, Billie Holiday, Ella Fitzgerald, los primeros Sinatra y el jazz tradicional de Nueva Orleans, especialmente Jack Teagarden (uno de los pocos trombonistas/vocalistas de jazz) y, más tarde, J.J. Johnson.

TOTAH THEATRE fmtn.org
Construido e inaugurado en 1949 y gestionado por la familia Allen como sala de cine hasta 1982, el Totah Theater de Farmington, NM, EE.UU., tenía un aforo de 500 localidades. Fue sede de la compañía San Juan Stage durante unos años, después cerró y se utilizó como almacén. Adquirido en mayo de 2004 por Thomas Taylor. En 2006, el Teatro Totah se convirtió en una sala de espectáculos multiusos para conciertos, cine independiente y clásico, obras de teatro y mucho más. En 2020, el condado de San Juan adquirió y, en colaboración con la ciudad de Farmington, renovó las instalaciones para crear un «Centro de Cine» para la región. Una vez finalizado el proyecto, la instalación se utilizará para proyecciones de películas y eventos de entretenimiento en vivo y servirá como base de operaciones para Totah Studios, una empresa conjunta entre el condado de San Juan y la ciudad de Farmington, que tomó el control del edificio en 2021. Al considerarse de importancia histórica para la ciudad, la estructura también se está conservando, al tiempo que se actualizan las tecnologías audiovisuales.

UPSTAIRS JAZZ BAR & GRILL upstairsjazz.com
Upstairs Jazz de Montreal acoge un estilo diverso de jazz en directo y jam sessions populares, en un semisótano con paredes de ladrillo y comida informal. Según Tripadvisor «Si busca un lugar para adultos donde disfrutar de música en directo, tomar unas copas y una buena comida, no busque más. Esta institución de Montreal es encantadora. El personal es eficiente y la comida deliciosa. El local es pequeño y los asientos están muy juntos, así que reserva. Tienen varios espectáculos por noche para permitir para permitir la rotación completa de las mesas. El sonido es excelente en todo momento, pero también tienen pantallas del escenario para ayudarte a ver lo que pasa».

VOLL-DAMM BARCELONA JAZZ FESTIVAL jazz.barcelona
El Voll-Damm Barcelona Jazz Festival o Festival de Jazz de Barcelona es el acontecimiento musical más antiguo de la ciudad. Las actuaciones tienen lugar por toda la ciudad en múltiples escenarios, a lo largo de varios meses, y en ellas se puede esperar encontrar a algunos de los mejores músicos de jazz de todo el país y del mundo. En su edición de 2023 se agotaron las entradas para nueve de sus conciertos: las dos noches inaugurales con Woody Allen en el Teatro Tívoli, seguidas de las de Bebel Gilberto, Ron Carter, Chris Potter, The Bad Plus, María José Llergo, Sofiane Pamart y Así Canta Jerez en Navidad. ¡También actuaron en el marco del extenso festival Chucho Valdés Royal Quartet, Joshua Redman Group, Michel Camilo & Marco Mezquida, Ron Carter Foursigth, Richard Buena & Liceo Big Band, Kenny Barron, Sylvie Courvoisier & Mary Halvorson, Dave Douglas, Chris Potter, los profesores Colina-Sanz- Serrano-Piranha y los que aparecieron en la completa serie de flamenco De Cajón!

VIJAY IYER vijay-iyer.com
Descrito por The New York Times como «conciencia social, colaborador multimedia, constructor de sistemas, rapsoda, pensador histórico y puerta multicultural», Vijay Iyer se ha labrado un camino único como presencia influyente, prolífica y cambiante en la música del siglo XXI. Iyer, compositor y pianista activo y venerado en múltiples comunidades musicales, ha creado una obra constantemente innovadora y emocionalmente resonante a lo largo de los últimos veinticinco años, lo que le ha valido ser considerado uno de los principales creadores musicales de su generación. El lenguaje musical de Iyer es deudor de los grandes compositores-pianistas, desde Duke Ellington y Thelonious Monk hasta Alice Coltrane y Geri Allen, de las tradiciones rítmicas de Asia meridional y África occidental, y del movimiento de música creativa afroamericana de los años 60 y 70. En febrero de 2024 saldrá a la venta Compassion (ECM Records), la segunda grabación del admirado trío de Iyer con el batería Tyshawn Sorey y la bajista Linda May Han Oh. The New York Times escribe: «Es como si esta banda quisiera seducirte e incomodarte a la vez, despojándote de todo menos de la capacidad de pensar y ver por ti mismo». Otros lanzamientos recientes incluyen Love In Exile, una colaboración nominada a los Grammy con el vocalista Arooj Aftab y el bajista Shahzad Ismaily; *Uneasy*, la aclamada primera sesión a trío con Sorey y Oh; *Far From Over* con el galardonado Vijay Iyer Sextet; y *A Cosmic Rhythm with Each Stroke*, una suite de duetos con el visionario compositor y trompetista Wadada Leo Smith.

VILLAGE VANGUARD villagevanguard.com
De NPR: El Village Vanguard, un famoso sótano de Nueva York, es el club de jazz más antiguo del mundo en funcionamiento ininterrumpido desde 1935. Fundado por Max Gordon, el club acogió inicialmente a una amplia gama de artistas, entre ellos músicos folk, poetas, actores y cómicos. Con el tiempo, evolucionó hasta convertirse en un local exclusivo de jazz, ganándose una reputación por su compromiso con la música sin florituras. La influencia de Gordon en el club se extendió más allá del escenario, y su apoyo impulsó carreras como las de Harry Belafonte y Woody Allen. El espacio íntimo, con capacidad para sólo 132 personas, y la oficina del club de 12 x 12 que también hace las veces de sala verde, fomenta una conexión única entre los artistas y el público. La excepcional acústica del Vanguard, destacada en grabaciones emblemáticas como *A Night at the Village Vanguard*, de Sonny Rollins, lo convierten en un lugar destacado para el jazz. Tras el fallecimiento de Max Gordon en 1989, su esposa Lorraine Gordon tomó las riendas y continuó con el legado del club. Lorraine, conocida como la «Reina Madre del Jazz», mantuvo sólidas relaciones con músicos veteranos y emergentes por igual hasta que falleció en 2018 y la hija de Gordon, Deborah, se hizo cargo de la gestión del club.

WARREN WOLFF warrenwolf.com
Warren Wolf es un multi-instrumentista de Baltimore, Maryland. Ha actuado en Estados Unidos, Sudamérica, Canadá, Italia, España, Amsterdam, Rotterdam, Escocia, Londres, Grecia, Singapur, Tailandia, Jarkata, Bangkok, Tokio, París, Moscú y muchos otros países. Warren ha grabado diez discos, sobre todo para Mack Ave Records. Warren es miembro del SFJAZZ Collective y de Christian McBride & Inside Straight. Warren es profesor en el Conservatorio de Música Peabody de Baltimore (Maryland) y en el Conservatorio de Música de San Francisco (California).

www.ingramcontent.com/pod-product-compliance
Lightning Source LLC
Chambersburg PA
CBHW041425120626
46547CB00002B/107
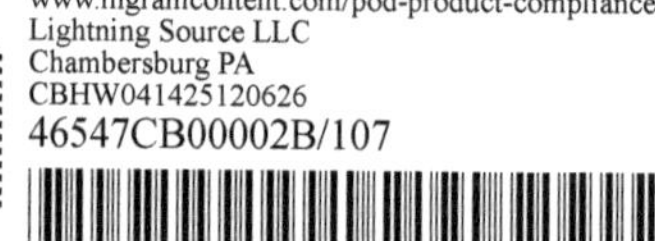
* 9 7 9 8 9 8 6 0 2 5 7 2 8 *

Thank you

I am not waving goodbye, I'm just twirling my spaghetti!

I just want to say Thank you, from the bottom of my heart , and my past loving soul. Your support means the world to me, and I am so grateful you're joining me on this culinary adventure!
Your parchase has not only made my day, but its also fueled me my pasta addiction... I mean research, Your trust in my recipes and stories is the sauce that makes my heart sing!
Thank you for being part of this delicious Journey! I hope my book brings laughter, love and a full belly to your kitchen.
with heartfelt gratitude and a full plate,

until next time, stay saucy and keep cooking

honeymoon aljabri

Dear Trapani
you have stolen my heart with your delectable pasta dishes and captivating charm. every bite was a taste of heaven, every moment a memory to treasure . my longing to return to your embrace grows with each passing day. The love that fills my heart , forever and always . May the flavors of our love story linger on and may our next chapter be written in the streets of Trapani,

Date ....

Recipe

Name of Recipe ....

Source .... Time .... Serve ....

INGREDIENTS

....

....

....

....

....

....

INSTRUCTIONS

....

....

....

....

....

....

....

Date ....

Recipe

Name of Recipe ....

Source .... Time .... Serve ....

INGREDIENTS

....

....

....

....

....

....

INSTRUCTIONS

....

....

....

....

....

....

....

Date ....

Recipe

Name of Recipe ....

Source .... Time .... Serve ....

INGREDIENTS

INSTRUCTIONS

Date ....

Recipe

Name of Recipe ....

Source .... Time .... Serve ....

INGREDIENTS

....

....

....

....

....

....

INSTRUCTIONS

....

....

....

....

....

....

....

Date ....

Recipe

Name of Recipe ....

Source .... Time .... Serve ....

INGREDIENTS

INSTRUCTIONS

Date ....

Recipe

Name of Recipe ....

Source .... Time .... Serve ....

INGREDIENTS

....

....

....

....

....

....

INSTRUCTIONS

....

....

....

....

....

....

....

Date ....

Recipe

Name of Recipe ....

Source .... Time .... Serve ....

INGREDIENTS

INSTRUCTIONS

Date ....

Recipe

Name of Recipe ....

Source .... Time .... Serve ....

INGREDIENTS

....

....

....

....

....

....

INSTRUCTIONS

....

....

....

....

....

....

....

Date ....

Recipe

Name of Recipe ....

Source .... Time .... Serve ....

INGREDIENTS

....

....

....

....

....

....

INSTRUCTIONS

....

....

....

....

....

....

....

Date ....

Recipe

Name of Recipe ....

Source .... Time .... Serve ....

INGREDIENTS

INSTRUCTIONS

Date ....

Recipe

Name of Recipe ....

Source .... Time .... Serve ....

INGREDIENTS

INSTRUCTIONS

Date

Recipe

Name of Recipe

Source Time Serve

INGREDIENTS

INSTRUCTIONS

Date ....

Recipe

Name of Recipe ....

Source .... Time .... Serve ....

INGREDIENTS

....

....

....

....

....

....

INSTRUCTIONS

....

....

....

....

....

....

....

Date ....

Recipe

Name of Recipe ....

Source .... Time .... Serve ....

INGREDIENTS

....

....

....

....

....

....

INSTRUCTIONS

....

....

....

....

....

....

....

Date ....

Recipe

Name of Recipe ....

Source .... Time .... Serve ....

INGREDIENTS

INSTRUCTIONS

Date ....

Recipe

Name of Recipe ....

Source .... Time .... Serve ....

INGREDIENTS

INSTRUCTIONS

Date ....

Recipe

Name of Recipe ....

Source .... Time .... Serve ....

INGREDIENTS

....

....

....

....

....

....

INSTRUCTIONS

....

....

....

....

....

....

....

Date ....

Recipe

Name of Recipe ....

Source .... Time .... Serve ....

INGREDIENTS

INSTRUCTIONS

Date ....

Recipe

Name of Recipe ....

Source .... Time .... Serve ....

INGREDIENTS

INSTRUCTIONS

Date ....

Recipe

Name of Recipe ....

Source .... Time .... Serve ....

INGREDIENTS

INSTRUCTIONS

Date ....

Recipe

Name of Recipe ....

Source .... Time .... Serve ....

INGREDIENTS

....

....

....

....

....

....

INSTRUCTIONS

....

....

....

....

....

....

....

Date ....

Recipe

Name of Recipe ....

Source .... Time .... Serve ....

INGREDIENTS

INSTRUCTIONS

Date ....

Recipe

Name of Recipe ....

Source .... Time .... Serve ....

INGREDIENTS

INSTRUCTIONS

Date ....

Recipe

Name of Recipe ....

Source .... Time .... Serve ....

INGREDIENTS

INSTRUCTIONS

Date ....

Recipe

Name of Recipe ....

Source .... Time .... Serve ....

INGREDIENTS

....

....

....

....

....

....

INSTRUCTIONS

....

....

....

....

....

....

....

Date ....

Recipe

Name of Recipe ....

Source .... Time .... Serve ....

INGREDIENTS

INSTRUCTIONS

Date ....

Recipe

Name of Recipe ....

Source .... Time .... Serve ....

INGREDIENTS

INSTRUCTIONS

Date ....

Recipe

Name of Recipe ....

Source .... Time .... Serve ....

INGREDIENTS

....

....

....

....

....

....

INSTRUCTIONS

....

....

....

....

....

....

....

Date ....

Recipe

Name of Recipe ....

Source .... Time .... Serve ....

INGREDIENTS

....

....

....

....

....

....

INSTRUCTIONS

....

....

....

....

....

....

....

Date ....

Recipe

Name of Recipe ....

Source .... Time .... Serve ....

INGREDIENTS

....	....
....	....
....	....
....	....
....	....
....	....

INSTRUCTIONS

....

....

....

....

....

....

....

Date ....

Recipe

Name of Recipe ....

Source .... Time .... Serve ....

INGREDIENTS

....

....

....

....

....

....

INSTRUCTIONS

....

....

....

....

....

....

....

Date ....

Recipe

Name of Recipe ....

Source .... Time .... Serve ....

INGREDIENTS

....

....

....

....

....

....

INSTRUCTIONS

....

....

....

....

....

....

....

Date ....

Recipe

Name of Recipe ....

Source .... Time .... Serve ....

INGREDIENTS

INSTRUCTIONS

Date ....

Recipe

Name of Recipe ....

Source .... Time .... Serve ....

INGREDIENTS

....

....

....

....

....

....

INSTRUCTIONS

....

....

....

....

....

....

....

Date ....

Recipe

Name of Recipe ....

Source .... Time .... Serve ....

INGREDIENTS

INSTRUCTIONS

Date ....

Recipe

Name of Recipe ....

Source .... Time .... Serve ....

INGREDIENTS

INSTRUCTIONS

Date ....

Recipe

Name of Recipe ....

Source .... Time .... Serve ....

INGREDIENTS

INSTRUCTIONS

Date ....

Recipe

Name of Recipe ....

Source .... Time .... Serve ....

INGREDIENTS

INSTRUCTIONS

Date ....

Recipe

Name of Recipe ....

Source .... Time .... Serve ....

INGREDIENTS

....

....

....

....

....

....

INSTRUCTIONS

....

....

....

....

....

....

....

Date ....

Recipe

Name of Recipe ....

Source .... Time .... Serve ....

INGREDIENTS

....

....

....

....

....

....

INSTRUCTIONS

....

....

....

....

....

....

....

Date ....

Recipe

Name of Recipe ....

Source .... Time .... Serve ....

INGREDIENTS

INSTRUCTIONS

Date ....

Recipe

Name of Recipe ....

Source .... Time .... Serve ....

INGREDIENTS

....

....

....

....

....

....

INSTRUCTIONS

....

....

....

....

....

....

....

Date ....

Recipe

Name of Recipe ....

Source .... Time .... Serve ....

INGREDIENTS

....

....

....

....

....

....

INSTRUCTIONS

....

....

....

....

....

....

....

Date ....

Recipe

Name of Recipe ....

Source .... Time .... Serve ....

INGREDIENTS

....

....

....

....

....

....

INSTRUCTIONS

....

....

....

....

....

....

....

Date ....

Recipe

Name of Recipe ....

Source .... Time .... Serve ....

INGREDIENTS

....

....

....

....

....

....

INSTRUCTIONS

....

....

....

....

....

....

....

Date ....

Recipe

Name of Recipe ....

Source .... Time .... Serve ....

INGREDIENTS

....

....

....

....

....

....

INSTRUCTIONS

....

....

....

....

....

....

....

Date ....

Recipe

Name of Recipe ....

Source .... Time .... Serve ....

INGREDIENTS

INSTRUCTIONS

Date ....

Recipe

Name of Recipe ....

Source .... Time .... Serve ....

INGREDIENTS

....

....

....

....

....

....

INSTRUCTIONS

....

....

....

....

....

....

....

Your turn!
create your own delicious stories

Welcome to your own recipe playground ! these pages are yours to fill with your favorite family recipes, new creations, or experimental dishes .Don't be afraid to get creative add your own , unleash your inner chef Your kitchen , Your rules, your own recipes

let's go

Spices are Flavor hugs!

1. **Cool, Dark, and Handsome:** Think of your spices like high-maintenance celebrities they crave cool, dark environments to stay fresh and fabulous. So tuck them away in a cupboard away from the spotlight, where they can chill out and avoid any paparazzi (aka sunlight) trying to steal their shine.

2. **Avoid Heat Waves:** Spices are like delicate flowers they wilt at the mere mention of heat. So keep them away from the stove, oven, or any other hot spots in your kitchen. Trust me, nobody wants to see a wilted basil leaf or a sad, shriveled cinnamon stick.

3. **Say No to Moisture:** Moisture is the enemy of spice freshness it's like inviting a soggy mess to the party. Keep your spices far, far away from any steamy situations, like above the sink or next to the dishwasher. They'll thank you by staying dry and flavorful.

4. **Don't Be a Scoop Hog:** When it comes to dipping into your spice stash, sharing is caring. Avoid double-dipping with dirty spoons or fingers it's like inviting bacteria to crash the spice party. Instead, use clean, dry utensils to scoop out what you need, and your spices will stay fresher than a daisy.

5. **Label Love:** Spice jars are like a maze without a map without labels, you'll be lost in a sea of
mystery powders and mystery flavors. Take a few seconds to label your jars with the name and date of
purchase. It's like giving your spices a name tag at a party they'll never get lost in the crowd.

6. **Rotate, Rotate, Rotate:** Spices are like the forgotten leftovers at the back of your fridge they have
a tendency to get lost in the shuffle. Keep them front and center, and rotate them regularly to ensure
you're using the oldest ones first. It's like giving your spices a chance to shine in the spotlight before
they retire to the spice cabinet retirement home.

Remember, storing spices is like a delicate dance you want to keep them cool, dry, and far away from
any drama. Follow these tips, and your spices will stay fresher than a daisy, ready to add a burst of flavor
to your culinary creations!

Produce detective,

1. **Trust Your Senses:** Picture yourself as a produce detective, armed with a magnifying glass and a nose for freshness. Give those veggies a gentle squeeze firm but not Hulk-level strong. Remember, they're delicate beings, not wrestling opponents. And when it comes to sniffing, go ahead, stick your nose in there! Just don't get too carried away and start sniffing other shoppers' carts.

2. **Eyes on the Prize:** Keep those peepers peeled for produce that's as vibrant as a neon sign in
Times Square. Think of it as a veggie beauty pageant only the brightest and most colorful contestants make it to the winner's circle. And if you spot any sad, wilted specimens, give them a sympathetic pat on the back before moving on. They could use the encouragement.

3. **Get Hands-On:** Time to get touchy-feely with your produce! Give those leafy greens a gentle shake, like you're testing for hidden treasure. Who knows, you might just uncover a bunch of kale that's ready to party. And when it comes to herbs, treat them like the divas, they are pick the ones that stand tall and fragrant, like they just won a spa day in Vegas.

4. **The Sacred Art of Tasting:** Forget about those fancy tasting spoons your finger is the ultimate culinary tool. Just make sure to wash your hands first, unless you're going for that extra kick of flavor. And remember, tasting is not a crime. It's quality control, and you're the boss!

5. **The Dance of the Kitchen:** Cooking is like a dance full of rhythm, grace, and the occasional clumsy stumble. Embrace your inner culinary dancer, swaying to the beat of sizzling pans and bubbling pots. And if you accidentally trip over the dog while twirling around the kitchen, just call it the latest move in your signature routine!

Remember, laughter is the best seasoning in the kitchen.

6. **Clean as You Go:** Want to avoid a post-cooking disaster zone? Channel your inner cleaning ninja and tidy up as you go. It's like a high-stakes game of culinary Tetris fitting pots and pans back into the cupboard while dodging splatters and spills. Bonus points if you can do it without dropping your spoon!

Remember, laughter is the best seasoning in the kitchen. So go ahead, sprinkle some humor into your cooking routine, and watch those kitchen mishaps turn into delicious memories!

Cook like pro Now you Know

1. **Mastering the Knife:** Hold that knife like you're wielding Excalibur, but with less pressure to impress King Arthur. Your grip should be firm yet relaxed, like holding hands with a nervous octopus.
And remember, it's a knife, not a wand no need for dramatic flourishes!

2. **Taming the Onion Tears:** Want to avoid an impromptu onion-induced sob fest? Stick your onions in the fridge for a bit before chopping. They'll be too busy shivering to make you cry. And if all else fails, just imagine you're watching the saddest movie ever while you chop. Tears will flow, but at least you'll have a good excuse!

3. **Embracing Kitchen Gadgets:** You know those fancy kitchen gadgets collecting dust in the back of
your cupboard? Time to give them some love! Dust off that avocado slicer, unleash the power of the
garlic press, and let that strawberry huller feel useful for once. They may not be essential, but they sure know how to make you feel like a kitchen superhero.

Ah, the first step in any culinary adventure the hunt for the perfect knife to tackle those fresh produce.
But before you dive into the chopping frenzy, let me share a little secret with you: don't be afraid to taste things along the way.
Yes, that's right! Before you even think about turning on the stove, take a moment to acquaint your palate with the raw ingredients. Let your taste buds dance with anticipation as you explore the flavors and textures, forming a delicious partnership even before the cooking begins.
And as you embark on your chopping journey, let me offer a friendly reminder: seasoning is key. Season
each layer of your dish as you go, building flavors with every chop and sprinkle.
Now, about those onions...don';t worry, we've all shed a tear or two in the kitchen. But fear not! Here's a
little trick to keep those tears at bay: open the water on your sink and let it run while you peel. And remember to smile through the tears, because hey, you've got this!
So go ahead, sharpen that knife, taste those ingredients, and don't forget to smile as you conquer the
kitchen one chop at a time. You've got the tools, the skills, and the spirit now let's get cooking!

Don't be afraid to taste things along the way.

Ah, the art of cooking the perfect blend of science, creativity, and a healthy dose of trial and error. Let me tell you, some of the best dishes I've ever created were born from a little mishap here and there. You see, as a self-proclaimed home cook extraordinaire, I've learned to embrace the beauty of mistakes and turn them into culinary triumphs.

Countless times I've found myself veering off course, missing a step or misreading a recipe, only to discover a new and unexpected flavor profile waiting to be unleashed. And let me tell you, it's a thrilling adventure every single time.

So, my fellow home chefs, I implore you don't be afraid to make mistakes in the kitchen.

This is not some mystical realm where everything has to be perfect. No, this is the kitchen, where magic happens precisely because of those delightful little mishaps.

Allow yourself to stray from the beaten path, to improvise, to substitute ingredients according to what you have in your pantry. Let your creativity run wild, and don't be afraid to dance to the beat of your own culinary drum.

After all, some of the greatest inventions in the culinary world were happy accidents. So go ahead, embrace the mistake you're about to make, and who knows? It might just lead you to your next culinary masterpiece.

Not so Italian

NOR YOUR

NONNA'S COOKING BOOK

Rule number one make these recipes yours, add little of this and little of that, make mistake, a lot of mistakes , enjoy the process , remember you will never lost if you don't know the destination. there is no wrong recipe, there is different taste , from my heart to your kitchen.😘

honeymoon aljabri

WE DID IT

"I am a slave to the noodle , a prisoner of penne, and a devotee of Orzo. In short, I am hopeless in love with Pasta"

My dear , we've reached the final chapter of our culinary adventure, a journey filled with laughter, love, and more than a few burnt soufflés along the way. From the bustling streets of Tanzania to the charming alleys of Trapani, Italy, we've explored the vibrant tapestry of flavors and traditions that make cooking a truly universal language.

As I reflect on the countless meals shared with family and friends, I can't help but smile at the memories created in the kitchen. From the chaotic dance of chopping onions to the soothing melody of simmering sauces, each moment has been a delicious reminder of the joy that comes from embracing the art of cooking.

But amidst all the laughter and chaos, there's one place that will forever hold a special piece of my heart Trapani, Italy. Oh, how its sun-kissed shores and rolling mountains stole my heart and left an indelible

mark on my soul. The taste of fresh seafood, the aroma of basil in the air, and the warmth of Italian hospitality these are the memories that will always beckon me back to Trapani.

So, here's to the city that captured my heart and the food that keeps me coming back for more. May our culinary adventures continue to inspire and delight us, reminding us that the true magic of cooking lies not just in the ingredients, but in the love and laughter shared around the table.

And as we bid farewell to this book, let us carry with us the spirit of adventure, the joy of discovery, and the endless possibilities that await us in the kitchen. For in the world of cooking, every meal is a love letter, every dish a story waiting to be told.

Buon appetito, my friends, and may your kitchen be forever filled with laughter, love, and the flavors of Tanzania and Italy.

With a pinch of humor, a dash of romance, and a whole lot of joy,

Honeymoon Aljabri

more pages just for you

GINGER TURMERIC Energy Elixir

INGREDIENTS:

1-inch piece of fresh ginger (grated),
1 teaspoon of ground turmeric, or 1 inch piece of fresh turmeric (granted)
juice of 1 lemon,
1 tablespoon of honey, a pinch of black pepper, and 1 cup of warm water.
1 cup coconut juice

DIRECTIONS

Combine all ingredients in a mug and stir until well mixed. Let it steep for a few minutes before straining. Sip this warming elixir to invigorate your body and mind with the potent anti-inflammatory properties of ginger and turmeric.

TEA GREEN Matcha Energizer:

INGREDIENTS:

1 teaspoon of matcha green tea powder, 1 tablespoon of honey, juice of half a lemon, and 1 cup of cold water.

DIRECTIONS

Whisk the matcha powder and honey into the cold water until dissolved. Add lemon juice and stir well. Serve over ice for a revitalizing energy boost packed with antioxidants.

CITRUS HONEY
Energy Drink

INGREDIENTS:

1 cup of fresh orange juice,
1 tablespoon of lemon juice,
2 tablespoons of lime juice,
2 tablespoons of honey,
a pinch of salt, and 1 cup of water.

DIRECTIONS

Mix all the ingredients together in a blender until well combined. Pour into a glass over ice and enjoy the refreshing boost of energy from the citrus fruits and natural sweetness of honey.

INGREDIENTS:

- 3 teaspoon hibiscus
- 2 tablespoons lavender
-4 cups water
- Honey or sugar to taste (optional)

And so, in that unexpected moment, my favorite tea was born a delicate dance of flavors and aromas,
born from a mother's love and a daughter's whimsy. As the water simmered and the fragrance of lavender
mingled with the sweet notes of hibiscus, a sense of calm washed over me a soothing balm for the soul in the tranquil hours of evening.
To recreate this enchanting brew, simply bring water to a gentle boil and infuse it with the vibrant hues of hibiscus petals. Sweeten to taste with sugar or honey, if desired. Then, as the water begins to dance with the essence of hibiscus, add a sprinkle of lavender petals to the pot, allowing their delicate fragrance to permeate the brew. And so, dear reader, in the quiet moments of evening, amidst the symphony of laughter and love, may you find solace in the simple pleasures of a cup of tea a testament to the beauty of serendipity and the
magic of a mother's touch.

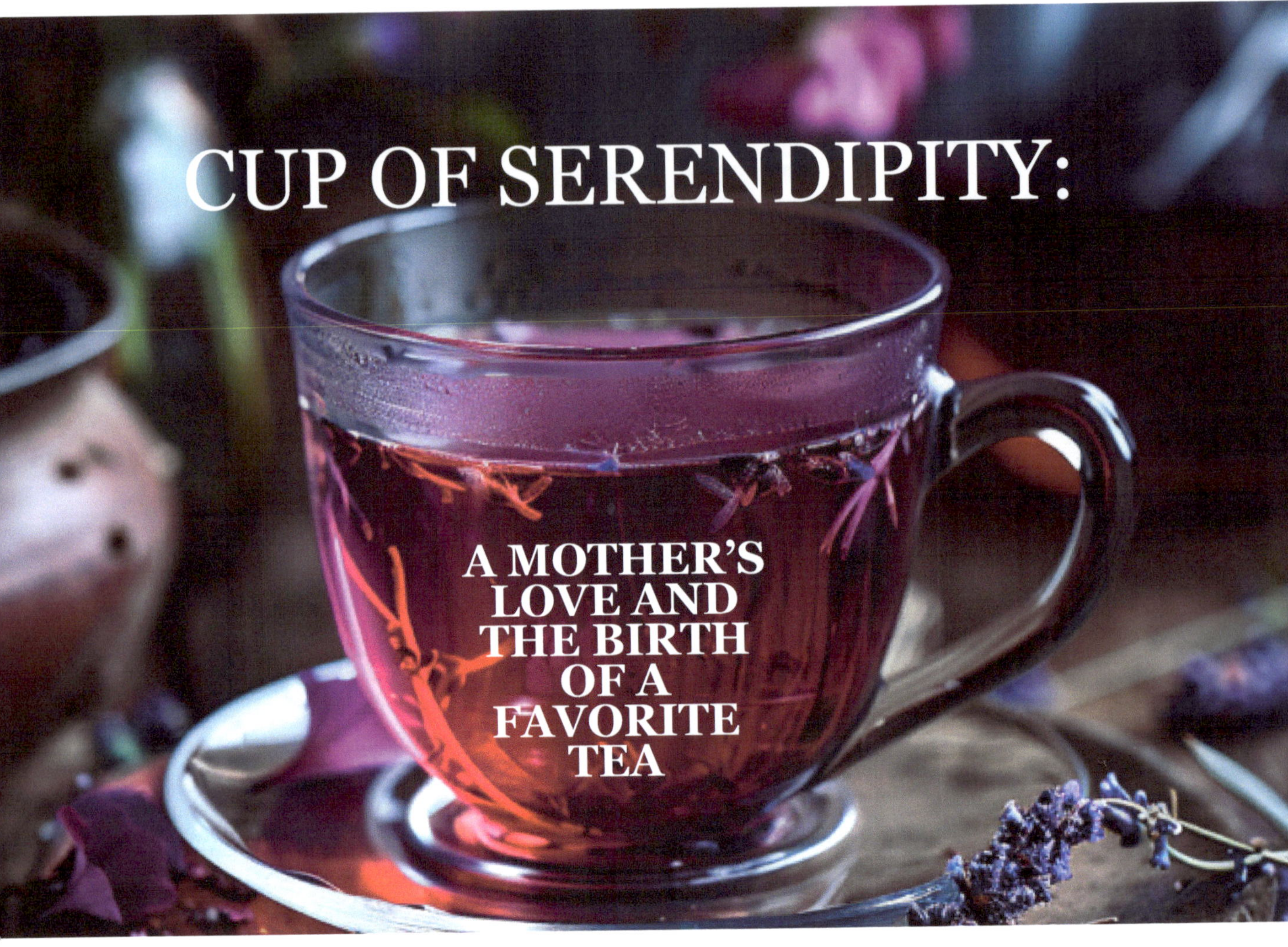

CUP OF SERENDIPITY:

A MOTHER'S LOVE AND THE BIRTH OF A FAVORITE TEA

In the gentle twilight hours, amidst the whispers of evening, a serendipitous moment unfolded a story woven from the threads of love and the innocence of a simple mistake. It was a quiet evening, much like any other, when the melody of laughter and conversation danced through the air, carrying the warmth of familial bonds across the miles.

As I spoke with my mother, the cherished rhythm of our conversation swirled around me, wrapping me in a comforting embrace. In the midst of our dialogue, a simple act of absentmindedness led to the delightful discovery of a mistake that bloomed into a cherished tradition.

With the lavender canister in hand, I absentmindedly opened it, intending to add its fragrant essence to a pot of boiling water already infused with the vibrant hues of hibiscus. But fate had other plans, as the lavender petals cascaded gracefully into the pot, merging with the swirling currents of steam and color.

Repeat with another layer of soaked ladyfinger cookies and the remaining mascarpone mixture.

6. Cover the tiramisu with plastic wrap and refrigerate for at least 4 hours, or preferably overnight, to allow the flavors to meld and the dessert to set.

7. **Dust with Cocoa Powder**:

- Before serving, dust the top of the tiramisu with unsweetened cocoa powder using a fine- mesh sieve.

8. **Garnish and Serve**:

- Garnish the tiramisu with dark chocolate shavings or cocoa nibs, and fresh mint leaves (if using), for a beautiful presentation.
- Slice and serve the tiramisu chilled, and enjoy the luxurious flavors of this Mediterranean- inspired dessert.

Pro Tip: For an extra touch of indulgence, drizzle some chocolate sauce or sprinkle some crushed pistachios over the tiramisu just before serving.

Note This not so traditional tiramisu with a hint of cardamom is a luscious and decadent dessert that combines the classic flavors of coffee, mascarpone cheese, and ladyfinger cookies with a Mediterranean twist. Enjoy the rich and creamy texture, enhanced by the aromatic hint of cardamom. Enjoy your Traditional Tiramisu with Love from the Mediterranean.

DIRECTIONS

1. **Prepare Coffee Mixture**:

- In a shallow dish, combine the cooled brewed coffee and rum or coffee liqueur (if using). Set aside.

2. **Prepare Mascarpone Mixture**:

- In a mixing bowl, beat the egg yolks and granulated sugar together until pale and creamy, about 3-5 minutes.

- Add the softened mascarpone cheese, vanilla extract, and ground cardamom to the egg yolk mixture. Beat until smooth and well combined.

3. **Beat Egg Whites**:

- In a separate clean mixing bowl, beat the egg whites until stiff peaks form, about 3-4 minutes.

4. **Fold Egg Whites into Mascarpone Mixture**:

- Gently fold the beaten egg whites into the mascarpone mixture with a spatula until no streaks remain. Be careful not to deflate the egg whites.

5. **Assemble Tiramisu**:

- Dip each ladyfinger cookie into the coffee mixture briefly, making sure not to soak them too much.

- Arrange a layer of soaked ladyfinger cookies in the bottom of a serving dish or individual glasses.

- Spread half of the mascarpone mixture over the layer of soaked ladyfinger cookies.

NOT SO

Traditional Tiramisu with a Mediterranean Twist

INGREDIENTS

1 cup strong brewed coffee (preferably espresso), cooled
- 3 tablespoons rum or coffee liqueur (such as Kahlúa), optional
- 3 large eggs, separated, at room temperature
- 1/2 cup granulated sugar
- 8 oz (225g) mascarpone cheese, softened
- 1 teaspoon vanilla extract
- 1/2 teaspoon ground cardamom
- 24 ladyfinger cookies
- Unsweetened cocoa powder, for dusting
- Dark chocolate shavings or cocoa nibs, for garnish
- Fresh mint leaves, for garnish (optional)

4. Add Liqueur (Optional):
- For an extra kick of flavor, you can add 1-2 tablespoons of your favorite liqueur to the affogato. Popular choices include amaretto, Frangelico, or Kahlúa. This step is optional and can be adjusted according to your preference.
5. **Garnish (Optional):**
- If desired, you can garnish the affogato with toppings such as shaved chocolate, cocoa powder, crushed nuts, or a dollop of whipped cream. Get creative and customize it to your liking.
6. Serve Immediately:
- Serve the affogato immediately while the espresso is still hot and the ice cream is cold and creamy. The contrast between the hot espresso and cold ice cream is what makes this dessert so delicious.
7. Enjoy:
Grab a spoon and dig into the creamy goodness of the affogato. Enjoy the rich flavors of espresso and vanilla ice cream coming together in every spoonful.
Pro Tip: For an extra indulgent treat, you can drizzle some chocolate syrup or caramel sauce over the affogato before serving.
Note: This classic affogato recipe is simple yet elegant, making it the perfect dessert or afternoon pick-me-up. Whether you enjoy it as a dessert after dinner or as a luxurious treat on a hot day, the affogato is sure to delight your taste buds. Enjoy your Classic Affogato . Indulge and savor every spoonful!

Classic Affogato Recipe

INGREDIENTS

- 2 shots of espresso (or strong brewed coffee)
- 2 scoops of high-quality vanilla ice cream or gelato
- Optional: 1-2 tablespoons of your favorite liqueur (such as amaretto, Frangelico, or Kahlúa)
- Optional toppings: shaved chocolate, cocoa powder, crushed nuts, whipped cream

DIRECTIONS

- Brew two shots of espresso using an espresso machine or a Moka pot. If you don't have an espresso machine, you can use strong brewed coffee as a substitute.

2. **Prepare Ice Cream:**

- Place two scoops of high-quality vanilla ice cream or gelato in a serving glass or cup. Make sure the ice cream is well-chilled.

3. Pour Espresso:

- Pour the freshly brewed espresso shots over the ice cream in the serving glass. The hot espresso will start to melt the ice cream, creating a creamy and delicious combination.

3. **Fill and Serve**:

- Spread your desired filling (Nutella, ricotta cheese, fresh fruit, etc.) over one side of each crepe.
- Fold the crepe into quarters or roll it up.
- Dust with powdered sugar and top with whipped cream, honey, or syrup if desired.
- Serve warm and enjoy!

Pro Tip: Crepes can be made ahead of time and stored in the refrigerator for up to two days. Simply reheat in a skillet or microwave before serving.

Enjoy these classic sweet not so Italian crepes as a delightful breakfast, brunch, or dessert!

DIRECTIONS

1. **Prepare the Batter**:
- In a mixing bowl, whisk together the flour, sugar, and salt.
- In another bowl, whisk together the milk, eggs, melted butter, and vanilla extract until well combined.
- Gradually add the wet ingredients to the dry ingredients, whisking continuously until the batter is smooth and free of lumps.
- Cover the bowl and let the batter rest for at least 30 minutes at room temperature. This helps the flour to fully absorb the liquid, resulting in more tender crepes.

2. **Cook the Crepes**:
- Heat a non-stick skillet or crepe pan over medium heat. Lightly grease the pan with a small amount of butter.
- Pour about 1/4 cup of batter into the center of the pan, and immediately tilt and rotate the pan to spread the batter evenly into a thin layer.
- Cook for about 1-2 minutes until the edges start to lift and the bottom is lightly golden. Flip the crepe using a spatula and cook for another 30 seconds to 1 minute on the other side.
- Transfer the cooked crepe to a plate and cover with a clean kitchen towel to keep warm.

Repeat with the remaining batter, adding more butter to the pan as needed.

This recipe I dedicated to my beloved Auntie "Mama Sophia" Who taught me the art of crepe-making and the joy of cooking with Love

INGREDIENTS

Classic Sweet Italian Crepes

(Crespelle Dolci)

Ingredients:

- 1 cup all-purpose flour
- 2 tablespoons granulated sugar
- 1/4 teaspoon salt
- 1 1/2 cups whole milk
- 3 large eggs
- 2 tablespoons unsalted butter, melted and cooled, plus more for the pan
- 1 teaspoon vanilla extract

Optional Fillings and Toppings:

- Nutella/ chocolate or vanilla ice-cream (why not)spread
- Fresh berries or sliced fruit
- Sweetened ricotta cheese (mix ricotta with a bit of sugar and vanilla)
- Whipped cream

- Powdered sugar, for dusting
- Honey or maple syrup

Classic Sweet Italian Crepes (Crespelle Dolci)

- Flip the pancakes and cook for another 2-3 minutes, or until golden brown and cooked through.
- Repeat with the remaining batter, adding more oil to the skillet as needed.

6. **Serve**:

- Serve the pancakes warm with your choice of toppings. Drizzle with honey or maple syrup, and top with fresh fruit, shredded coconut, or nuts for added texture and flavor.

Pro Tip**: For an extra burst of flavor, you can add a tablespoon of shredded coconut to the batter.

Enjoy your Rice Flour Pancakes with Cardamom and Coconut Milk! These pancakes are a delightful breakfast or brunch option that brings a taste of the tropics to your table.

DIRECTIONS

1. **Mix Dry Ingredients**:
- In a large mixing bowl, whisk together the rice flour, sugar, baking powder, ground cardamom, and salt.

2. **Mix Wet Ingredients**:
- In another bowl, whisk together the coconut milk, eggs, vanilla extract, and melted coconut oil until well combined.

3. **Combine Wet and Dry Ingredients**:
- Pour the wet ingredients into the dry ingredients and stir until just combined. Be careful not to over mix; the batter should be smooth but slightly thick. Let it sit for about 1 hour

4. Preheat Pan
- Heat a non-stick skillet or griddle over medium heat. Lightly grease the pan with a little coconut oil or vegetable oil.

5. Cook Pancakes
- Pour about 1/4 cup of batter onto the skillet for each pancake. Cover the pan minutes let it Cook until bubbles start to form on the surface and the edges look set, about 2-3 minutes.

-

Rice Flour Pancakes with Cardamom & Coconut Milk

INGREDIENTS

- 1 cup rice flour
- 1 tablespoon granulated sugar
- 1/2 teaspoon baking powder
- 1/4 teaspoon ground cardamom
- Pinch of salt
- 1 cup coconut milk (shake well before measuring)
- 2 large eggs
- 1 teaspoon vanilla extract
- 1 tablespoon coconut oil or vegetable oil, melted and cooled, plus more for cooking
- Optional toppings: honey, maple syrup, fresh fruit, shredded coconut, nuts

4. **Serve

- Transfer the cooked French toast to a plate and keep warm in a low oven (about 200°F) if
cooking in batches.
- Serve the French toast hot with your choice of toppings. Drizzle with maple syrup, add fresh berries, sprinkle with powdered sugar, or dollop with whipped cream. Customize with any of the other optional toppings for an extra special touch.

Pro Tip*: For a slightly crispier exterior, you can finish the French toast in a preheated 350°F oven for 5-10 minutes after pan-frying.

Enjoy your Brunch Heaven French Toast! This recipe is sure to be a hit and make any brunch feel special and indulgent.

DIRECTIONS

1. **Prepare the Custard**:
- In a large mixing bowl, whisk together the eggs, milk, heavy cream, granulated sugar, vanilla
extract, cinnamon, nutmeg, and salt until well combined.
2. **Soak the Bread**:
- Dip each slice of bread into the custard mixture, allowing it to soak for about 20-30 seconds
on each side. Ensure the bread absorbs the mixture but doesn't become too soggy.
3. **Cook the French Toast**:
- Heat a large non-stick skillet or griddle over medium heat and add 1 tablespoon of butter.
Once the butter is melted and bubbling, add the soaked bread slices to the skillet.
- Cook the bread slices for 2-3 minutes on each side, or until golden brown and cooked through. Adjust the heat if necessary to prevent burning. Cook in batches if needed, adding more butter to the skillet as required.

Brunch Heaven French Toast

INGREDIENTS

- 1 loaf of brioche or challah bread, sliced into 1-inch thick slices
- 4 large eggs
- 1 cup whole milk
- 1/2 cup heavy cream
- 2 tablespoons granulated sugar
- 1 teaspoon vanilla extract
- 1/2 teaspoon ground cinnamon
- 1/4 teaspoon ground nutmeg
- Pinch of salt
- 2 tablespoons unsalted butter, for cooking

Optional Toppings:

- Maple syrup
- Fresh berries (strawberries, blueberries, raspberries)

- Powdered sugar
- Whipped cream
- Sliced bananas
- Chocolate chips or sauce
- Nuts (e.g., pecans, almonds)

3. Add Cardamom:

Stir in the ground cardamom until evenly distributed throughout the mixture. Adjust the amount to your taste preferences.

4. Pour into Pan:

- Pour the lemon-lime mixture into a shallow baking dish or pan. The mixture should be no more than 1 inch deep for optimal freezing.

5. Freeze:

- Place the pan in the freezer and let it freeze for about 1-2 hours, or until the edges begin to set.

6. Scrape and Fluff:

- Using a fork, scrape the frozen edges of the mixture towards the center to create flaky ice crystals. Continue scraping every 30 minutes for about 2-3 hours, or until the entire mixture is light and fluffy.

7. Serve:

- Once the granita has reached the desired consistency, fluff it with a fork one last time.
- Scoop the granita into serving glasses or bowls.
- Garnish with optional lemon and lime zest, and fresh mint leaves for a refreshing touch.

8. Enjoy:

- Serve immediately and enjoy the refreshing and citrusy flavors of this lemon lime granita with a hint of cardamom.

3. Add Cardamom:

Pro Tip: For an extra burst of freshness, you can squeeze a little extra lemon or lime juice over the granita just before serving.

Note: This lemon lime granita with a hint of cardamom is a delightful and refreshing treat, perfect for hot summer days or as a palate cleanser between courses during a meal.

Enjoy your Lemon Lime Granita. Chill out and savor every spoonful!

Lemon Lime Granita with a Hint of Cardamom

INGREDIENTS

- 1 cup fresh lemon juice (from about 4-6 lemons)
- 1/2 cup fresh lime juice (from about 4-6 limes)
- 1 cup water
- 1 cup granulated sugar
- 1/2 teaspoon ground cardamom
- Zest of 1 lemon (optional, for garnish)
- Zest of 1 lime (optional, for garnish)
- Fresh mint leaves (optional, for garnish)

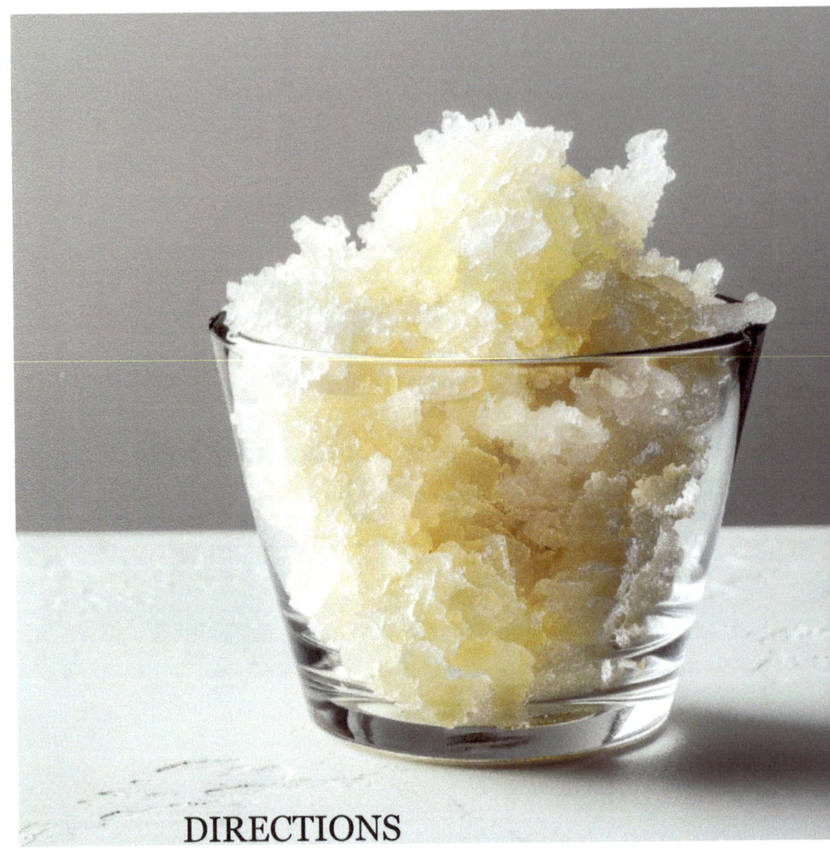

DIRECTIONS

1. Prepare Simple Syrup:
- In a small saucepan, combine the water and granulated sugar. Heat over medium heat, stirring occasionally, until the sugar is completely dissolved. Remove from heat and let it cool to room temperature.
2. Juices and Simple Syrup:
- In a large mixing bowl, combine the fresh lemon juice, fresh lime juice, and cooled simple syrup. Stir until well combined.

5. **Bake:**

- Place the baking sheet in the preheated oven and bake for about 20-25 minutes, or until the zucchini is tender and lightly browned around the edges.

6. **Drizzle with Lemon Juice:**

- Once baked, remove the zucchini and red pepper from the oven.
- Drizzle the baked vegetables with freshly squeezed lemon juice for a burst of citrus flavor.

7. **Garnish and Serve:**

- Transfer the baked zucchini and red pepper to a serving platter.
- Garnish with freshly chopped herbs, such as parsley or basil, for a pop of color and freshness.
- Serve as a delicious side dish or appetizer.

Pro Tip: You can sprinkle some grated Parmesan cheese over the baked zucchini and rcd pcppcr for added flavor.

Note: This baked zucchini with red pepper flakes is a simple yet flavorful dish that celebrates the natural sweetness of the vegetables. Enjoy the tender zucchini slices with a hint of heat from the red pepper flakes and the freshness of lemon juice.

Enjoy your Baked Zucchini with Red Pepper Flakes from the Mangia and savor the deliciousness!

Baked Zucchini with Red Pepper Flakes

INGREDIENTS

- 2 medium zucchinis, sliced into rounds
- 1 red bell pepper, thinly sliced
- 2 cloves garlic, minced
- 2 tablespoons olive oil
- Salt to taste
- Red pepper flakes, to taste
- Juice of 1 lemon
- Fresh herbs (such as parsley or basil), chopped, for garnish

DIRECTIONS

1. **Preheat Oven:**
- Preheat your oven to 400°F (200°C).
2. **Prepare Zucchini and Red Pepper:**
- Slice the zucchinis into rounds and thinly slice the red bell pepper.

3. **Toss with Garlic and Olive Oil:**
- In a large bowl, combine the zucchini rounds, sliced red bell pepper, minced garlic, and olive oil. Toss until the vegetables are evenly coated.
4. **Season and Arrange:**
- Spread the seasoned zucchini and red pepper slices in a single layer on a baking sheet lined with parchment paper.
- Sprinkle salt and red pepper flakes over the vegetables according to your taste preferences.

4. Chill Onion Rings

- Place the coated onion rings on a baking sheet lined with parchment paper.
- Place the baking sheet in the fridge for about 15-20 minutes to allow the butter to firm up and adhere to the onion rings.

Dredge each onion ring in the seasoned flour mixture, making sure to coat both sides lightly.

Shake off any excess .

5. **Heat Oil:**

- In a deep fryer or large pot, heat oil to 375°F (190°C).

6. **Fry Onion Rings:**

- Carefully lower a few onion rings into the hot oil using tongs or a slotted spoon, making sure not to overcrowd the pan.
- Fry the onion rings in batches for about 2-3 minutes, or until golden brown and crispy.
- Remove the fried onion rings from the oil using a slotted spoon and transfer them to a paper towel-lined plate to drain excess oil.
- Repeat the frying process with the remaining onion rings.

.

7. Serve:

- Serve the crispy homemade onion rings immediately, while they're hot and crispy.
- Enjoy them as a tasty appetizer or side dish, paired with your favorite dipping sauce.

Pro Tip: For extra flavor, you can add a pinch of cayenne pepper or smoked paprika to the seasoned flour mixture.

Note: These crispy homemade onion rings are a delicious and addictive snack that's perfect for sharing with family and friends. Enjoy the crunchy texture and savory flavor of these golden delights!

Enjoy your Crispy Homemade Onion Rings. Dip, crunch, and savor every bite!

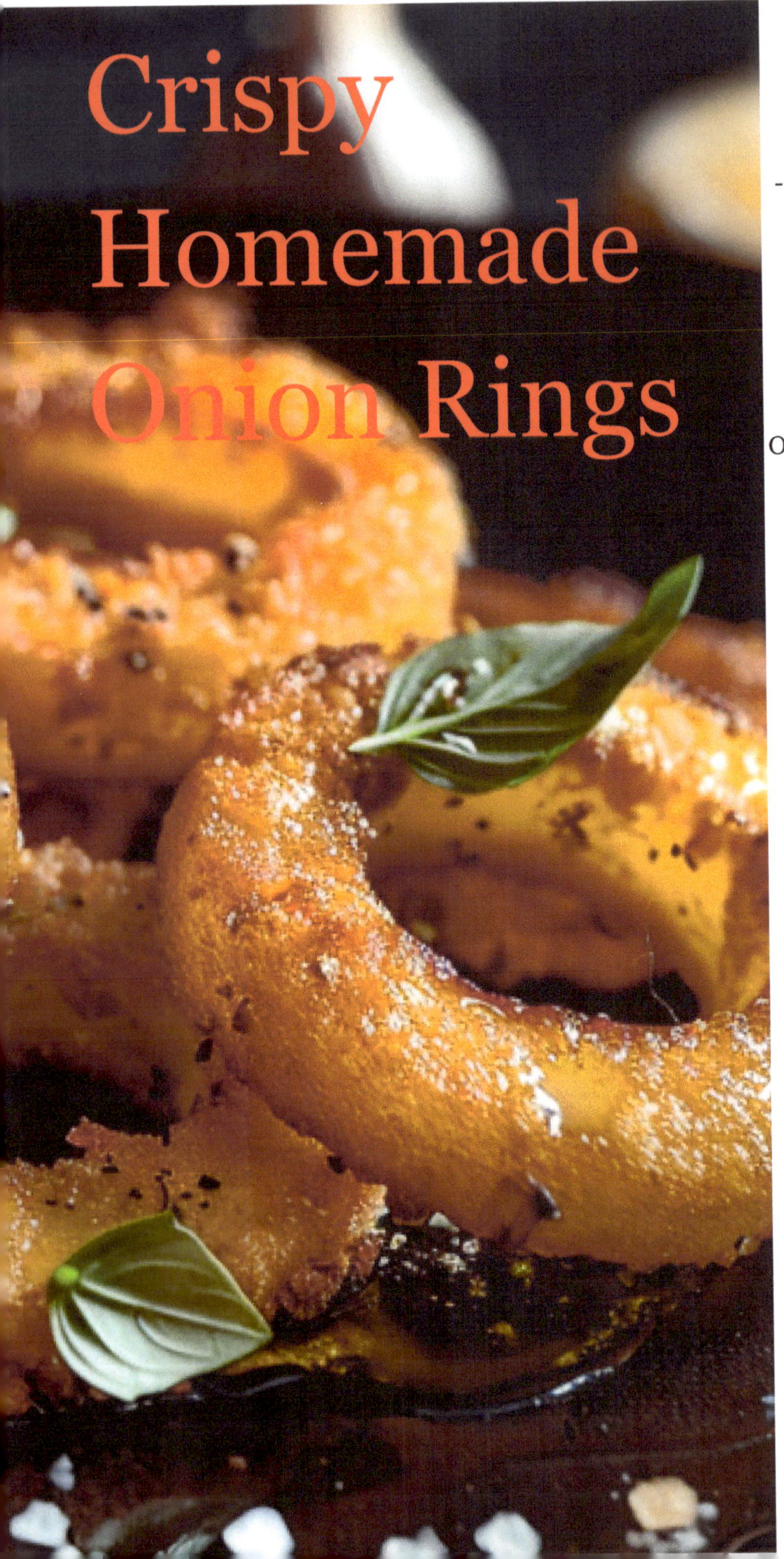

INGREDIENTS

- 2 large sweet onions, cut into thick rings
- 1 cup rice flour
- 1 coconut milk
- Salt and pepper to taste
- 1 teaspoon garlic powder

Oil for frying (vegetable or canola oil)

DIRECTIONS

1. **Prepare Onions:

- Peel the onions and slice them into thick rings, about 1/2 inch thick. Separate the rings and set aside.
- In a shallow dish, mix together the rice flour, salt, pepper, coconut milk and garlic powder.

(make sure is thick, add or flour or water if necessary.

2. allow 30 minutes to chill in the fridge. Chilled butter helps create a crispy coating on the onion rings.

3. Coat Onion Rings:

- Dredge each onion ring in the seasoned flour mixture, making sure to coat both sides evenly. Shake off any excess .

4. Toast Rice:

- Add the Arborio rice to the skillet with the onion and garlic. Toast the rice for 1-2 minutes,
stirring constantly, until it becomes slightly translucent around the edges.

5. Deglaze with Wine (optional):

If using white wine, pour it into the skillet with the rice. Stir continuously until the wine is absorbed by the rice.

6. Cook Risotto:

- Begin adding the warm broth to the skillet, one ladleful at a time, stirring continuously.
- Allow each addition of broth to be absorbed by the rice before adding more. This process will
take about 20-25 minutes.

7. **Incorporate Mushrooms:**

- When the rice is creamy and tender but still slightly firm to the bite (al dente), stir in the cooked mushrooms.

8. **Finish with Butter and Cheese:**

- Remove the skillet from the heat. Stir in the butter and grated Parmesan cheese until melted and creamy.
- Season with salt and pepper to taste.

9. **Serve:**

- Transfer the mushroom risotto to serving plates or a large serving dish.
- Garnish with chopped fresh parsley for a pop of color and freshness.
- Serve immediately, while it's warm and creamy.

Pro Tip: For an extra luxurious touch, you can add a drizzle of truffle oil or a sprinkle of truffle salt over the risotto just before serving.

Note: This classic mushroom risotto is rich, creamy, and full of earthy flavors. It's a comforting dish that's perfect for a cozy dinner or special occasion.

Enjoy your creamy Mushroom Risotto, Buon appetito!

Classic Mushroom Risotto

INGREDIENTS

- 1 1/2 cups Arborio rice
- 4 cups chicken or vegetable broth
- 1 cup dry white wine (optional)
- 1 onion, finely chopped
- 2 cloves garlic, minced
- 2 cups mushrooms (such as cremini or button), sliced
- 1/2 cup grated Parmesan cheese
- 2 tablespoons butter
- 2 tablespoons olive oil
- Salt and pepper to taste
- Fresh parsley, chopped, for garnish

DIRECTIONS

1. **Prepare Broth:**
- In a saucepan, heat the chicken or vegetable broth over low heat. Keep it warm throughout the cooking process.
2. **Sauté Mushrooms:**
- In a large skillet or Dutch oven, heat olive oil over medium heat.
- Add the sliced mushrooms and cook until they are golden brown and tender, about 5-7 minutes. Remove from the skillet and set aside.
3. Sauté Onion and Garlic:
- In the same skillet, add the chopped onion and minced garlic. Sauté until the onion is translucent and fragrant, about 3-4 minutes.

3. Assemble:
- Transfer the cooked couscous to a serving platter or individual plates.
- Arrange the baked fish fillets on top of the couscous.
- Scatter the roasted red bell pepper slices and garlic cloves over the fish and couscous.
- Drizzle with olive oil.
- Garnish with chopped fresh herbs.
4. Serve:
- Serve the Sicilian couscous with baked fish immediately, while it's still warm.
- Enjoy the flavors of Sicily, with the aromatic herbs, sweet roasted garlic, and tender baked fish.

Pro Tip: You can customize the garnish with additional ingredients such as lemon wedges, olives, or capers for extra flavor.

Note: This Sicilian couscous with baked fish captures the essence of Sicilian cuisine with its fresh and vibrant flavors. It's a delightful dish that's perfect for a special dinner or gathering with
loved ones.

Enjoy your culinary journey back to Sicily with this delicious couscous. Buon appetito!

Sicilian Couscous with Baked Fish

INGREDIENTS

For the Couscous:

- 1 cup couscous
- 1 1/4 cups vegetable broth
- 1 tablespoon olive oil
- Salt to taste

For the Baked Fish:

- 4 fish fillets (such as red snapper or sea bass)
- 2 tablespoons olive oil
- Juice of 1 lemon
- Salt and pepper to taste
- Fresh herbs
- 1 red bell pepper, roasted and sliced
- 1 head of garlic, roasted and cloves separated
- Olive oil for drizzling

DIRECTIONS

1. **Prepare Couscous:**
- In a saucepan, bring the vegetable broth to a boil.
- Stir in the olive oil and salt.
- Remove from heat and add the couscous. Cover and let it sit for about 5 minutes, or until the liquid is absorbed.
- Fluff the couscous with a fork to separate the grains.

2. Prepare Baked Fish:
- Preheat your oven to 375°F (190°C).
- Place the fish fillets on a baking dish lined with parchment paper.
- Drizzle olive oil and lemon juice over the fish.
- Season with salt and pepper to taste.
- Bake in the preheated oven for about 15-20 minutes, or until the fish is cooked through and flakes easily with a fork.

3. **Prepare Creamy Basil Pesto:**
- Squeeze the roasted garlic cloves out of their skins into a blender or food processor.
- Add the basil pesto and olive oil to the blender.
- Blend until smooth and well combined.
- Transfer the mixture to a skillet.
4. **Make Creamy Sauce:**
- Heat the basil pesto mixture in the skillet over medium heat.
- Pour in the heavy cream and stir until heated through and well combined.
- Season with salt and pepper to taste.
5. Combine Spaghetti and Sauce:
- Add the cooked spaghetti to the skillet with the creamy basil pesto sauce.
- Toss everything together until the spaghetti is evenly coated with the sauce.
6. Garnish and Serve:
- Transfer the creamy basil pesto spaghetti to serving plates or a large serving dish.
- Garnish with fresh basil leaves for a pop of color and freshness.

Pro Tip: For an extra burst of freshness, you can sprinkle some grated Parmesan cheese over the pasta just before serving.

Note: This creamy basil pesto spaghetti with roasted garlic is a delightful dish that brings the flavors of spring to your table. Enjoy the creamy texture of the sauce paired with the vibrant taste of basil pesto and the subtle sweetness of roasted garlic.

Enjoy your Creamy Basil Pesto Spaghetti with Roasted Garlic. the dazzling freshness!

Creamy Basil Pesto Spaghetti with Roasted Garlic

INGREDIENTS

1 lb (450g) spaghetti
- 1/2 cup basil pesto
- 1/4 cup olive oil
- 1 head garlic
- 1/2 cup heavy cream
- Salt and pepper to taste
- Fresh basil leaves, for garnish

DIRECTIONS

1. **Roast Garlic:**
- Preheat your oven to 400°F (200°C).
- Cut the top off the head of garlic to expose the cloves.
- Place the garlic head on a piece of aluminum foil, drizzle with olive oil, and wrap tightly.
- Roast in the preheated oven for about 30-35 minutes, or until the cloves are soft and caramelized. Allow it to cool before handling.

2. Cook Spaghetti:
- Bring a large pot of salted water to a boil.
- Cook the spaghetti according to package instructions until al dente. Drain and set aside.

3. **Prepare Creamy Basil Pesto:**

4. Add Cherry Tomatoes:
- Gently fold in the halved cherry tomatoes, ensuring they are evenly distributed throughout the pasta.
- The tomatoes should be added towards the end to retain their freshness and provide a burst of flavor with each bite.
5. Season and Garnish:
- Season the cavatelli with salt and pepper to taste.
- Garnish with grated Parmesan cheese (if using) and fresh basil leaves for an extra layer of flavor and visual appeal.
6. Serve:
- Transfer the cavatelli with basil pesto and cherry tomatoes to serving plates or a large serving dish.
- Serve immediately, and enjoy the vibrant colors and flavors of this delightful pasta dish.

Pro Tip: For an extra touch of indulgence, you can drizzle a bit of extra virgin olive oil over the pasta just before serving.

Note: This cavatelli with basil pesto and cherry tomatoes is a simple yet elegant dish that celebrates the freshness of summer flavors. Enjoy the combination of fragrant basil pesto and juicy cherry tomatoes for a delicious pasta experience.

Enjoy your Cavatelli with Basil Pesto and Cherry Tomatoes. the exquisite taste!

Shell -shaped Past with Basil Pesto and Cherry Tomatoes

INGREDIENTS

- 1 lb (450g) cavatelli pasta (or any shell pasta)
- 1 cup basil pesto
- 1 cup cherry tomatoes, halved
- Salt and pepper to taste
- Grated Parmesan cheese, for garnish (optional)
- Fresh basil leaves, for garnish

Red pepper for the hit (optional)

DIRECTIONS

1. Cook Cavatelli:

- Bring a large pot of salted water to a boil.
- Cook the cavatelli according to package instructions until al dente. Drain and set aside, reserving a cup of pasta water.

2. Prepare Basil Pesto:

- If using homemade basil pesto, prepare it according to your favorite recipe. If using store-bought, simply measure out the desired amount.

3. Combine Pasta and Pesto:

- In a large skillet or mixing bowl, toss the cooked cavatelli with the basil pesto until the pasta is evenly coated.

DIRECTIONS

1 Prepare the Cassava:
- Peel the cassava root and cut it into chunks.
- Place the cassava chunks in a pot of salted boiling water and cook until fork-tender, about 15-20 minutes.

2. **Mash the Cassava:**
- Once the cassava is cooked, drain it and transfer it to a mixing bowl.
- Mash the cassava using a potato masher or fork until smooth and lump-free.

3. **Form the Gnocchi:**
- Allow the mashed cassava to cool slightly, add flour then add salt and pepper to taste.
- Form the cassava mixture into small gnocchi shapes, either by rolling and cutting or by using a gnocchi board. (let sit for a 12- 24 hours to allow the gnocchi to firm up)

4. **Cook the Gnocchi:**
- Bring a pot of salted water to a gentle boil.
- Carefully drop the formed gnocchi into the boiling water and cook until they float to the surface, about 2-3 minutes.
- Once the gnocchi float, remove them from the water using a slotted spoon and set them aside.

5. **Prepare the Sauce:**
- In a large skillet, melt the butter over medium heat.
- Add the minced anchovy fillets and garlic to the skillet, and cook for 1-2 minutes, stirring frequently, until fragrant.

6. **Combine Gnocchi and Sauce:**
- Add the cooked gnocchi to the skillet with the anchovy-garlic butter sauce.
- Gently toss the gnocchi until they are evenly coated with the sauce.

7. **Serve:**
- Transfer the Cassava Gnocchi with Anchovy, Garlic, and Butter to serving plates or bowls.
- Garnish with chopped fresh parsley, if desired, for a pop of color and freshness.

8. **Enjoy:**
- Serve the gnocchi immediately and savor the unique flavors of this delightful twist on a classic dish!

This Cassava Gnocchi with Anchovy, Garlic, and Butter offers a deliciously different take on traditional gnocchi, with the rich umami flavor of anchovies perfectly complementing the creamy texture of cassava. Enjoy this flavorful dish as a satisfying meal any day of the week!

Cassava Gnocchi with Anchovy, Garlic, and Butter: A Flavorful Twist

Elevate your gnocchi game with this unique twist featuring cassava, complemented by the savory flavors of anchovy, garlic, and butter. Easy to make and bursting with flavor, this dish is sure to become a new favorite. Let's dive into the recipe!

INGREDIENTS

Ingredients:

- 11/2 lb cassava root (also known as yuca), peeled and diced
- 2 tablespoons unsalted butter
- 4-5 anchovy fillets, minced
- 4 cloves garlic, minced
- Salt and pepper, to taste
- 1/4 cup all-purpose flour
- Fresh parsley, chopped, for garnish (optional)

4. Combine Pasta and Sauce:
- Add the cooked penne to the skillet with the tomato sauce. Toss everything together until the pasta is evenly coated with the sauce.

5. Garnish and Serve:
- Transfer the spicy penne with fresh tomato sauce to serving plates or a large serving dish.
- Garnish with chopped fresh herbs of your choice for a burst of flavor and freshness.

Pro Tip: You can sprinkle some grated Parmesan cheese over the pasta just before serving for an extra layer of flavor.

Note: This spicy penne with fresh tomato sauce is a simple yet flavorful dish that's perfect for a quick and satisfying meal. Enjoy the heat from the chili flakes balanced with the sweetness of ripe tomatoes.

Enjoy your Spicy Penne with Fresh Tomato

INGREDIENTS

Ingredients:

1 lb (450g) penne pasta
- 4 ripe tomatoes, chopped
- 2 cloves garlic, minced
- 1 cup white wine
- 1 small onion, finely chopped
- 1/4 teaspoon red chili flakes (adjust to taste)
- Salt and pepper to taste
- 2 tablespoons olive oil
- Fresh herbs (such as basil or parsley), chopped, for garnish

DIRECTIONS

1. **Cook Penne:**
- Bring a large pot of salted water to a boil.
- Cook the penne according to package instructions until al dente. Drain and set aside.

2. **Prepare Fresh Tomato Sauce:**
- In a skillet, heat olive oil over medium heat.
- Add minced garlic and chopped onion to the skillet. Sauté until the onion is soft and translucent, about 3-4 minutes, add a cup of wine, let it simmer for about 5 minutes.
- Add chopped tomatoes to the skillet and cook until they start to break down and release their
juices, about 5-7 minutes.
3. Season and Spice:
- Season the tomato sauce with salt, pepper, and red chili flakes to taste. Adjust the amount of
chili flakes according to your preferred level of spiciness.
- Let the sauce simmer for another 5 minutes to allow the flavors to meld together.

Penne pasta: where my heart longs to be and my waistline fear to tread .
it's my comfort zone, my happy place and my ultimate culinary guilty
pleasure . and honestly if I had to choose between a beach body and a
penne filled belly, I would happy take the latter - after all life is too short
for bland pasta!
Spicy Penne with Fresh Tomato Sauce

3. Prepare Alfredo Sauce:
- In the same skillet, melt butter over medium heat.
- Add minced garlic to the skillet and sauté until fragrant, about 1-2 minutes.
- Pour in the heavy cream and bring to a simmer.
- Gradually whisk in the grated Parmesan cheese until smooth and creamy.

4. **Combine Linguine, Chicken, and Sauce:**
- Add the cooked linguine to the skillet with the alfredo sauce.
- Toss everything together until the linguine is evenly coated with the creamy sauce.
- If the sauce seems too thick, you can add some of the reserved pasta water to reach your desired consistency.
- Add the cooked chicken back to the skillet and toss to combine, allowing the chicken to heat through.

5. Season and Garnish:
- Season with salt and pepper to taste.
- Garnish with freshly chopped parsley for a pop of color and freshness.

6. Serve:
- Transfer the creamy chicken alfredo linguine to serving plates or a large serving dish.
- Serve immediately and enjoy the indulgent and satisfying flavors of this classic dish.

Pro Tip: For an extra touch of richness, you can sprinkle some extra grated Parmesan cheese over the pasta just before serving.

Note: This creamy chicken alfredo linguine is a comforting and decadent meal that's perfect for any occasion. Treat yourself to this heavenly delight and enjoy every creamy bite!

Creamy Chicken Alfredo Linguine: A Heavenly Delight

INGREDIENTS

1 lb (450g) linguine pasta
- 2 boneless, skinless chicken breasts, sliced into thin strips
- 4 cloves garlic, minced
- 1 cup heavy cream
- 1/2 cup grated Parmesan cheese
- 2 tablespoons butter
- 2 tablespoons olive oil
- Salt and pepper to taste
- Fresh parsley, chopped (for garnish)

DIRECTIONS

1. Cook Linguine:
2. - Bring a large pot of salted water to a boil.
3. - Cook the linguine according to package instructions until al dente. Reserve 1 cup of pasta
4. water before draining.
5. 2. **Sauté Chicken:
6. - In a large skillet, heat olive oil over medium-high heat.
7. - Add the sliced chicken breasts to the skillet and cook until golden brown and cooked
8. through, about 5-7 minutes per side.
9. - Once cooked, remove the chicken from the skillet and set aside.

3. Combine Linguine and Beef:
- Once the ground beef is cooked, add the cooked linguine to the skillet.
- Toss everything together, allowing the flavors to blend.
- If the pasta seems dry, add some of the reserved pasta water to loosen it up.
4. Finish with Butter:
- Add butter to the skillet and toss with the linguine and beef until the butter melts and coats the pasta evenly.
5. Season and Garnish:
- Season with salt and pepper to taste.
- Garnish with freshly chopped parsley for a pop of color and freshness.
6. Serve:
- Transfer the linguine with ground beef to serving plates or a large serving dish.
- Serve immediately, and enjoy the simplicity and deliciousness of this comforting dish.

Pro Tip: For an extra touch of flavor, you can sprinkle some grated Parmesan cheese over the linguine just before serving.

Note: This simple linguine with ground beef is perfect for a quick and satisfying meal any day of the week. With just a few ingredients, you can create a delicious dish that everyone will love. Enjoy your Simple Linguine with Ground Beef savor the simplicity!

Simple Linguine with Ground Beef

INGREDIENTS

- 1 lb (450g) linguine pasta
- 1 lb (450g) ground beef
- 4 cloves garlic, minced
- 2 shallots, finely chopped
- 2 tablespoons olive oil
- 2 tablespoons butter
- Salt and pepper to taste
- Fresh parsley, chopped (for garnish)

DIRECTIONS

1. Cook Linguine:
- Bring a large pot of salted water to a boil.
- Cook the linguine according to package instructions until al dente.
Reserve 1 cup of pasta water before draining.
2. Prepare Ground Beef:
- In a large skillet, heat olive oil over medium heat.
- Add the minced garlic and chopped shallots, sauté until fragrant, about 2-3 minutes.
- Add the ground beef to the skillet, breaking it up with a spatula, and cook until browned and cooked through.

DIRECTIONS

1. **Prepare the Meatballs:

- In a large bowl, combine the ground beef, breadcrumbs, grated Parmesan cheese, milk, egg, minced garlic, chopped parsley, salt, and pepper.
- Mix everything together until well combined, but try not to over mix to keep the meatballs tender.
- Shape the mixture into meatballs of your desired size, about 1 to 1.5 inches in diameter.

2. **Cook the Meatballs:**

- In a large skillet, heat a bit of olive oil over medium heat. Add the meatballs to the skillet in batches, making sure not to overcrowd the pan. Cook until browned on all sides and cooked through, about 8-10 minutes. Transfer the cooked meatballs to a plate and set aside.

3. Prepare the Sauce:

In the same skillet, add a bit more olive oil if needed. Sauté the chopped onion and minced garlic until softened and fragrant, about 2-3 minutes.

- Pour in the marinara sauce and stir to combine. Season with salt and pepper to taste. Let the sauce simmer for about 10-15 minutes to allow the flavors to meld together.

4. Cook the Spaghetti:

Meanwhile, cook the spaghetti in a large pot of salted boiling water according to package instructions until al dente. Drain the spaghetti and return it to the pot.

5. Combine Everything:

- Pour the marinara sauce over the cooked spaghetti and toss to coat the pasta evenly with the sauce.
- Serve the spaghetti topped with the cooked meatballs.
- Garnish with fresh basil leaves and grated Parmesan cheese.

Pro Tip: For an extra flavorful touch, you can sprinkle some extra grated Parmesan cheese over the meatballs before serving.

Note: This classic meatball and spaghetti dish is a crowd-pleaser and perfect for any occasion.

Serve it up for a comforting and satisfying meal that everyone will love.

Enjoy your Classic Meatballs and Spaghetti from the Mangia and savor every delicious bite!

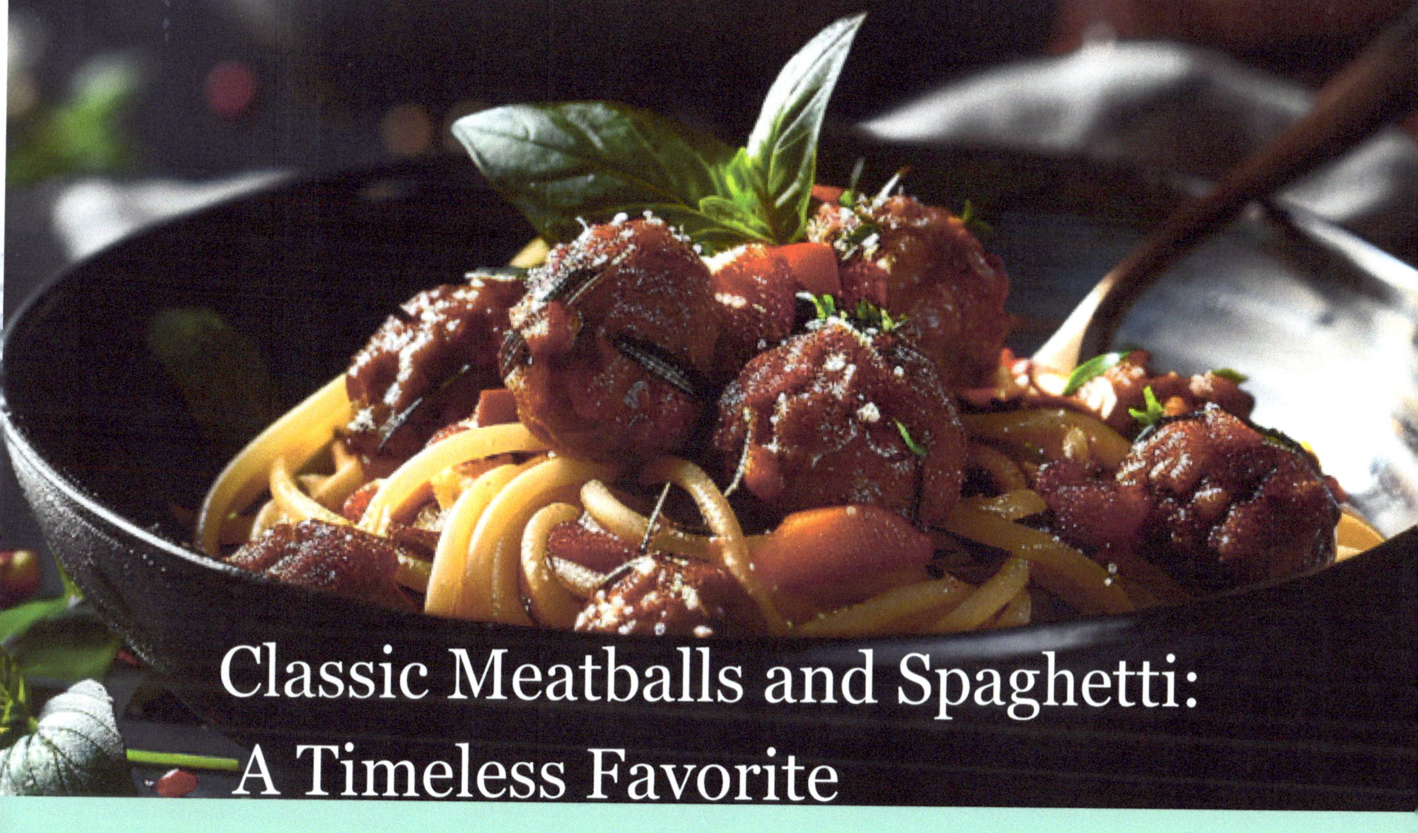

Classic Meatballs and Spaghetti: A Timeless Favorite

INGREDIENTS

For the Meatballs:

- 1 lb (450g) ground beef
(or a mix of beef and chicken for extra flavor)
- 1/2 cup breadcrumbs
- 1/4 cup grated Parmesan cheese

- 1/4 cup milk
- 1 egg
- 2 cloves garlic
- 2 tbsp fresh parsley
- Salt and pepper to taste
- Olive oil

For the Sauce:

- 2 cups marinara sauce
- 1/2 onion
- 2 cloves garlic
- 1 tbsp olive oil
- Salt and pepper to taste

For the Spaghetti:

- 1 lb (450g) spaghetti
- Salt
- Fresh basil leaves
- Grated Parmesan cheese

DIRECTIONS

1. **Cook the Spaghetti:**
Bring a large pot of salted water to a boil. Cook the spaghetti according to package instructions until al dente. Drain and set aside, reserving a cup of pasta water.
2. Prepare the Butter Garlic Shrimp:
In a large skillet, melt the butter over medium heat. Add the minced garlic and cook until fragrant, about 1-2 minutes. Add the shrimp to the skillet and cook until pink and opaque, about 2-3 minutes per side. Season with salt and pepper to taste. Remove the shrimp from the skillet and set aside.
3. Sauté the Red Bell Pepper:
In the same skillet, add the thinly sliced red bell pepper. Sauté until slightly softened, about 3-4 minutes.
4. Combine Everything:
Return the cooked spaghetti and shrimp to the skillet with the sautéed red bell pepper. Toss everything together gently to combine, allowing the flavors to meld together. If the pasta seems a bit dry, add a splash of the reserved pasta water to create a light sauce.
5. Garnish with Fresh Basil:
Tear the fresh basil leaves and sprinkle them over the pasta just before serving. The basil adds a pop of color and freshness to the dish.
Pro Tip: For an extra indulgent touch, you can sprinkle some grated Parmesan cheese over the pasta before serving.
Note: This butter garlic shrimp with basil and red bell pepper spaghetti is a comforting and flavorful dish that will make you feel right at home.
Enjoy your Butter Garlic Shrimp with Basil and Red Bell Pepper Spaghetti Mangia and savor every delicious bite!

INGREDIENTS

1 lb (450g) spaghetti
- 1 lb (450g) shrimp
- 4 cloves garlic
- 1/2 cup butter
- 1 red bell pepper
- 1/2 cup fresh basil leaves

Butter Garlic Shrimp with Basil and Red Bell Pepper Spaghetti:

A Flavorful Journey Home

3. Wilt the Spinach:
In the same skillet, add the fresh spinach leaves and cook until wilted, about 2-3 minutes. The residual heat from the skillet will help wilt the spinach.
4. Combine Everything:
Return the cooked spaghetti and shrimp to the skillet with the wilted spinach. Drizzle with the remaining olive oil and toss everything together gently to combine. If the pasta seems a bit dry,
add a splash of the reserved pasta water to loosen it up and create a light sauce.

5. Garnish and Serve:
Transfer the garlic shrimp and spinach spaghetti to serving plates or a large serving dish.
Garnish with fresh basil leaves for a pop of color and freshness.
Pro Tip: For an extra kick of flavor, you can sprinkle some red pepper flakes over the pasta before serving.
Note: This garlic shrimp and spinach spaghetti is quick, easy, and packed with flavor. It's perfect for a weeknight dinner or a special occasion.
Enjoy your Garlic Shrimp and Spinach Spaghetti

Garlic Shrimp and Spinach Spaghetti: A Seafood Delight

INGREDIENTS

- 1 lb (450g) spaghetti
- 1 lb (450g) shrimp
- 4 cloves garlic
- 4 cups fresh spinach leaves
- 1/4 cup olive oil
- Salt and pepper
- Fresh basil leaves for garnish

DIRECTIONS

1. Cook the Spaghetti:
Bring a large pot of salted water to a boil. Cook the spaghetti according to package instructions until al dente. Drain and set aside, reserving a cup of pasta water.

2. Sauté the Shrimp:
In a large skillet, heat a bit of olive oil over medium-high heat. Add the minced garlic and cook until fragrant, about 1-2 minutes. Add the shrimp to the skillet and cook until pink and opaque, about 2-3 minutes per side. Season with salt and pepper to taste. Remove the shrimp from the skillet and set aside.

4. Assemble the Layers:
In a deep baking dish, spread a thin layer of bechamel sauce on the bottom. Arrange a layer of cooked lasagna noodles on top. Spread a layer of Béchamel sauce over the noodles, followed by a layer of cooked ground beef and a sprinkle of mozzarella and Parmesan cheese.

Repeat the layers until all ingredients are used, finishing with a layer of Béchamel sauce and a generous sprinkle of mozzarella and Parmesan cheese on top.

6. Bake to Perfection: Cover the baking dish with foil and bake in the preheated oven for 30 minutes. Then, remove the foil and bake for an additional 15-20 minutes, or until the cheese is melted and bubbly and the lasagna is heated through.

7. Garnish and Serve:
Remove the lasagna from the oven and let it cool for a few minutes.
Garnish with fresh herbs
before serving for a burst of color and freshness.

Pro Tip: Pair this creamy Béchamel sauce lasagna with a glass of crisp white wine for a delightful dining experience.

Note: This classic lasagna with Béchamel sauce is creamy, comforting, and perfect for any occasion. Share it with family and friends and savor every delicious bite!
Enjoy your Béchamel Sauce Lasagna Mangia and savor the creamy goodness!

Béchamel Sauce Lasagna: A Creamy Classic Delight

INGREDIENTS

1 lb (450g) lasagna noodles
- 2 cups shredded mozzarella cheese
- 1/2 cup grated Parmesan cheese
- Fresh herbs for garnish
- Salt and pepper to taste

For the Béchamel Sauce:
- 4 tbsp unsalted butter
- 1/4 cup all-purpose flour
- 3 cups milk (preferably whole milk)
- Pinch of nutmeg (for a subtle warmth)
- Salt and pepper to taste

DIRECTIONS

1. **Preheat the Oven:**
Preheat your oven to 375°F (190°C).
2. **Cook the Lasagna Noodles:**
Bring a large pot of salted water to a boil. Cook the lasagna noodles according to package instructions until al dente. Drain and set aside.
3. **Prepare the Béchamel Sauce:**
In a saucepan, melt the butter over medium heat. Once melted, add the flour and whisk continuously for 1-2 minutes to form a roux. Gradually pour in the milk while whisking constantly to prevent lumps from forming. Cook the sauce until it thickens and coats the back of a spoon, about 5-7 minutes. Season with nutmeg, salt, and pepper to taste.

5. Bake to Perfection:
Cover the baking dish with foil and bake in the preheated oven for 30 minutes. Then, remove
the foil and bake for an additional 15-20 minutes, or until the cheese is melted and bubbly and
the lasagna is heated through.
6. Garnish and Serve:
Remove the lasagna from the oven and let it cool for a few minutes. Garnish with fresh basil leaves before serving for a burst of color and freshness.
Pro Tip: For a richer flavor, you can add layers of sautéed onions, garlic, and bell peppers between the meat and cheese layers.
Note: This layered love lasagna is perfect for sharing with family and friends on any occasion.
With its comforting flavors and hearty layers, it's sure to be a crowd-pleaser.
Enjoy your Layered Love Lasagna. Mangia and savor every delicious layer!

INGREDIENTS

1 lb (450g) lasagna noodles
- 1 lb (450g) ground beef
- 2 cups marinara sauce
- 2 cups ricotta cheese
- 2 cups shredded mozzarella cheese
- 1/2 cup grated Parmesan cheese
- Fresh basil leaves
- Salt and pepper to taste (for seasoning)

DIRECTIONS

1. Preheat the Oven
Prehcat your oven to 375°F (190°C).
2. **Cook the Lasagna Noodles:**
Bring a large pot of salted water to a boil. Cook the lasagna noodles according to package instructions until al dente. Drain and set aside.
3. Brown the Ground Beef:
In a large skillet, cook the ground beef over medium heat until browned and cooked through. Season with salt and pepper to taste. Drain any excess fat.
4. Assemble the Layers:
In a deep baking dish, spread a thin layer of marinara sauce on the bottom. Arrange a layer of
cooked lasagna noodles on top. Spread half of the browned ground beef over the noodles, followed by a layer of ricotta cheese and a sprinkle of mozzarella and Parmesan cheese. Repeat the layers until all ingredients are used, finishing with a layer of marinara sauce and a
generous sprinkle of mozzarella and Parmesan cheese on top.

Layered Love Lasagna: A Heartwarming Classic

5. Combine Beef and Spaghetti:
Add the cooked spaghetti to the skillet with the beef, garlic, and shallots. Drizzle with the remaining olive oil and toss everything together gently to combine.

6. Cheese Please:
Sprinkle the grated cheese over the spaghetti and toss again to evenly distribute the cheese. The heat from the pasta will melt the cheese slightly, creating a creamy sauce.

7. Season and Garnish:
Season the beefy garlic spaghetti with salt and pepper to taste. Garnish with freshly chopped herbs for a pop of color and freshness.

Pro Tip: For an extra touch of indulgence, shave some additional cheese over each serving just before serving. It adds a luxurious richness to the dish.

Note: This beefy garlic spaghetti is perfect for a satisfying weeknight dinner or a cozy family meal. With its hearty flavors and comforting appeal, it's sure to become a favorite in no time. Enjoy your Beefy Garlic Spaghetti from the Mangia and savor every flavorful bite!

Beefy Garlic Spaghetti: A Hearty Delight for Your Palate

INGREDIENTS

1 lb (450g) spaghetti
- 1 lb (450g) ground beef
- 4 cloves garlic
- 1/4 cup olive oil
- 2 shallots
- 1 cup grated cheese (Parmesan, Pecorino Romano, or your choice)
- Fresh herbs for garnish
- Salt and pepper to taste

DIRECTIONS

1. Cook the Spaghetti:
Bring a large pot of salted water to a boil. Cook the spaghetti according to package instructions until al dente. Drain and set aside, reserving a cup of pasta water.
2. Brown the Ground Beef:
In a large skillet, heat a bit of olive oil over medium-high heat. Add the ground beef and cook
until browned and cooked through, breaking it up into smaller pieces with a spatula as it cooks. Drain any excess fat.
3. Garlic Infusion:
Push the ground beef to one side of the skillet and add the minced garlic to the empty side. Cook until fragrant, about 1-2 minutes, then mix it with the beef.
4. Shallot Addition:
Add the finely chopped shallots to the skillet with the beef and garlic. Sauté until the shallots are soft and translucent, about 2-3 minutes.

N1. **Cook the Linguine:**
Bring a large pot of salted water to a boil. Cook the linguine according to package instructions until al dente. Drain and set aside, reserving a cup of pasta water.

2. **Prepare the Bacon (or Anchovy):
If using bacon, cook it in a large skillet over medium heat until crispy. Transfer to a paper towel-lined plate to drain excess grease, then chop into bite-sized pieces. If using anchovy, heat a bit of olive oil in the skillet and cook the fillets until they dissolve into the oil, infusing it with their salty flavor.

3. **Garlic Infusion:**
In the same skillet, sauté the minced garlic in the remaining bacon fat or anchovy-infused oil until fragrant, about 1-2 minutes.

4. Egg Addition:
Crack the eggs directly (only the Yolk) into the hot pasta bowl. Mix it well

5. Combine Linguine and Bacon (or Anchovy). Toss everything together gently, allowing the linguine to soak up the flavors of the bacon (or anchovy) and garlic.

6. Cheese Please:
Sprinkle the grated cheese over the linguine and toss again to combine. The heat from the pasta will melt the cheese slightly, creating a creamy sauce.

7. **Serve Under the Stars:**
Divide the linguine among serving plates or bowls. garnish with fresh herbs for a pop of color and freshness.

Pro Tip: For an extra touch of indulgence, drizzle a bit of extra virgin olive oil over the top just
before serving. It adds a luxurious richness to the dish.

Note: This dish is perfect for a romantic evening under the stars, with its comforting flavors
and elegant presentation. Pair it with a glass of your favorite wine and enjoy the magic of the night.

Enjoy your Linguine alla Notte Stellata from the
! Mangia and savor every starlit bite!

Linguine alla Notte Stellata: A Dish to Savor Under the Stars

INGREDIENTS

- 1 lb (450g) linguine
- 4 slices bacon or anchovy
- 4 cloves garlic

- 4 large eggs
- 1 cup grated cheese
- Salt and pepper to taste
- Fresh herbs for garnish

DIRECTIONS

1. **Cook the Linguine:**
Bring a large pot of salted water to a boil. Cook the linguine according to package instructions until al dente. Drain and set aside, reserving a cup of pasta water.
2. **Prepare the Bacon (or Anchovy):
If using bacon, cook it in a large skillet over medium heat until crispy. Transfer to a paper towel-lined plate to drain excess grease, then chop into bite-sized pieces. If using anchovy, heat a bit of olive oil in the skillet and cook the fillets until they dissolve into the oil, infusing it with their salty flavor.
3. **Garlic Infusion:**
In the same skillet, sauté the minced garlic in the remaining bacon fat or anchovy-infused oil
until fragrant, about 1-2 minutes.

Simply Amazing Spaghetti with Roasted Garlic

3. **Prepare the Sauce:**
In a large skillet, heat the olive oil and butter over medium-low heat. Squeeze the roasted garlic cloves out of their skins and add them to the skillet, mashing them gently with a fork to create a creamy paste. Let the garlic infuse the oil and butter for a few minutes.

4. Combine the Pasta and Sauce:
Add the cooked spaghetti directly to the skillet with the garlic-infused oil and butter. Toss everything together gently to ensure the pasta is well-coated in the flavorful sauce. If the pasta seems a bit dry, add a splash of the reserved pasta water to loosen it up.

5. Garnish and Serve:
Transfer the spaghetti to serving plates or a large serving dish. Garnish with freshly chopped herbs and a generous sprinkle of fresh cheese. The herbs add a pop of color and freshness, while the cheese adds a savory finish.

Pro Tip: For an extra touch of decadence, shave some additional cheese over the top of each serving just before serving. It adds a luxurious richness to the dish.

Note: Sometimes, the simplest dishes are the most extraordinary. This spaghetti with roasted garlic celebrates the beauty of minimalism while delivering maximum flavor.

Enjoy your Simply Amazing Spaghetti with Roasted Garlic from the Not So Italian Mangia and savor every delightful bite!

Simply Amazing Spaghetti with Roasted Garlic

INGREDIENTS

1 lb (450g) spaghetti

- 1 head garlic
- 1/4 cup olive oil
- 2 tbsp butter

- Fresh herbs
- Fresh cheese

Instructions:

DIRECTIONS

1. **Roast the Garlic:**
Preheat your oven to 400°F (200°C). Slice off the top of the head of garlic to expose the cloves. Drizzle with a bit of olive oil, wrap it in foil, and roast in the oven for about 30-40 minutes, or until the cloves are soft and golden. Let it cool slightly before handling.
2. **Cook the Spaghetti:**
While the garlic is roasting, bring a large pot of salted water to a boil. Cook the spaghetti according to package instructions until al dente. Drain and set aside, reserving a cup of pasta water.

4. Pasta Perfect:
While the sauce is simmering, cook the spaghetti in a large pot of salted boiling water according to package instructions until al dente. Drain the pasta, reserving a cup of pasta water.
5. Marriage of Flavors:
Add the cooked spaghetti directly to the skillet with the spicy tomato sauce, tossing everything together gently to ensure the pasta is evenly coated. If the sauce seems too thick, you can add a splash of the reserved pasta water to loosen it up.

6. **Garnish and Serve:**
Transfer the spaghetti and spicy tomato sauce to a serving dish. Garnish with freshly chopped herbs of your choice for a burst of color and freshness. Basil adds a sweet aroma, parsley brings a bright flavor, and oregano offers a hint of earthiness.
Pro Tip: For an extra touch of indulgence, drizzle a bit of extra virgin olive oil over the top of each serving just before serving. It adds a luxurious richness to the dish.
Note: This spicy spaghetti with tomato sauce is perfect for those who love a bit of heat in pasta. It's simple yet full of flavor, making it a delightful meal for any occasion.

Enjoy your Spaghetti with Spicy Tomato Sauce! Mangia and savor every fiery bite!

Spaghetti with Spicy Tomato Sauce: A Flavorful Delight for Your Palate

INGREDIENTS

- 1 lb (450g) spaghetti
- 2 cans (14 oz each) of whole tomatoes
- 1 tsp red pepper flakes
- 1/2 tsp freshly ground black pepper
- 1/4 cup olive oil
- 4 cloves garlic
- 1 shallot
- Fresh herbs for garnish (basil, parsley, or oregano whichever you prefer)

DIRECTIONS

1. **Sauce Starter:**
Start by preparing the spicy tomato sauce. In a large skillet, heat the olive oil over medium heat. Add the minced garlic and chopped shallot, sautéing until fragrant and just beginning to soften, about 2-3 minutes.
2. Tomato Tango:
Carefully add the cans of whole tomatoes to the skillet, breaking them apart with a spoon as they cook. Let the sauce simmer gently for about 15-20 minutes, allowing the flavors to meld together and the sauce to thicken slightly.
3. Spice it Up:
Stir in the red pepper flakes and freshly ground black pepper, adjusting the amount to suit your spice preference. Let the sauce simmer for an additional 5 minutes to infuse the flavors.

5. **Spaghetti Symphony:**
Add the cooked spaghetti to the skillet. Toss everything together gently, ensuring the pasta is well-coated in the flavorful sauce. If the pasta seems a bit dry, add some of the reserved pasta water to loosen it up.
6. **Garnish with Greenery:**
Transfer the spaghetti to a serving dish. Garnish with fresh herbs of your choice for a burst of color and freshness. Basil adds a sweet aroma, parsley brings a bright flavor, and oregano offers a hint of earthiness.
Pro Tip: For an extra touch of indulgence, sprinkle some grated Parmesan cheese over the top just before serving. It's like a little hug for your taste buds.
Love Note: This dish proves that sometimes, simplicity is the ultimate sophistication. With just a few quality ingredients, you can create a meal that's both comforting and elegant.
Enjoy your Spaghetti with Cherry Tomatoes and Black Pepper. Mangia and savor every flavorful bite!

Spaghetti with Cherry Tomatoes and Black Pepper: A Simple Yet Sophisticated Delight

INGREDIENTS

- 1 lb (450g) spaghetti pasta
- 2 cups cherry tomatoes
- 1 tsp coarse crushed black pepper
- 1/4 cup olive oil
- 1 onion
- 4 cloves garlic
- Fresh herbs for garnish (basil, parsley, or oregano whatever you fancy)

DIRECTIONS

1. **Pasta Prep:**
Bring a large pot of salted water to a boil. Cook the spaghetti according to package instructions until al dente. Drain and set aside, reserving a cup of pasta water.
2. **Tomato Tango:**
While the pasta is cooking, heat the olive oil in a large skillet over medium heat. Add the chopped onion and cook until soft and translucent (about 3-4 minutes).
3. **Garlic Goodness:**
Add the minced garlic to the skillet and cook for another minute, until fragrant. Be careful not to let it burn golden is good, burnt is not.
4. **Cherry Charisma:**
Toss in the halved cherry tomatoes and crushed black pepper. Cook for about 5 minutes, or until the tomatoes start to soften and release juices. You want them to be tender but still holding their shape.

Spaghetti with Cherry Tomatoes and Black Pepper: A Simple Yet Sophisticated Delight

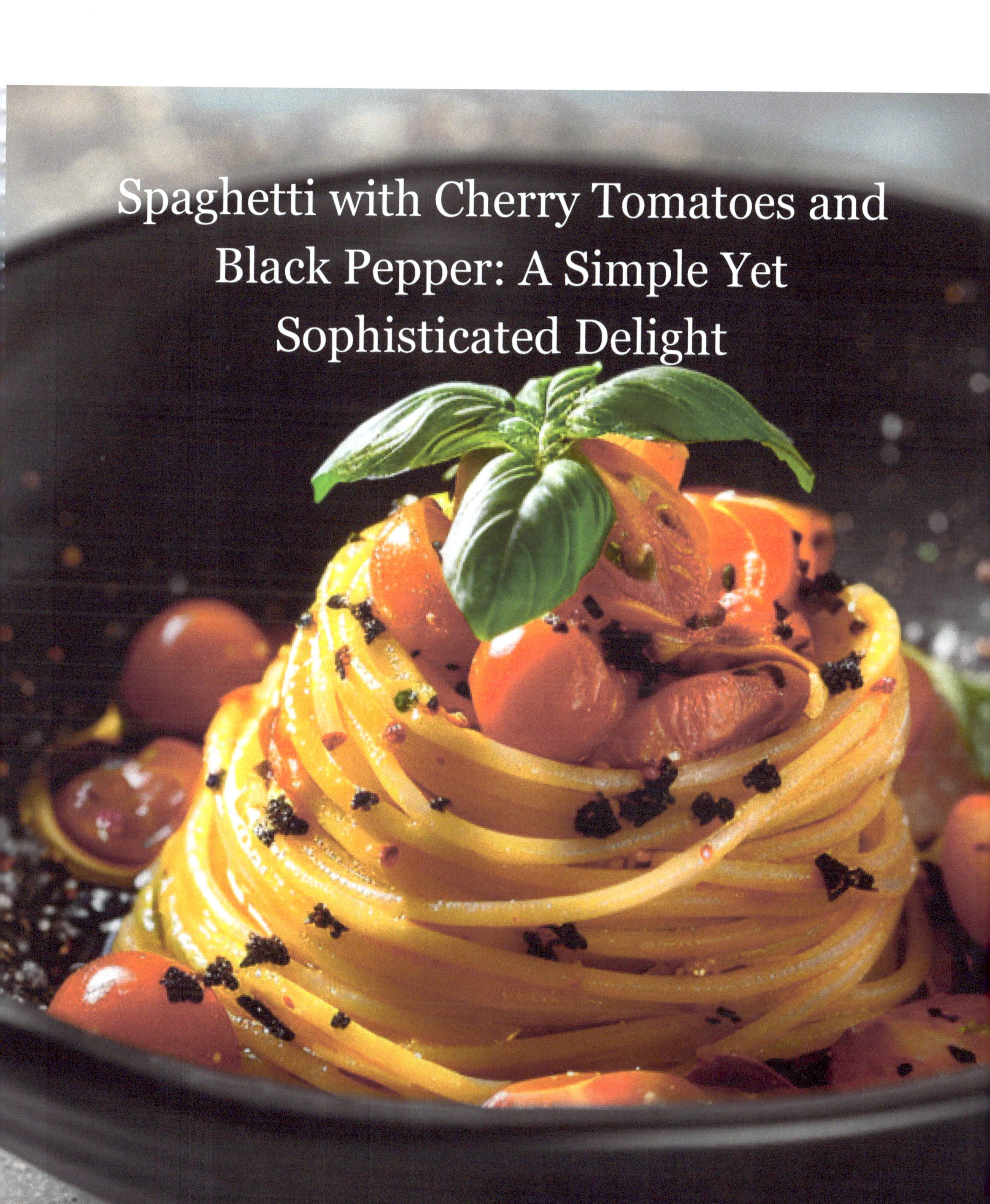

5. **Pasta Passion:**
Add the cooked penne to the skillet. Toss gently to coat the pasta evenly with the anchovy-garlic sauce. If the pasta looks a bit dry, add some of the reserved pasta water, a little at a time, until you reach your desired consistency.
6. **Lemon Love:**
Squeeze the juice of one lemon over the pasta, and give it a final toss. The lemon juice will add a bright, fresh note that complements the rich anchovy flavor.
7. **Season with Care:**
Taste and season with a pinch of salt if needed. Remember, the anchovies bring a lot of saltiness to the dish, so go easy.

8. **Serve with Heart:**
Transfer the penne to a serving dish. Drizzle a bit more olive oil over the top for extra richness.
Pro Tip: Pair this dish with a simple green salad and a crisp white wine. The acidity of the wine will balance the richness of the anchovies beautifully.
Love Note: This dish is a heartfelt tribute to the simplicity and depth of flavors that can transform a meal into a soulful experience.
Enjoy your Penne Anchovy! Mangia bene and let each bite nourish your soul.

Penne Anchovy: A Love Letter to My Soul

INGREDIENTS

- 1 lb (450g) penne pasta
- 6-8 anchovy fillets
- 4 cloves garlic
- 1 tsp red pepper flakes
- Juice of 1 lemon
- 1/2 cup olive oil (don't be shy)
- Salt to taste

DIRECTIONS

1. **Perfect Penne:**
Bring a large pot of salted water to a boil. Add the penne pasta and cook until al dente (firm but tender, like a well-written love letter). Drain and set aside, reserving a cup of pasta water.
2. **Anchovy Amore:**
In a large skillet, heat the olive oil over medium heat. Add the minced garlic and sauté until fragrant and just starting to turn golden (about 2-3 minutes).
3. **Anchovy Magic:**
Add the anchovy fillets to the skillet. Use a wooden spoon to break them down as they cook, until they dissolve into the oil, creating a savory, umami-packed sauce.
4. **Spicy Symphony:**
Sprinkle in the red pepper flakes and stir well. Let the mixture cook for another minute to let the flavors meld together. If your kitchen smells like a seaside trattoria, you're on the right track.

3. **Pasta Party:**
Add the cooked pasta to the skillet. Toss gently to coat the pasta evenly with the spicy olive oil. If the pasta looks a bit dry, add some of the reserved pasta water, a little at a time, until you reach your desired consistency.
4. **Season with Salt:**
Season with salt to taste. Remember, the goal is to enhance the natural flavors of the pasta and olive oil, not overpower them.
5. **Cheese, Please:**
Transfer the pasta to a serving dish. Generously sprinkle grated cheese over the top. The heat from the pasta will melt the cheese slightly, creating a deliciously simple yet flavorful finish.
6. **Serve and Savor:**
Serve immediately, garnished with a bit more cheese and a sprinkle of extra red pepper flakes if you like it extra spicy.
Pro Tip: Pair with a simple green salad and a glass of white wine or sparkling water with a slice of lemon for a refreshing contrast.
Love Note: This dish is all about celebrating the beauty of fresh pasta with minimal ingredients. It's proof that sometimes the simplest meals are the most satisfying.
Enjoy your Simple Yet Flavorful Fresh Pasta from the Mangia bene and appreciate every delicious bite!

Simple Yet Flavorful Fresh Pasta: When the Pasta Is the Star

INGREDIENTS

Fresh pasta of your choice
- 3 tbsp olive oil
- Salt to taste
- 1 tsp red pepper flakes
- Grated cheese for garnish (Parmesan, Pecorino Romano, or your favorite)

DIRECTIONS

1. **Perfect Pasta:**
Bring a large pot of salted water to a boil. Cook the fresh pasta according to package instructions or until it's tender but still has a bit of bite (al dente). Fresh pasta cooks faster than dried, so keep an eye on it! Drain and set aside, reserving a cup of pasta water.
2. **Olive Oil Infusion:**
In a large skillet, heat the olive oil over medium heat. Add the red pepper flakes and sauté for about 1 minute to infuse the oil with spicy goodness. Be careful not to burn the pepper flakes they should be fragrant, not scorched.

Simple Yet Flavorful Fresh Pasta: When the Pasta Is the Star

Hearty Rigatoni with Tomato and Meat:

DIRECTIONS

5. **Rigatoni Reunion:**
Add the cooked rigatoni to the skillet. Toss everything together gently to ensure the pasta is well-coated with the meat and tomato sauce. Drizzle the remaining tablespoon of olive oil over
the top for an extra touch of richness. Season with additional salt and pepper if needed.
6. **Garnish with Love:**
Transfer to a serving dish and garnish with fresh herbs. Basil for a sweet, aromatic touch, or parsley for a bright, fresh flavor.

Pro Tip: Serve with a generous sprinkle of grated Parmesan cheese if you're feeling indulgent. Pair with a robust red wine or a refreshing Italian soda.

Love Note: This hearty rigatoni dish is simple yet satisfying, perfect for a cozy meal that feels
like a warm hug from an Italian kitchen. Enjoy your Hearty Rigatoni with Tomato and Meat from
the Mangia and savor every mouthful!

Hearty Rigatoni with Tomato and Meat:

INGREDIENTS

- 1 lb (450g) rigatoni pasta
- 2 cups cherry tomatoes
- 1 lb (450g) ground meat
- 4 cloves garlic minced
- 2 shallots

- 3 tbsp olive oil
- Salt and pepper to taste
- Fresh herbs for garnish (basil or parsley, because green is good)

DIRECTIONS

1. **Pasta Perfection:**
Bring a large pot of salted water to a boil. Cook the rigatoni according to package instructions until al dente (firm but tender). Drain and set aside, keeping it warm.
2. **Sauté Symphony:**
In a large skillet, heat 2 tablespoons of olive oil over medium heat. Add the chopped shallots and minced garlic. Sauté until fragrant and the shallots are translucent (about 2-3 minutes). If it smells like you're in an Italian kitchen, you're doing it right.
3. **Meat Medley:**
Add the ground meat to the skillet. Cook until browned and cooked through, breaking it up into small pieces with a wooden spoon (about 5-7 minutes). Season with salt and pepper to taste. If your mouth starts watering, you're on the right track.
4. **Tomato Tango:**
Add the halved cherry tomatoes to the skillet. Cook until they begin to soften and release their juices (about 3-4 minutes). Stir occasionally, letting the tomatoes blend with the meat and create a delightful sauce.

DIRECTIONS

4. **Spaghetti Serenade:**
Add the cooked spaghetti to the skillet.
Toss gently to coat the pasta evenly with the buttery, lemony, garlicky goodness.
Season with salt and pepper to taste.
Remember, it' all about balance.
5. **Garnish with Grace:**
Transfer the spaghetti to a serving dish.
Garnish with your chosen herb. Parsley adds a touch of classic elegance, basil brings a sweet aroma, and chives offer a mild onion flavor.
6. **Lemon Finishing Touch:**
Decorate with fresh lemon slices for a bright, cheerful presentation.
Pro Tip: Serve immediately with a side of crusty bread to soak up any extra sauce. A light,
crisp white wine or a sparkling water with a slice of lemon would make the perfect accompaniment.
Love Note: This dish is simple yet full of heart,
much like the love that lingers from cherished memories in the kitchen.
Enjoy your Butter Lemon Garlic Spaghetti, and remember, the best recipes are made with love. Bon appétit from the ! Mangia and savor every bite!

Butter Lemon Garlic Spaghetti:

INGREDIENTS

- 1 lb (450g) spaghetti (because nothing says Italian love like spaghetti)
- 1/2 cup unsalted butter (channel your inner Julia Child don't be shy!)
- 6 cloves garlic
- Zest of 2 lemons
- Juice of 2 lemons (freshly squeezed)
- Lemon slices for garnish
- Salt and pepper to taste
- Herb of your choice for garnish (parsley is classic, but basil or chives work too)

1. **Pasta Preparation:**
Bring a large pot of salted water to a boil. Add the spaghetti and cook until al dente (firm but
tender, like a loving hug). Drain, and set aside, keeping it warm.
2. **Garlic Butter Bliss:**
In a large skillet, melt the butter over medium heat. Add the minced garlic and sauté until
fragrant and just starting to turn golden (about 2-3 minutes). Your kitchen should smell like an Italian dream.

Butter Lemon Garlic Pasta

Ah, the wisdom of Italian mothers. Their mantra of simplicity and freshness has become the guiding light of my culinary journey. These words were passed down to me by the Italian mother of my ex-boyfriend, and I must say, what I gained from that relationship was a profound love for food.

Every time she visited her son in Houston, I was ready with pen and notebook in hand, eagerly awaiting the next culinary lesson. There was something magical about the way she cooked with a generosity of spirit and a sprinkling of Italian love that left a lasting impression on me.

Among the myriad recipes she shared, one dish stood out in its simplicity and yet, its ability to captivate my taste buds Butter Lemon Garlic pasta. It was a masterpiece of minimalism, each ingredient singing in perfect harmony to create a symphony of flavors. With each twirl of pasta coated in that heavenly sauce, my love for her son grew stronger...or maybe it was just my love for the food. Who's to say? Well, at least he left me with a heart full of memories and a notebook full of recipes. They say the way to a man's heart is through his stomach, but in my case, it was through his mother's pasta.

4. **Mussels and Shrimp Serenade: *Toss in the mussels first. Cover the skillet and cook for about 3-4 minutes, or until the mussels start to open. Add the shrimp and cook for another 2-3 minutes, until they turn pink and opaque.

Discard any mussels that don't open they had their chance.

5. **Linguine Love:**

Add the cooked linguine to the skillet. Toss everything together gently, making sure the pasta is well-coated in the buttery, garlicky, spicy sauce. Season with salt and pepper to taste.

6. **Lemon Zest Lift:**

Sprinkle the lemon zest over the top. Give it one final toss to mix it all in. The zest adds a fresh, citrusy note that says, I'm here for a good time.

7. **Garnish *

Transfer to a serving dish and garnish with your chosen herb. Parsley for a classic touch, basil for an aromatic twist, or cilantro for a bit of unexpected flair.

Pro Tip: Serve with a side of crusty bread to mop up all that delicious sauce. And a glass of white wine wouldn't hurt either.

Enjoy your Spicy Seafood Linguine, Mangia bene and savor every bite!

Spicy Seafood Linguine:

INGREDIENTS

- 1 lb (450g) linguine pasta (because fettuccine had other plans)
- 1 lb (450g) mussels
- 1 lb (450g) shrimp
- 4 cloves garlic
- 2 shallots
- 1/4 cup butter
- 1 tsp red chili flakes
- Zest of 1 lemon
- Herb of your choice for garnish (parsley, basil, or cilantro your call)
- Salt and pepper to taste

DIRECTIONS

1. **Pasta Power:**
Bring a large pot of salted water to a boil. Cook the linguine according to package instructions until al dente (firm but not unapproachable). Drain and set aside, keeping it warm and ready.
2. **Seafood Symphony:**
In a large skillet, melt the butter over medium heat. Add the chopped shallots and minced garlic. Sauté until fragrant and the shallots are translucent (about 2-3 minutes). If your kitchen smells amazing, you're doing it right.
3. **Spice It Up:**
Add the red chili flakes to the skillet. Stir for about 30 seconds, letting the heat release their spicy goodness. If your eyes water a bit, you're on the right track.

DIRECTIONS

1. Heat the olive oil in a large skillet over medium-high heat.
2. Add the green tomato slices and cook for 3-4 minutes on each side, until tender and lightly browned.
3. While the green tomatoes are cooking, prepare the raw vegetables by slicing them into thin rounds.
4. To plate, place a few slices of the fried green tomatoes on a plate, then top with a few slices of raw red tomatoes, parsnips, and beet root.
5. Garnish with chopped parsley and sliced black olives.
6. Serve immediately and enjoy!

Pan-Fried Green Tomatoes with Raw Red Tomatoes, Parsnips, Beet Root, Parsley, and Black Olive Garnish

INGREDIENTS

2 large green tomatoes
about 12 black olives
2 large tomatoes (of your choice)
1 Parsnips
2 beetroot (or 1 carrot)
fresh herb to garnish
olive oil and lime to taste
salt and pepper

4. **Lime Squeeze:**
Roll those limes on the countertop to get them nice and juicy. Cut them in half and squeeze
out the juice into the bowl. If any seeds try to sneak in,
tell them this party is invite-only.
5. **Oil and Spice:**
Drizzle the olive oil over the mix.
Season generously with salt and pepper. Remember, bland
food is a crime against taste buds.
6. **Orzo Reunion:**
Add the cooled orzo to the bowl.
Toss everything together gently. Ensure every piece of orzo is making friends with the tomatoes and cilantro.
7. **Chill and Thrill:**
Let the salad sit for at least 10 minutes to let the flavors meld. You can also pop it in the fridge if you prefer it chilled. Just try not to eat it all straight from the bowl before serving.
8. **Serve with Style:**
Transfer to a serving dish and watch as it gets devoured by appreciative eaters. Optional:
Garnish with a few extra cilantro leaves for that gourmet look.
Pro Tip: This salad pairs perfectly with grilled chicken, fish, or a tall, cold drink of your choice. It's the perfect way to say, I'm on vacation, even if you're just in your backyard.
Enjoy this zesty, fresh Orzo Summer Salad !
Bon appétit!

INGREDIENTS

- 1 cup orzo pasta
- 1 cup cherry tomatoes
- 1/4 cup fresh cilantro
- Juice of 2 limes
- 1/4 cup olive oil
(liquid gold, as they say)
- Salt and pepper to taste

DIRECTIONS

1. **Orzo Tango:**
Bring a pot of salted water to a boil. Cook the orzo according to package instructions until al dente (firm but ready to party). Drain and rinse under cold water to stop the cooking process.
Set aside, but not out of sight.
2. **Tomato Fling:**
While the orzo cools off, grab a large bowl.
Toss in the halved cherry tomatoes like you're dealing out a winning hand.
3. **Cilantro Shimmy:**
Add the chopped cilantro to the bowl.
If you're one of those cilantro haters, well, maybe just this once, give it a chance. It's summer we're all about fresh starts.

3. **Shallots and Garlic Tango:**
In the same skillet, add the remaining olive oil. Toss in the chopped shallots and minced garlic.
Sauté until fragrant and shallots are translucent (about 2-3 minutes). If your kitchen starts to smell like a dream, you' re on the right track.
4. **Tomato Twirl:**
Add the halved cherry tomatoes to the skillet. Cook until they start to soften and release their
juices (about 3-4 minutes). Stir occasionally, but not too vigorously nobody likes a bruised tomato.
5. **Spinach Spin:**
Toss in the fresh spinach and cook until wilted (about 2 minutes). Spinach is like that friend who always calms things down let it work its magic
6. **Reunite and Conquer:**
Return the cooked shrimps to the skillet. Add the drained linguine and toss everything together gently. Season with salt and pepper to taste. If you're feeling fancy, drizzle a bit more olive oil over the top.

7. **Serve with Sass:**
Transfer to a serving dish, or just eat straight from the skillet like a rebel. Optional: sprinkle
grated Parmesan cheese over the top for an extra kick.

Pro Tip: Pair this dish with a crisp white wine, or your favorite fizzy drink. It's a dish that's
meant to be enjoyed with a smile and a bit of mischief.
Mangia and embrace the rebellion in your kitchen! Bon appétit

Linguine a la Rebel

INGREDIENTS

- 1 lb (450g) linguine pasta (because spaghetti needs a day off)
- 2 cups fresh spinach
- 1 cup cherry tomatoes
- 2 shallots finely chopped
- 4 cloves garlic minced
- 1/4 cup olive oil
- 1 lb (450g) shrimps peeled, deveined
- Salt and pepper to taste
- Optional: Grated Parmesan cheese

DIRECTIONS

1. **Boil and Bubble:**

Bring a large pot of salted water to a boil. Cook the linguine according to the package instructions until al dente (firm but not tooth-breaking). Drain and set aside, but don't let it feel neglected.

2. **Shrimp Sizzle:**

In a large skillet, heat half of the olive oil over medium-high heat. Add the shrimps, season with salt and pepper, and cook until pink and opaque (about 2-3 minutes per side). Remove from the skillet and set aside. If they wave goodbye, you've done it right.

4. **Brown the Bird:**
Heat your chosen cooking oil in a large skillet over medium-high heat. Add the chicken, skin-
side down, and brown until the skin is crispy and golden (about 5-7 minutes). Flip and brown the
other side for a couple of minutes. If your smoke detector goes off, you're doing it right.
5. **Flavor Bomb:**
Transfer the chicken to your baking dish. Pour the orange mixture over the chicken, making
sure those garlic and shallot pieces get cozy with the chicken. Scatter the halved cherry tomatoes around the dish like you're a culinary artist.
6. **Roast to Perfection:**
Pop the dish into the preheated oven. Roast for about 25-30 minutes, or until the chicken is
cooked through (internal temperature should be 165°F/75°C) and the kitchen smells like
heaven. The cherry tomatoes should be slightly blistered, like they spent a little too long on the
beach.

7. **Serve and Savor:**
Remove from the oven and let it rest for a few minutes. Serve the chicken with roasted garlic,
shallots, and cherry tomatoes. Spoon some of that delicious orange sauce over the top. Garnish
with extra orange zest if you're feeling fancy, or just dive in as is.
Pro Tip: Pair with a light salad or some crusty bread to soak up that sauce. Or just eat it
straight from the pan with a fork. We won't judge.
Bon appétit! Mangia and enjoy the culinary rebellion!

DIRECTIONS

INGREDIENTS

Chicken Orange Delight

Ingredients:

- 4 chicken legs and thighs
- 2 oranges (zest and juice)
- 4 cloves garlic
- 2 shallots
- 1 cup cherry tomatoes
- Cooking oil of your choice
- Salt and pepper to taste

1. **Preheat and Prepare:**

Preheat your oven to 400°F (200°C). Grab a roasting pan or a baking dish, something that screams, I mean business! but also I'm here to have a good time.

2. **Season and Sizzle:**

Pat the chicken legs and thighs dry with paper towels. Season generously with salt and pepper. Remember, bland chicken is like a sad clown just not right.

3. **Orange Zest Fest:**

In a small bowl, mix the zest and juice of the oranges. Add the smashed garlic and sliced shallots. If it smells good enough to make you want to dance, you're on the right track.

Chicken Orange
Delight

Baked Butternut Squash Soup with Roasted Squash Cubes: A Year-Round Delight

DIRECTIONS

6. Blend the Soup:
- Using an immersion blender or countertop blender, puree the soup until smooth and creamy.

7. **Add Coconut Milk:**
- Stir in the coconut milk (or heavy cream) until well combined. Adjust the seasoning with salt and pepper, if needed. Simmer for about 2- 3 minutes.

8. **Roast Squash Cubes:**
- While the soup is simmering, cut a portion of the roasted squash into small cubes.
- Toss the squash cubes with a little olive oil, salt, and pepper, and spread them out on a baking sheet. Roast the squash cubes in the oven at 400°F (200°C) for 15-20 minutes, or until golden and crispy.

9. **Serve:**
- Ladle the Baked Butternut Squash Soup into bowls. Garnish each bowl with a handful of roasted squash cubes and chopped fresh parsley or cilantro, if desired.

10. Enjoy:
- Serve the soup hot and savor the delightful combination of creamy soup and crispy roasted squash cubes. Enjoy the comforting flavors of this versatile dish, no matter the season!

This Baked Butternut Squash Soup with Roasted Squash Cubes is a delightful way to enjoy the flavors of butternut squash year-round. Whether you're craving a warm and cozy meal or a refreshing and light dish, this soup has you covered. Bon appétit!

DIRECTIONS

1. **Preheat the Oven:**

- Preheat your oven to 400°F (200°C).

2. **Roast the Butternut Squash:**

- Place the halved and seeded butternut squash on a baking sheet.

- Drizzle olive oil over the squash halves and season with salt and pepper to taste. Roast in the preheated oven for 40-45 minutes, or until the squash is tender and caramelized. Remove from the oven and let cool slightly.

3. **Prepare the Soup Base:**

- In a large pot, heat 1 tablespoon of olive oil over medium heat.

- Add the chopped onion and minced garlic to the pot, and sauté until softened and fragrant, about 5 minutes.

4. **Scoop the Squash:**

- Scoop the roasted flesh of the butternut squash into the pot with the onions and garlic, discarding the skin.

- Stir in the ground cumin, ground cinnamon, ground nutmeg, and cayenne pepper (if using), and cook for another minute to toast the spices.

5. **Simmer the Soup:**

- Pour the vegetable broth into the pot and bring the mixture to a simmer.

- Let the soup simmer for 15-20 minutes to allow the flavors to meld together.

Baked Butternut Squash Soup with Roasted Squash Cubes: A Year-Round Delight

Savor the rich flavors of butternut squash in this creamy and comforting soup, perfect for any season. Roasting the squash intensifies its natural sweetness, while the addition of warm spices creates a cozy aroma that's irresistible. Whether you're craving a comforting meal on a chilly autumn evening or a refreshing dish to beat the summer heat, this soup is sure to delight your taste buds. Let's get cooking!

INGREDIENTS

1 medium-sized butternut squash, halved and seeded
- 2 tablespoons olive oil
- Salt and pepper, to taste
- 1 onion, chopped
- 2 cloves garlic, minced
- 4 cups vegetable broth
- 1 teaspoon ground cumin
- 1/2 teaspoon ground cinnamon
- 1/4 teaspoon ground nutmeg
- 1/4 teaspoon cayenne pepper (optional, for a hint of heat)
- 1 cup coconut milk (or heavy cream)
- Fresh parsley or cilantro, chopped, for garnish (optional)

DIRECTIONS

- Bring a pot of salted water to a boil over high heat.
- Add the gnocchi to the boiling water and cook according to the package instructions or until they float to the surface, usually about 2-3 minutes.
- Once cooked, drain the gnocchi and set aside.

2. **Prepare the Sauce:**
- In a large skillet, heat the olive oil and butter over medium heat until the butter is melted. - Add the minced garlic and chopped shallot to the skillet and sauté for 2-3 minutes, or until they are softened and fragrant.

3. **Add Cherry Tomatoes:**
- Add the halved cherry tomatoes to the skillet with the garlic and shallots.
- Cook for an additional 3-4 minutes, or until the tomatoes start to soften and release their juices, stirring occasionally.

4. **Combine Gnocchi and Sauce:**
- Add the cooked gnocchi to the skillet with the tomato mixture.
- Gently toss everything together until the gnocchi are evenly coated with the sauce.

5. **Season and Garnish:**
- Season the gnocchi with salt and pepper to taste, adjusting the seasoning as needed.
- Sprinkle chopped fresh basil leaves over the gnocchi for a burst of freshness and flavor.

6. **Serve:**
- Transfer the gnocchi with Butter, Cherry Tomatoes, Garlic, and Shallots to a serving plate or bowl.
- Optionally, sprinkle with grated Parmesan cheese for an extra touch of indulgence.

7. **Enjoy:**
- Sit back, relax, and savor every bite of this delicious and comforting dish, perfect for a cozy dinner for one!

This Gnocchi with Butter, Cherry Tomatoes, Garlic, and Shallots recipe is a delightful combination of simple ingredients that come together to create a flavorful and satisfying meal.

Enjoy the warmth and comfort of this dish as you unwind and treat yourself to a delicious dinner!

Gnocchi with Butter, Cherry Tomatoes, Garlic, and Shallots: A Simple Yet Flavorful Dish

Indulge in the comforting flavors of tender gnocchi paired with the sweetness of cherry tomatoes, the richness of butter, and the aromatic notes of garlic and shallots. This quick and easy recipe is perfect for a satisfying dinner for one, offering a delightful balance of flavors and textures. Let's dive in!

INGREDIENTS

- 1 cup gnocchi (store-bought or homemade)
- 1 tablespoon unsalted butter
- 1 tablespoon olive oil
- 1/2 cup cherry tomatoes, halved
- 2 cloves garlic, minced
1 shallot, finely chopped
- Salt and pepper, to taste
- Fresh basil leaves, chopped, for garnish Grated Parmesan cheese, for serving (optional)

Rosemary cherry tomatoes salad

INGREDIENTS

1 Pint cherry tomatoes halved

2 springs of fresh rosemary , chopped

2 cloves of roasted garlic minced

2 tablespoons of balsamic vinegar

salt to taste

pinch of red pepper flakes

DIRECTIONS

1 In a large bowl, combine the halved cherry tomatoes.

2 Sprinkle the chopped rosemary, minced garlic, salt, and red pepper flakes over the tomatoes

3 Drizzle the balsamic vinegar over to top

4 toss gently to combine

This salad is perfect for a quick and easy lunch or as side dish for a summer dinner party!

serve and enjoy !

Tip: You can roast the garlic by wrapping it in foil and bake at 400F for about 25 minutes or until soft and mashed.

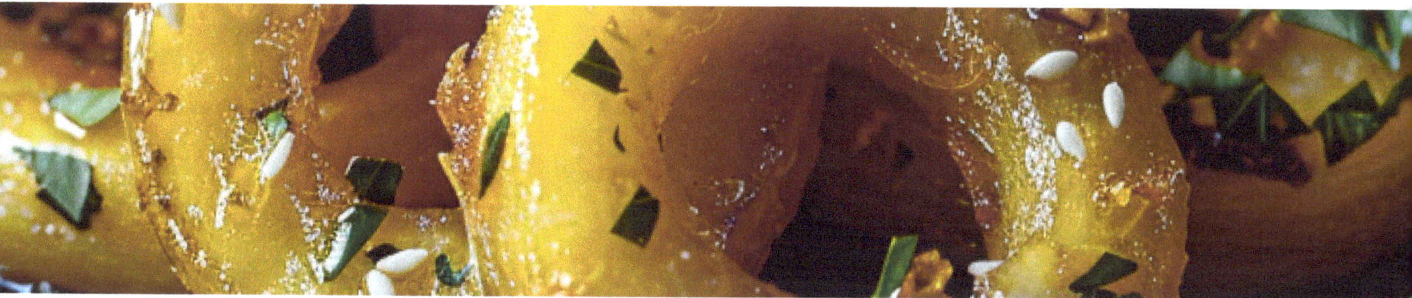

DIRECTIONS

1. **Preheat the Oven:**
- Preheat your oven to 400°F (200°C).
2. **Prepare the Squash:**
- Wash the squash thoroughly and pat dry with paper towels.
- Slice the squash into rings, about 1/2 inch thick. Remove any seeds or fibrous center parts.
3. **Prepare the Garlic Butter Mixture:**
- In a small bowl, combine the minced garlic, olive oil, melted butter, salt, and pepper. Mix well to combine.
4. **Coat the Squash Rings:**
- Arrange the squash rings in a single layer on a baking sheet lined with parchment paper or aluminum foil.
- Brush both sides of the squash rings generously with the garlic butter mixture, ensuring they are well coated.
5. **Bake the Squash:**
- Place the baking sheet in the preheated oven and bake the squash rings for 20-25 minutes, or until they are tender and golden brown, flipping halfway through the baking time for even cooking.
6. **Garnish and Serve:**
- Once the squash rings are done baking, remove them from the oven and transfer them to a serving platter.
- Sprinkle the baked squash rings with freshly chopped herbs, such as parsley, thyme, or rosemary, for a burst of freshness and flavor.
7. **Enjoy:**
- Serve the Baked Corn Squash Rings hot as a flavorful side dish alongside your favorite main course. Enjoy the delicious combination of flavors and textures!

These Baked Corn Squash Rings with Olive Oil, Butter, Garlic, and Fresh Herbs are sure to be a hit at your dinner table. With their irresistible aroma and delectable taste, they'll have everyone asking for seconds!

Baked Corn Squash Rings with Olive Oil, Butter, Garlic, and Fresh Herbs

INGREDIENTS

1 corn squash (or any squash variety), sliced into rings
- 2 tablespoons olive oil
- 2 tablespoons unsalted butter, melted
- 3 cloves garlic, minced
- Salt and pepper, to taste
- Fresh herbs (such as parsley, thyme, or rosemary), chopped, for garnish

Elevate your squash game with this delightful recipe that combines the natural sweetness of
corn squash (or any squash of your choice) with the richness of olive oil, butter, garlic, and fresh
herbs. Baked to golden perfection, these squash rings make a flavorful and visually appealing
side dish that's perfect for any occasion.

DIRECTIONS

1. **Preheat the Oven:**
- Preheat your oven to 400°F (200°C).
2. **Prepare the Fish:**
- Rinse the fish fillets under cold water and pat them dry with paper towels.
- Place the fillets on a baking sheet lined with parchment paper or aluminum foil.
3. **Season with Garlic and Salt:**
- Spread the minced garlic evenly over the surface of each fish fillet.
- Sprinkle salt generously over the garlic-covered fillets, ensuring they are well seasoned.
4. **Coat with Rice Flour:**
- Lightly sprinkle rice flour over each fish fillet, coating them evenly. The rice flour will help create a crispy exterior when baked.
5. **Drizzle with Olive Oil:**
- Drizzle a little olive oil over each fillet to help keep them moist during baking and add a touch of flavor.
6. **Bake the Fish:**
- Place the baking sheet in the preheated oven and bake the fish fillets for 12-15 minutes, or until they are cooked through and easily flake with a fork. Cooking time may vary depending on the thickness of the fillets.

7. **Garnish and Serve:**
- Once the fish is done, remove it from the oven and let it rest for a minute or two.
- Transfer the fillets to serving plates and garnish with freshly chopped parsley, if desired. Serve the Baked White Fish Fillets with Garlic and Salt hot, accompanied by lemon wedge for squeezing over the fish.
8. **Enjoy:**
- Dive into the delightful simplicity of this dish and savor every flavorful bite!

These Baked White Fish Fillets with Garlic and Salt are proof that sometimes, the simplest recipes are the most satisfying. Enjoy the tender, flavorful fish with minimal effort and maximum taste!

Baked White Fish Fillets with Garlic and Salt:

Simply Delicious

INGREDIENTS

4 white fish fillets (such as cod, tilapia, or haddock)
- 4 cloves garlic, minced
- Salt, to taste
- 2 tablespoons rice flour (or all-purpose flour)
- Olive oil, for drizzling
- Fresh parsley, chopped, for garnish (optional)
- Lemon wedges, for serving

Indulge in the natural flavors of tender white fish with this straightforward yet incredibly tasty recipe. With just a few ingredients, you can create a dish that's bursting with savory goodness.

Baked to perfection with garlic, salt, and a touch of rice flour for added crispiness, these fish fillets are sure to impress your taste buds.

4. **Drizzle with Olive Oil:**
- Place the seasoned fish on a baking sheet lined with parchment paper or aluminum foil.
- Drizzle the fish with olive oil, ensuring it is evenly coated on both sides. Stuff the cavity of the fish with a few lemon slices and sprigs of fresh herbs, such as parsley or thyme.
5. **Bake the Fish:**
- Place the baking sheet in the preheated oven and bake the fish for 20-25 minutes, or until the flesh is opaque and flakes easily with a fork. Cooking time may vary depending on the size and thickness of the fish.
6 *Garnish:**
Arrange cherry tomatoes around the fish on the baking sheet, along with additional lemon slices and herbs for garnish.

7. **Serve:**
- Once the fish is cooked through, remove it from the oven and let it rest for a few minutes.
- Transfer the whole fish to a serving platter, garnish with additional cherry tomatoes, lemon slices, and fresh herbs.
- Serve the Clean Baked Whole Fish immediately and enjoy the delightful simplicity of flavors!
This Clean Baked Whole Fish with Cherry Tomatoes, Lemons, and Fresh Herbs is a testament to the beauty of simplicity in cooking. With just a few high-quality ingredients, you can create a dish that's not only delicious but also showcases the natural flavors of fish. Bon appétit!

Clean Baked Whole Fish with Cherry Tomatoes, Lemons, and Fresh Herbs: Simplicity Perfected

Experience the pure essence of fresh seafood with this Clean Baked Whole Fish recipe. With just a sprinkle of salt and pepper, the natural flavors of the fish shine through, enhanced by the vibrant colors and zesty tang of cherry tomatoes, lemons, and aromatic herbs. It's a dish that celebrates simplicity in its most delicious form.

INGREDIENTS

1 whole fish of your choice (such as sea bass, snapper, or trout), scaled and gutted

- Salt and pepper, to taste
- Olive oil, for drizzling
- Cherry tomatoes, for garnish
- Lemon slices, for garnish
- Fresh herbs (such as parsley, dill, or thyme), for garnish

Instructions:

DIRECTIONS

1. **Preheat the Oven:**
- Preheat your oven to 400°F (200°C).
2. **Prepare the Fish:**
- Rinse the whole fish under cold water and pat it dry with paper towels.
- Using a sharp knife, make 2-3 diagonal cuts on each side of the fish, spaced about 1 inch apart. This helps the fish cook evenly and allows the flavors to penetrate.
3. **Season the Fish:**
- Season the entire surface of the fish, inside and out, with salt and pepper to taste. Be sure to season the cavities and the cuts as well.

DIRECTIONS

1. Prepare the Fish:
Add the minced garlic, capers, and chopped lemongrass to the bowl put fish stir in the lemon zest and juice. Let it seat for 15 minutes or more. Pat the fish (remove the access water if any) season them generously with salt and pepper on both sides.
2. Coat the Fish:
- Place the rice flour in a shallow dish or plate.
- Dredge each fish in the flour, shaking off any excess.
3. Heat the Oil:
- In a large skillet or deep fryer, heat enough vegetable oil to submerge the fish fillets to 350°F (180°C).
4. Fry the Fish:
- Carefully add the fish to the hot oil, making sure not to overcrowd the skillet.
- Fry the fish for 3-4 minutes on each side, or until golden brown and cooked through.
- Once cooked, remove the fish from the oil and place them on a plate lined with paper towels to drain any excess oil. Keep warm while you prepare the sauce.

6. Serve:
Arrange the fried fish fillets on a serving platter.
- Spoon the garlic, capers, and lemongrass sauce over the fish fillets, ensuring each one is
generously coated.
7. Garnish and Enjoy:
- Garnish the Deep-Fried Fish with Garlic, Capers, and Lemongrass with additional fresh parsley or lemon slices, if desired.
- Serve immediately, and savor the explosion of flavors with each bite!
This Deep-Fried Fish with Garlic, Capers, and Lemongrass is a true culinary delight that combines crispy fish with a zesty and aromatic sauce. Enjoy thc harmony of flavors and
textures in every mouthful!

Deep-Fried Fish with Garlic, Capers, and Lemongrass: A Flavorful Seafood Delight

INGREDIENTS

6 fish small fishes (ex, sardines)
- Salt and pepper, to taste
-1/4 cup all- rice flour
- Vegetable oil, for frying

For the Garlic, Capers, and Lemongrass Sauce:**
- 2 tablespoons butter
- 4 cloves garlic, minced
- 2 tablespoons capers, drained
- 1 stalk lemongrass, outer layers removed, finely chopped
- Zest and juice of 1 lemon
- 2 tablespoons chopped fresh parsley
- Salt and pepper, to taste

Prepare to tantalize your taste buds with this exquisite Deep-Fried Fish dish infused with the vibrant flavors of garlic, capers, and lemongrass. Whether you're using white fish, snapper, or any other fish of your choice, this recipe promises to elevate your seafood experience to new heights. Crispy on the outside, tender and flavorful on the inside, this dish is sure to impress at any dinner table.

3. **Simmer with Tomatoes:**
- Stir in the halved cherry tomatoes and canned diced tomatoes (with their juices) into the
skillet.
- Reduce the heat to medium-low and let the stew simmer for 10-15 minutes, stirring
occasionally, until the tomatoes have softened and the flavors have melded together.
- Season with salt and pepper to taste.
4. **Garnish and Serve:**
- Remove the skillet from heat and garnish with chopped cilantro or parsley.
- Serve the Cherry Tomatoes Skillet Eggy Plants Stew hot, straight from the skillet, with crusty
bread or over cooked rice.
7. **Enjoy:**
- Enjoy the rich flavors and comforting warmth of this delicious skillet stew!
This Stew is a perfect blend of fresh ingredients and aromatic spices, making it a wholesome and flavorful meal for any occasion. Bon appétit!

Cherry Tomatoes Skillet Eggplants Stew:A Flavorful and Nutritious Dish

Cherry Tomatoes Skillet Eggplants Stew:A Flavorful and Nutritious Dish

INGREDIENTS

- 2 tablespoons olive oil
- 1 onion, finely chopped
- 3 cloves garlic, minced
- 1 teaspoon ground cumin
- 1 teaspoon ground coriander
- 1/2 teaspoon smoked paprika
- 1/4 teaspoon cayenne pepper (adjust to taste)
- 1 large eggplant, diced into 1-inch rings

2 cups cherry tomatoes, halved

- 1 can (14 oz) diced tomatoes
- Salt and pepper, to taste
- Fresh cilantro or parsley, chopped, for garnish

DIRECTIONS

1. **Sauté the Aromatics:**
- Heat the olive oil in a large skillet over medium heat.
- Add the chopped onion and sauté for 3-4 minutes until softened.
- Add the minced garlic, ground cumin, ground coriander, smoked paprika, and cayenne pepper. Cook for another minute until fragrant.

2. **Add the Eggplant:**
- Add the eggplant to the skillet and stir to coat with the spices and onions.
- Cook for 8-10 minutes, stirring occasionally, until the eggplant begins to soften and brown slightly.

6. Serve:

- Once the frittata is cooked through, remove it from the oven and let it cool slightly in the skillet. - Use a spatula to loosen the edges of the frittata from the skillet, then carefully slide it onto a cutting board. Garnish with chopped fresh parsley or cilantro, if desired.
- Slice the frittata into wedges and serve warm.

7. **Enjoy:**

- Enjoy your Chips Mayai with Cherry Tomatoes as a delicious and satisfying snack or meal!

This Chips Mayai with Cherry Tomatoes recipe brings together the beloved Tanzanian street food with the fresh and vibrant flavors of cherry tomatoes. It's a delightful twist that's sure to be a hit!

Chips Mayai with Cherry Tomatoes: Tanzanian Street Food with a Fresh Twist

INGREDIENTS

- 2 cups French fries or potato chips
- 1/2 cup cherry tomatoes, halved
- 3 large eggs
- Salt and pepper, to taste
- 2 tablespoons olive oil
- Fresh parsley or cilantro, chopped, for garnish (optional)

DIRECTIONS

1. Preheat the Oven: (if you need well done cooked)
- Preheat your oven to 350°F (175°C).

2. Prepare the Eggs:
- In a large mixing bowl, lightly beat the eggs together with a pinch of salt and pepper.

3. Combine the Ingredients:
- Add the French fries and halved cherry tomatoes to the bowl with the beaten eggs. Gently stir until everything is well combined and the fries and tomatoes are evenly distributed.

4. Cook the Frittata:
- Heat the olive oil in an oven-safe skillet over medium heat.
- Once the oil is hot, pour the egg mixture into the skillet, spreading it out evenly with a spatula.
Cook the frittata for about 3-4 minutes on the stovetop, or until the edges start to set. Turn the other side
(love mine with a little running eggs)

5.Finish in the Oven: (only if you want it well done)
- Transfer the skillet to the preheated oven and bake for 10-12 minutes, or until the frittata is set in the center and golden brown on top.

Frittata

Ah, the humble frittata, or as I like to affectionately call it, the Tanzanian street food superstar Chips Mayai. Let me tell you, when I first discovered this delightful dish, I couldn't help but burst into laughter
at the irony of it all.

You see, in Tanzania, chips mayai is a staple street food found on practically every corner. It's simple, it's
hearty, and it's downright delicious. Picture this: a golden omelette studded with crispy french fries, served up hot and fresh from a bustling street vendor's cart. I's not just food, it's happiness encapsulated in a humble little dish.

Whenever I return to Tanzania, Chips Mayai is the first thing I seek out after stepping off the plane. It's not because I'm starving it's become my go-to snack, my pick-me-up dish, and everything in between.

There' something magical about sinking your teeth into that crispy, eggy goodness that instantly transports you to a place of pure bliss.

So, here"s to frittatas, Chips Mayai, or whatever you want to call it because no matter the name, it's a taste of home, a slice of happiness, and a reminder that sometimes, the humblest dishes are the ones that bring us the greatest joy.

Stir in the lemon rings and cook for another 1-2 minutes, until wilted.

3. Add the Cream and Cheese:

- Pour in the heavy cream and stir to combine with the tomato-spinach mixture.
- Bring the sauce to a simmer, then reduce the heat to low.
- Stir in the grated Parmesan cheese until melted and the sauce is creamy and smooth.

4. Finish and Serve:

- Return the cooked chicken breasts to the skillet, nestling them into the creamy sauce.
- Simmer for another 2-3 minutes, or until the chicken is heated through and the sauce has thickened slightly.
- Garnish with chopped fresh parsley before serving.

5. Serve and Enjoy:

- Serve the Creamy Tuscan Chicken Breast with Anchovy over pasta or with crusty bread for dipping. Enjoy the rich, Mediterranean flavors with every bite!

This Creamy Tuscan Chicken Breast with Anchovy is a perfect blend of comfort and sophistication, guaranteed to elevate your dinner table. With its creamy sauce and savory anchovies, it s a dish that will transport you straight to the heart of Tuscany. Mangia bene!

INGREDIENTS

- 4 boneless, chicken breasts
- Salt and pepper, to taste
- 2 tablespoons olive oil
- 4 cloves garlic, minced
- 4 anchovy fillets, finely chopped
- 1 cup cherry tomatoes, halved
- 1 lemon sliced
- 1 cup heavy cream
- 1/2 cup grated Parmesan cheese
- Fresh parsley, chopped, for garnish

DIRECTIONS

1.Prepare the Chicken:

- Season the chicken breasts on both sides with salt and pepper.
- In a large skillet, heat the olive oil over medium-high heat.
- Add the chicken breasts to the skillet and cook for 6-7 minutes per side, or until golden

brown and cooked through. Remove from the skillet and set aside.

2. Make the Sauce:

- In the same skillet, add the minced garlic and chopped anchovy fillets. Cook for 1-2 minutes, stirring constantly, until the anchovies have melted into the oil and the garlic is fragrant.
- Add the halved cherry tomatoes to the skillet and cook for 3-4 minutes, or until they start to

soften and release their juices.

Creamy Tuscan Chicken Breast with Anchovy: A Mediterranean Twist

Transport yourself to the rolling hills of Tuscany with this delightful Creamy Tuscan Chicken Breast. Rich, creamy, and bursting with Mediterranean flavors, this dish is a true comfort food
with a twist. Anchovies add a depth of umami flavor that complements the creamy sauce perfectly. Serve it over pasta or with crusty bread to soak up every last drop. Buon appetito!

5. Shape Up: Roll out the cassava mixture on a flat board to about 1/2 inch thickness.

Channel your inner sculptor and cut the dough into fry shapes. You got this!6. Heat It Up:

Heat the vegetable oil in a deep fryer or a large pot. Once it's hot (about 350°F or 175°C if you're the precise type), it's showtime.

7. Fry Time: Carefully drop the cassava fries into the hot oil and fry until golden and crispy, about 3-5 minutes. Keep an eye on them they can get a tan pretty quickly!

8.Drain and Serve: Remove the fries with a slotted spoon and drain on paper towels.

Sprinkle with a little more salt if you're feeling fancy.

9. Dip and Enjoy: Serve hot with any dipping sauce of your choice. Ketchup, mayo, garlic aioli – it's your call. This recipe is a keeper!

Fun Fact: Cassava is a root vegetable native toSouth America, but today, it's here to make your fry dreams come true. Enjoy!*

Cassava & Corn Starch Fries

INGREDIENTS

1 pound of cassava
(yuca root), peeled
- 2 tablespoons corn starch
- Salt and pepper to taste
- A pinch of cayenne pepper
- Vegetable oil for frying
- Your favorite dipping sauce (because why not?)

DIRECTIONS

1. Boil and Mash: Start by boiling the cassava until it's tender enough to mash. Think of it as giving the cassava a spa day – nice and soft.
2. Dry It Out: Once the cassava is boiled, make sure it's dry. We want crispy fries, not soggy ones! Drain and pat dry with a paper towel if needed.
3. Mash It Up: Mash the cassava until smooth. No lumps allowed! This is your time to shine.
4. Mix It Up: Add the corn starch, a pinch of salt, pepper, and that cheeky pinch of cayenne pepper. Mix it all together until it forms a nice, workable dough.

2. **Spread and Chill the Polenta:**
- Line a baking sheet with parchment paper or plastic wrap.
- Pour the cooked polenta onto the prepared baking sheet and spread it into an even layer, about 1/2 inch thick.
- Smooth the surface with a spatula. Allow the polenta to cool to room temperature, then transfer the baking sheet to the refrigerator and chill for at least 1 hour, or until the polenta is firm and set.
3. **Cut into Fries:**
- Once the polenta is chilled and firm, use a sharp knife to cut it into fries of your desired size and shape. Traditional fries are about 1/2 inch thick and 3-4 inches long.
4. **Fry the Polenta Fries:**
- In a large skillet, heat enough olive oil to cover the bottom of the skillet to about 1/4 inch depth over medium heat.
- Carefully place the polenta fries in the hot oil, making sure not to overcrowd the skillet. You may need to fry them in batches.
5- Fry the polenta fries for about 2-3 minutes per side, or until they are golden brown and
crispy.
- Use a slotted spoon or spatula to transfer the fries to a paper towel-lined plate to drain any
excess oil.
5. **Serve and Enjoy:**
- Sprinkle the hot polenta fries with additional salt if desired, and serve immediately with
marinara sauce or your favorite dipping sauce on the side.
These Polenta Fries are a delightful twist on a classic comfort food, perfect for dipping,
snacking, or serving alongside your favorite main dishes. Enjoy the crispy exterior and creamy
interior with every bite!

Looking for a deliciously crispy alternative to traditional fries? Say hello to Polenta Fries! These golden sticks of goodness bring a taste of Italy to your table with a crunchy exterior and a creamy interior. Whether you're serving them as a side dish or a snack, these Polenta Fries are sure to be a hit. Get ready to dip, crunch, and savor every bite!

Polenta Fries: A Crispy Twist on Italian Comfort

INGREDIENTS

1 cup polenta
- 4 cups water or vegetable broth
- 1 teaspoon salt
- 1/2 cup grated Parmesan cheese
- 1 teaspoon garlic powder
- 1/2 teaspoon paprika (optional)
- Olive oil, for frying
- Marinara sauce or your favorite dipping sauce, for serving

DIRECTIONS

1. **Prepare the Polenta:**
- In a medium saucepan, bring the water or vegetable broth to a boil.
- Gradually whisk in the polenta and salt, stirring constantly to prevent lumps.

Reduce the heat to low and simmer, stirring frequently, for about 15-20 minutes, or until the polenta is thick and creamy.
- Stir in the grated Parmesan cheese, garlic powder, and paprika (if using), until well combined.

Polenta fries

Ah, the curious case of my relationship with ugali. You see, being born and raised in Tanzania, admitting that I' not a huge fan of Ugali might sound downright blasphemous. But hey, we all have our quirks, right? Don't get me wrong, I'll indulge in a serving every now and then, especially when it's paired with some mouthwatering sides that could move mountains. However, there's a little secret from my childhood that I hold near and dear to my heart leftover Ugali transformed into crispy, golden fries. Oh yes, you heard that right! Picture this: slices of leftover Ugali, cut into fries, and deep-fried to crispy perfection. Now we're talking! I could eat those babies every single day without a second thought.

Fast forward to my adventures in America, where one fateful brunch outing with my girls changed everything. As I perused the menu, my eyes landed on a familiar sight polenta fries. Without hesitation, I pointed to it, my mind already reliving the nostalgic flavors of my childhood favorite. This, my friends,

was the moment my heart was reunited with polenta fries, and let me tell you, I've been making them almost every week since.

Who would have thought that a childhood love affair with leftover ugali would lead me to discover a

newfound obsession with polenta fries? Life works in mysterious and delicious ways, my friends.

DIRECTIONS

Cook the Pasta:

- Bring a large pot of salted water to a boil. Add the Busiata pasta and cook until al dente, according to package instructions. Reserve about 1 cup of pasta water, then drain the pasta.

2. **Prepare the Tuna Sauce:**

- In a large skillet, heat the olive oil over medium-high heat.
- Add the fresh tuna cubes and cook for about 2-3 minutes, until lightly browned but not fully cooked through. Remove the tuna from the skillet and set aside.
- In the same skillet, add the minced garlic and sauté for about 1 minute, until fragrant.
- Add the cherry tomatoes and cook until they start to soften, about 5 minutes. Then add the almond
- Pour in the white wine and let it simmer for a couple of minutes, allowing the alcohol to evaporate.
- If you like a bit of heat, add the red pepper flakes.

3. **Combine Pasta and Sauce:**

Return the partially cooked tuna to the skillet and add the drained pasta.

- Toss everything together, adding a bit of the reserved pasta water to create a light sauce that
coats the pasta evenly.
- Season with salt and pepper to taste. Continue cooking for another 2-3 minutes until the tuna
is just cooked through.

4. **Garnish and Serve:**

- Remove the skillet from the heat and stir in the torn basil leaves.
- Serve the pasta in bowls, garnished with freshly grated lemon zest and a sprinkle of grated Pecorino Romano cheese, if desired.

5. **Enjoy:**

- Serve immediately, savoring each bite that brings the essence of Trapani to your table.

This Busiata with Tuna is not just a dish; it's a nostalgic journey to the heart of Sicily. Made with fresh ingredients and a lot of love, it will undoubtedly take you back to the beautiful coastal town of Trapani. Buon appetito!

Busiata with Tuna: A Heartfelt Taste of Trapani

INGREDIENTS

- 1 pound Busiata pasta (or any twisted pasta like fusilli if Busiata is unavailable)
- 1/4 cup olive oil
- 1 pound fresh tuna, cut into small cubes
- 4 cloves garlic, minced
- 1 cup cherry tomatoes, halved
- 1/4 cup white wine
- 1/4 teaspoon red pepper flakes (optional)
- Salt and pepper, to taste
- Fresh basil leaves, torn, for garnish
- Freshly grated lemon zest, for garnish
-2 tablespoon fresh grounded almonds
- Grated Pecorino Romano cheese, for serving (optional)

When I say I left my heart in Sicily, Trapani to be exact, this dish is a testament to that love. Busiata with Tuna, or Busiate Trapanesi, is a beautiful marriage of fresh tuna and the uniquely twisted pasta that hails from Trapani. This dish is more than just food it's a culinary love letter to the scents, flavors, and memories of Sicily. Prepare this dish with a lot of love, and let it transport you back to the charming streets and sun-kissed shores of Trapani.

Busiata with Tuna: A Heartfelt Taste of Trapani

Baked Carrots: A Lazy Day Rescue Turned Gourmet Delight

DIRECTIONS

1. **Preheat the Oven:**
- Preheat your oven to 400°F (200°C).
2. **Prepare the Carrots:**
- Place the carrot sticks in a large bowl.
- Add the olive oil, minced garlic, red pepper flakes, melted butter, salt, and pepper. Toss well to coat the carrots evenly.
3. **Bake the Carrots:**
- Spread the coated carrots in a single layer on a baking sheet lined with parchment paper or lightly greased.
- Bake in the preheated oven for about 20-25 minutes, or until the carrots are tender and caramelized, turning them halfway through for even cooking.
4. **Garnish and Serve:**
- Remove the carrots from the oven and let them cool slightly.
- Transfer to a serving dish and garnish with freshly chopped parsley or cilantro for a burst of color and flavor.
5. **Enjoy:**
- Serve warm as a side dish, and enjoy the beautiful blend of garlic, spice, and buttery goodness.

These Baked Carrots are a perfect example of how a bit of culinary creativity can turn a potential waste into a feast for the eyes and palate. Easy, delicious, and visually appealing this dish proves that sometimes the best recipes come from the most unexpected places. Bon appétit!

We've all been there buying a bulk of something because it's cheap, then wondering what on earth to do with it. That's how this recipe was born. A bunch of carrots on the brink of being trashed found new life as a delicious, roasted side dish. With garlic, olive oil, red pepper flakes, and butter, these baked carrots are simple yet absolutely mouth-watering. So, here's to turning culinary laziness into a gourmet delight that's as good for your taste buds as it is for your eyes!.

Baked Carrots: A Lazy Day Rescue Turned Gourmet Delight

INGREDIENTS

2 pounds carrots, peeled and cut into sticks
- 3 tablespoons olive oil
- 3 cloves garlic, minced
- 1/2 teaspoon red pepper flakes (adjust to taste)
- 2 tablespoons unsalted butter, melted
- Salt and pepper, to taste
- Fresh parsley or cilantro, chopped, for garnish

INGREDIENTS

1 large loaf of Italian bread (thick slices are the way to go)

- 1/2 cup (1 stick) unsalted butter, softened
- 4 cloves garlic, minced
- 2 tablespoons fresh parsley, finely chopped
- 1/4 teaspoon salt
- 1/4 teaspoon black pepper
- 1 teaspoon garlic powder
- 1 teaspoon dried oregano

DIRECTIONS

1. **Preheat the Oven:** Preheat your oven to 375°F (190°C). This garlic bread is about to get toasty!
2. **Butter Up:** In a medium bowl, combine the softened butter, minced garlic, parsley, salt pepper, garlic powder, and oregano. Mix it all together until it's smooth and everything is well distributed. This is your garlic butter magic.
3. **Spread Generously:** Take each slice of Texas toast and spread a generous amount of the garlic butter mixture on one side. Don't hold back – we're going for ultimate flavor.
4. **Bake It:** Arrange the buttered toast slices on a baking sheet, buttered side up. Place them in the oven and bake for 10-12 minutes, or until the edges are golden and the bread is crispy.
Keep an eye on them to avoid any over-toasting.
5. **Serve and Enjoy:** Remove from the oven and let them cool slightly before serving. These garlic toasts are perfect on their own or as a side to your favorite soup, salad, or main dish.

Fun Fact: Texas toast got its name because everything's bigger in Texas including the slices of bread! Perfect for sopping up all the goodness on your plate.

There you have it a simple yet delicious Tex-Italian Garlic Bread Toast recipe that's bursting with flavor and perfect for any meal. Enjoy!

A Tex-Italian
twist on a classic

- Toss the cherry tomatoes with a little olive oil and a pinch of salt. Spread them on a baking sheet and roast for about 15 minutes, or until they begin to soften and caramelize. Set aside.

3. **Shape the Focaccia:**

- Once the dough has risen, punch it down and transfer it to a generously oiled baking sheet
or focaccia pan. Stretch and press the dough out to fit the pan, creating dimples all over the surface with your fingers.

4. **Add the Toppings:**

- Arrange the roasted cherry tomatoes, garlic slices, and rosemary leaves evenly over the top of the dough.
- Drizzle generously with olive oil and sprinkle with coarse sea salt.

5. **Bake the Focaccia:**

- Bake in the preheated oven for 20-25 minutes, or until the focaccia is golden brown and cooked through.
- Remove from the oven and let it cool slightly in the pan before transferring to a wire rack.

-6**Serve:**

Slice the focaccia and serve while it's still warm. Enjoy the crispy, golden crust and the burst
of flavors from the tomatoes, garlic, and rosemary.

This focaccia is the king of the hill, a simple yet regal addition to any meal. It's perfect for
sharing (if you can resist eating it all yourself!). Buon appetito!

Roasted Cherry Tomato, Rosemary, and Garlic Focaccia:

You know those recipes that make you feel like royalty in your own kitchen? This Roasted Cherry Tomato, Rosemary, and Garlic Focaccia is just that. It' simple, it's delicious, and it's the
kind of bread that makes you want to eat it straight from the oven (but try to save some for your guests!). Feel free to add your own twist, but here's how I like to keep it simple and utterly irresistible. Enjoy while it's hot, and remember, sharing is caring!

INGREDIENTS

- 2 1/4 teaspoons active dry yeast (1 packet)
- 1 1/2 cups warm water (110°F or 45°C)
- 1 tablespoon sugar
- 4 cups all-purpose flour
- 1/4 cup olive oil, plus more for drizzling
- 1 tablespoon sea salt
- 1 pint cherry tomatoes, halved
- 4 cloves garlic, thinly sliced
- 2 tablespoons fresh rosemary leaves
- Coarse sea salt, for sprinkling

DIRECTIONS

1. **Prepare the Dough:**
- In a large bowl, dissolve the sugar in the warm water, then sprinkle the yeast over the top. Let it sit for about 5-10 minutes, until it becomes frothy.
- Add the flour, 1/4 cup olive oil, and 1 tablespoon sea salt to the bowl. Mix until a dough forms.
- Turn the dough out onto a lightly floured surface and knead for about 10 minutes, until
smooth and elastic.
- Place the dough in a lightly oiled bowl, cover with a damp cloth, and let it rise in a warm
place for about 1-2 hours, or until doubled in size.
2. **Prepare the Toppings:**
- While the dough is rising, preheat your oven to 400°F (200°C).

Roasted Cherry Tomato,
Rosemary, and
Garlic Focaccia:

Cioppino: An Italian Seafood Stew with an African Twist

1. **Sauté the Aromatics:**

- In a large pot or Dutch oven, heat the olive oil over medium heat.
- Add the chopped onion and sauté until translucent, about 5 minutes.
- Add the minced garlic, fennel (if using), and red bell pepper. Cook until the vegetables are softened, about 5 more minutes.
- If you like a bit of heat, add the red pepper flakes and cook for another minute.

2. **Build the Base:**

- Pour in the dry white wine and bring to a simmer, scraping up any browned bits from the bottom of the pot.
- Add the crushed tomatoes, fish stock, bay leaf, dried oregano, and dried basil. Stir to combine.
- Season with salt and pepper to taste.
- Bring the mixture to a simmer and let it cook for about 20 minutes, allowing the flavors to meld.

3. **Add the Seafood:**

- Start by adding the clams and mussels to the pot. Cover and cook until they begin to open,
about 5-7 minutes.
- Add the shrimp and fish chunks, gently stirring them into the stew.
- Cover and cook for another 5-7 minutes, or until the shrimp are pink and opaque, and the
fish is cooked through.
- Discard any clams or mussels that do not open.

4. **Garnish and Serve:**

- Ladle the cioppino into bowls, making sure to include a bit of everything.
- Garnish with freshly chopped parsley.
- Serve with crusty bread on the side, perfect for soaking up the flavorful broth.

This Cioppino is a beautiful, hearty dish that marries the rich traditions of Italian cuisine with a
touch of African soul. Whether you're enjoying it on a chilly evening or sharing it with friends and
family, this seafood stew is sure to warm hearts and fill stomachs. Buon appetito and enjoy!

Cioppino: An Italian Seafood Stew with an African Twist

Picture this: a pot simmering with the rich aromas of the sea, tomatoes, and garlic, transporting you straight to an Italian coastal village. Now add a dash of African flair and warmth, and you've got yourself a delightful Cioppino. This simple yet flavorful seafood stew is perfect for when you want to impress without the stress. Let's dive into this easy and delectable dish!

INGREDIENTS

- 2 tablespoons olive oil
- 1 onion, finely chopped
- 4 cloves garlic, minced
- 1 fennel bulb, chopped (optional)
- 1 red bell pepper, chopped

- 1 teaspoon red pepper flakes (optional, for a bit of heat)
- 1 cup dry white wine
- 1 (28-ounce) can crushed tomatoes
- 4 cups fish stock (or chicken stock)
- 1 bay leaf
- 1 teaspoon dried oregano
- 1 teaspoon dried basil
- Salt and pepper to taste
- 1 pound clams, scrubbed
- 1 pound mussels, scrubbed and debearded
- 1 pound shrimp, peeled and deveined
- 1 pound firm white fish (such as cod or halibut), cut into chunks
- Fresh parsley, chopped, for garnish
- Crusty bread, for serving

Cioppino: An Italian Seafood Stew with an African Twist

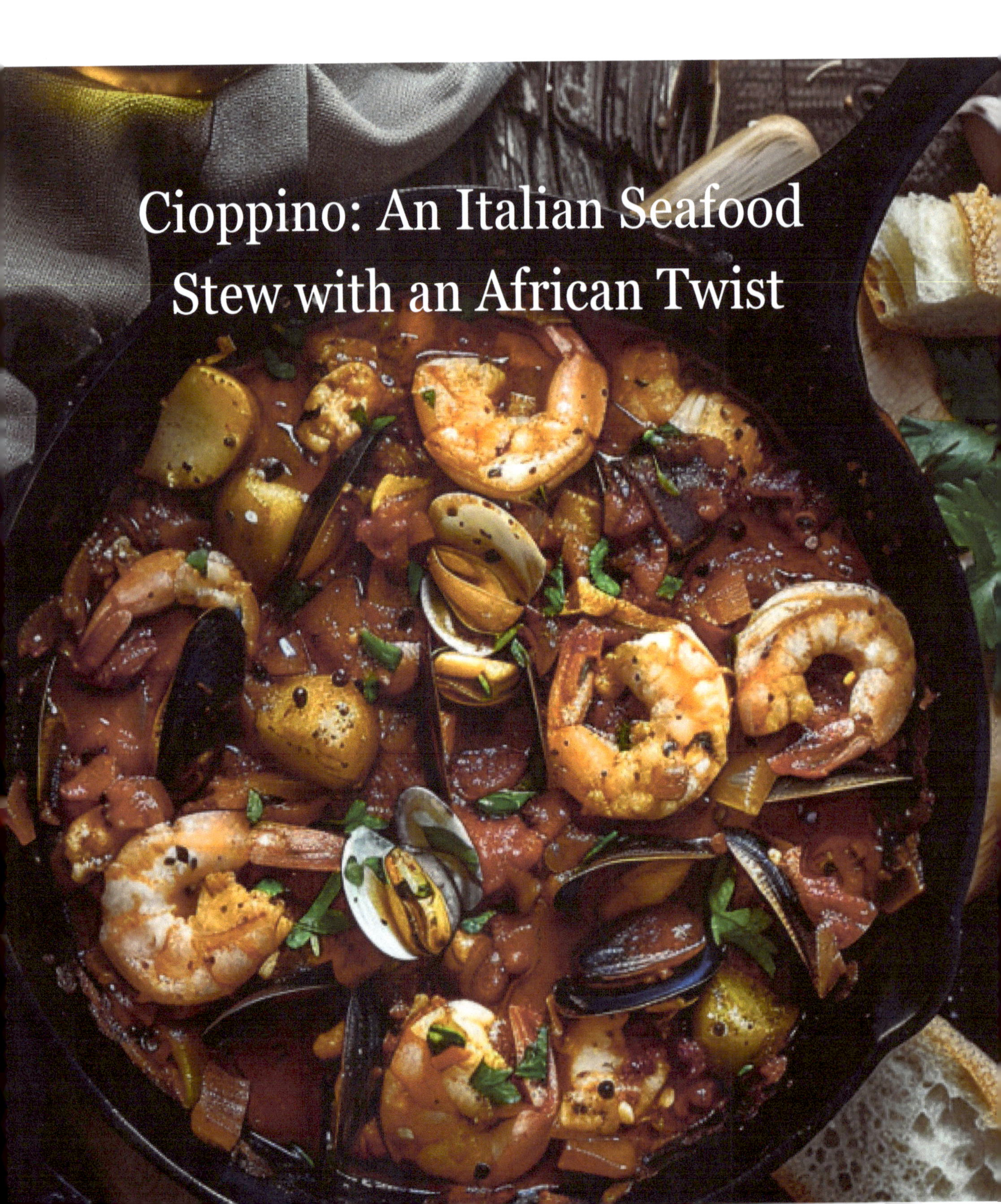

Garlic Butter Potatoes: A Crispy Delight

4. **Bake the Potatoes:**
- Place the baking sheet in the preheated oven and bake for about 15 minutes, or until the potatoes start to turn golden brown and crisp around the edges.
5. **Add the Butter:**
- Remove the baking sheet from the oven and dot the potatoes with the butter. Return to the oven and bake for an additional 5-10 minutes, or until the potatoes are crisp and golden brown.
6. **Garnish and Serve:**
- Remove the potatoes from the oven and garnish with fresh herbs of your choice.
- Serve immediately and enjoy the delightful combination of crispy edges, buttery goodness, and aromatic herbs.

These Garlic Butter Potatoes are a perfect example of how simple ingredients can come together to create something truly spectacular. Whether you're pairing them with a main dish or enjoying them on their own, they're sure to be a hit!

Who says you can't have a bit of elegance with your comfort food? This recipe combines the rustic charm of small Irish potatoes with the rich flavors of garlic, butter, and fresh herbs. It's a dish that's crispy on the outside, fluffy on the inside, and absolutely irresistible. Perfect for impressing guests or just treating yourself to something special, these Garlic Butter Smashed Potatoes are your new go-to side dish.

INGREDIENTS

- 1.5 pounds small red potatoes (or any small potatoes of your choice)
- 2 tablespoons olive oil
- 2 tablespoons butter
- 4 cloves garlic, minced
- Salt and pepper, to taste
- Fresh herbs of your choice for garnish (such as rosemary, thyme, or parsley)

DIRECTIONS

1. **Boil the Potatoes:**
- Place the potatoes in a large pot and cover them with cold water. Add a generous pinch of salt.
- Bring the water to a boil over high heat, then reduce to a simmer and cook until the potatoes are tender when pierced with a fork, about 15-20 minutes.
Drain the potatoes and let them cool slightly.
2. **Smash the Potatoes: or cut into thick slices
- Preheat your oven to 400°F (200°C).
- Arrange the boiled potatoes on a baking sheet. if you choose to smash the hell out of these potatoes. Use a potato masher or the bottom of a glass, gently press down on each potato until it's flattened but still in one piece.
3. **Prepare the Garlic Oil:**
- In a small bowl, combine the minced garlic and olive oil. Drizzle the garlic oil evenly over the potatoes, ensuring each one gets a good coating. Season with salt and pepper to taste.

Garlic Butter Potatoes:
A Crispy Delight

- Remove the shrimp from the skillet and set aside.

3. **Prepare the Cherry Tomatoes:**
- In the same skillet, add the cherry tomatoes and cook for about 5 minutes, until they start to soften and release their juices.
- Season with a pinch of salt and stir to combine.

4. **Assemble the Dish:**
- Spoon the creamy polenta onto plates or bowls. Top with the cooked shrimp and sautéed cherry tomatoes.
- Garnish with fresh herbs of your choice.

5. **Serve and Enjoy:**
- Serve immediately, enjoying the blend of creamy polenta, succulent shrimp, and juicy
tomatoes with a fresh herb finish. Enjoy your delicious, cross-cultural comfort food! Whether
you're reminiscing about Texas, Tanzania, or imagining a new twist on Italian cuisine, this dish is sure to warm your heart and satisfy your taste buds.

You know, I'm not sure if any self-respecting Italian nonna would endorse this dish, but hey, I spent half my life in Texas where grits and shrimp are the ultimate comfort food. Growing up in Tanzania, I enjoyed countless plates of Ugali, so I decided to blend these culinary traditions into one creamy, dreamy, and ridiculously tasty dish.

This Polenta and Shrimp recipe is simple, yet it brings together flavors from different corners of the world. Whether you're a shrimp aficionado or a polenta purist, this dish is guaranteed to bring a smile to your face. So, grab your garlic butter, cherry tomatoes, and fresh herbs it's time to get cooking!

INGREDIENTS

1 cup jumbo shrimp, peeled and deveined
- 2 tablespoons garlic butter
- 1 cup cherry tomatoes, halved
- 1 cup polenta
- 1 teaspoon salt
- 1/2 cup heavy cream
- Fresh herbs of your choice for garnish (basil, parsley, or cilantro work well)

DIRECTIONS

Prepare the Polenta:
- In a medium saucepan, bring 4 cups of water to a boil. Add 1 teaspoon of salt.
- Gradually whisk in the polenta, reducing the heat to low. Continue whisking to avoid lumps.
- Cook the polenta, stirring frequently, for about 20-25 minutes, until it's thick and creamy.
- Stir in the heavy cream and continue cooking for another 5 minutes. Adjust the seasoning with salt to taste.
- Remove from heat and cover to keep warm.

2. **Cook the Shrimp:**
- In a large skillet, melt the garlic butter over medium-high heat.
- Add the shrimp and cook for 2-3 minutes on each side, until they turn pink and opaque.

Polenta

The first time I encountered polenta was in a fancy restaurant, and by my side sat my now ex-boyfriend, who happened to be Italian. There I was, perusing the menu like a seasoned food critic, when my eyes
landed on the word "polenta." It sounded so exotic, so romantic I couldn't resist. With my Tanzanian accent in full force, I confidently ordered the "po-lent-a." In just a few minutes, the dish arrived, adorned with a hefty price tag. As I took my first bite, I had to stifle a laugh. It hit me like a
ton of bricks I had just paid "Kilimanjaro hotel" dinner prices for what essentially tasted like Ugali, the humblest of Tanzanian staples. Lesson learned: sometimes, love blinds you to the absurdity of culinary adventures. But hey, despite the sticker shock, I must admit, I enjoyed every bite and even became a polenta enthusiast on my journey to culinary enlightenment.
PS: Don"t let a little menu mishap deter you from embracing new flavors and experiences. After all, sometimes the best meals come with a side of laughter and a sprinkle of unexpected discoveries

ITS ABOUT TIME WE MEET

Hello! I'm Honeymoon Aljabri, a passionate home cook with an insatiable love for exploring different cuisines. My culinary journey began in Tanzania to Texas and whisked me away to Italy, where I fell head over heels for the simplicity and freshness of Italian cooking. This cookbook is a true labor of love, blending the flavors of my heritage with the inspirations I've gathered from my travels.

I'm not a trained chef, but I've learned from the best teachers: my mother, grandmother, auntie, and friends. They've shared their secrets, their laughter, and their delicious recipes with me. I love to eat, especially when it's good food, and I'm always up for a culinary challenge. Every time I dine out and fall in love with a dish, I rush home to recreate it. And guess what? Most of the time, I nail it! And when I don't, I keep trying until I get it just right.

So, who am I beyond the kitchen? I'm an auntie, daughter, sister, cousin, and friend. In my professional life, I'm a trained journalist, filmmaker, and author. I've penned 20 children's books, 3 novels, and collections of diaries and poems. This, however, is my first cookbook, and I'm thrilled to share it with you.

I hope these recipes bring as much joy to your kitchen as they have to mine. May they inspire you to create delicious meals for your loved ones, filled with love and laughter.

Bon appétit!

honeymoon aljabri

COOKING TIPS AND TECHNIQUES

1. **Use a Large Pot**: Use a large pot with plenty of water (about 4-6 quarts per pound of pasta) to give the pasta enough space to cook evenly and prevent it from sticking together.
2. **Salt the Water Generously**: Add about 1-2 tablespoons of salt to the water once it starts boiling. This enhances the flavor of the pasta.
3. **Bring to a Rolling Boil**: Make sure the water is at a rolling boil before adding the pasta.
This ensures the pasta starts cooking immediately and doesn't get mushy.
4. **Stir Occasionally**: Stir the pasta occasionally during the first couple of minutes to prevent it from sticking to the pot or clumping together.
5. **Use a Lid**: Cover the pot with a lid while bringing the water to a boil. This helps it reach boiling temperature faster. Once it's boiling and the pasta is added, remove the lid to prevent overflow.
6. **Add Oil to the Rim**: Rubbing a small amount of oil around the rim of the pot can help to prevent the water from boiling over.
7. **Reduce the Heat**: After adding the pasta, reduce the heat slightly to maintain a gentle boil.
This can also help prevent the water from overflowing.
8. **Check for Doneness**: Start checking the pasta for doneness about 2 minutes before the package instructions suggest. The pasta should be al dente firm to the bite.
9. **Reserve Pasta Water**: Before draining the pasta, reserve a cup of the starchy cooking water. It can be used to adjust the consistency of your sauce.
10. **Do Not Rinse**: After draining, do not rinse the pasta unless the recipe specifically calls for it. Rinsing removes the starchy coating that helps the sauce cling to the pasta.
These tips should help you cook perfect pasta every time, just like in Italy!

COOKING TIPS AND TECHNIQUES

The secret sauce of Italian cooking where simplicity meets deliciousness, and a dash of love
makes everything taste better. Here are a few tips and techniques to help you cook like a true Italian
nonna (even if your nonna never set foot in Italy).

1. **Perfect Pasta:** The golden rule don't overcook your pasta! Al dente is the way to go. And remember, always salt your pasta water generously. It should taste like the sea! If your pot doesn't remind you of a summer beach day, add more salt.
2. **Fresh Ingredients:** Italian cooking thrives on fresh ingredients. Whether it's tomatoes, garlic, or herbs, the fresher, the better. A trip to the market is worth its weight in gold.
3. **Fresh Herbs:** Add fresh herbs at the end of cooking to preserve their vibrant flavor. Think of them
as the grand finale to your dish save the best for last!
4. **Simmering Sauces:** Let your sauces simmer slowly to develop deep, rich flavors. Patience is a virtue, and in the kitchen, it's the key to a sauce that sings. Give it time to mingle and marry those
flavors beautifully.
5. **Love:** The most important ingredient in any dish. Cook with love, and you'll taste the difference. Every stir, sprinkle, and simmer should be infused with joy and passion.

PS: Don't Forget

- Cooking is an art, not a science. Feel free to experiment and make each recipe your own.
- Taste as you go! Adjust flavors to suit your palate.
- Have fun! Cooking should be a delightful experience, not a chore. Play some music, dance around the kitchen, and enjoy the process.

Now, with these tips in your back pocket, you're ready to conquer the kitchen and create some mouthwatering masterpieces. Buon appetito!

The wonderful world of Italian cooking, where the only thing that's overflowing is the flavor! My fridge might be empty (seriously, it echoes in there), but my pantry is bursting at the seams with all the essentials. Fresh ingredients come straight from the market to the table, and simplicity is the secret ingredient in every dish.

*INGREDIENTS:

- **Olive oil:** Liquid gold for Italians. Splash it generously!
- **Garlic:** The aromatic superstar that keeps vampires and bland food at bay.
- **Fresh herbs:** Basil, parsley, oregano basically, your kitchen should smell like a garden.
- **Canned tomatoes:** The heroes of many a quick sauce. Keep a stash!
- **Cheeses:** Parmesan, mozzarella, ricotta. Because life is too short for bad cheese.
- **Pasta varieties:** From spaghetti to fusilli, every shape has a story.
- **Rice:** For those creamy risottos that warm the soul.
- **And more:** Whatever fresh goodies you can find at the market!

*EQUIPMENT:

- **A good set of knives:** Sharp enough to make prep work a breeze.
- **Cutting boards:** One for veggies, one for everything else. Keep it clean!
- **A large pot:** For boiling pasta like a pro.
- **A non-stick skillet:** Perfect for those sautéed delights.
- **A baking dish:** For those irresistible bakes.
- **A blender or food processor:** To blend your way to saucy perfection.

No need for fancy gadgets or gizmos. If you've got a pot, a wooden spoon, and a love for good food, you're ready to cook up a storm. Let's get this culinary party started!

HOW TO USE THIS COOKBOOK

Welcome to the not-so-traditional, utterly joyful celebration of pasta, Italy, and all things delicious! This isn't just a cookbook it's a passport to my culinary adventures and a heartfelt tribute to my love affair with Italian cuisine. Here's how to dive into this gastronomic escapade:

ORGANIZATION:

1 Expect delightful chaos! The book is divided into dishes, desserts, and drinks. Each

Some recipe comes with its own backstory, giving you a peek into my foodie soul. Prepare to laugh, drool, and maybe shed a tear of joy.

*STORIES:

2. Some recipe are accompanied by a tale some funny, some heartwarming, all delicious. Think of it as dinner theater, where the stories are as flavorful as the food.

*FAVORITES:

3. I haven't just scribbled down any random recipes here. Each dish is a personal favorite, something I eat all the time. If you ever bump into me, there's a 99% chance I'm either cooking, eating, or dreaming about one of these.

TIPS & TRICKS:

4. Look out for quirky tips and playful variations throughout the book. These nuggets

of wisdom will help you tweak the recipes to your taste and add your own flair.

So, grab your apron, pour yourself a glass of vino, and get ready to cook with love, laughter, and a lot of pasta!

Pasta is my happy place

This is a love letter to pasta and the flavors that have captured my heart.

Since I can remember, I have been hopelessly in love with pasta. My love affair with pasta began long before I could even pronounce "spaghetti." Growing up in Tanzania, pasta wasn't an everyday thing, but during Ramadan, it became a daily delight in our household. This beautiful dish stole my heart and sparked my fascination with Italy. All my friends know that I can devour Italian food from Monday to Monday. For me, food is the ultimate way to fall in love with new places and cultures. In the fall of 2023, I embarked on a spontaneous trip to Italy with nothing but an insatiable appetite and a dream. I wasn't there for the usual tourist spots, no gondola rides in Venice or sightseeing in Rome, though I did savor the romance of Verona and Juliet's statue. My mission was simple: to eat. And eat I did, from the moment I arrived until I was blissfully stuffed. Italy did not disappoint; it was a culinary heaven.

As I indulged in Italian cuisine, I discovered surprising similarities with Tanzanian dishes. Risotto reminded me of Bokoboko, a creamy, overcooked short rice dish. Ugali, a Tanzanian staple, found its Italian counterpart in polenta. Gnocchi mirrored our Vipopoo, and our beloved street food, Chips Mayai, was akin to the Italian frittata. Both Tanzanian and Italian cuisines cherish fresh ingredients and simple, yet exquisite, cooking methods. Wandering through Italy's markets, brimming with fresh produce, I was transported back to the bustling mini-markets of my childhood. I arrived in Italy with an empty stomach and left with a notebook full of recipes, a camera full of food photos, and a heart full of culinary inspiration.

As I share these recipes with you, remember that they aren't your grandmother's traditional dishes. They are the delicious remnants of my culinary adventures, perfected through trial and error, and crafted with love and joy. I invite you to savor these flavors, each bite a testament to the journey that brought them to life.Welcome to my kitchen, where every recipe tells a story, and every dish is made with love.

ACKNOWLEDGMENTS

To my dearest friends Karanja, Joyce, Saida, Hilda, Karim, and Stephen thank you for trusting in my cooking skills and asking for my recipes. Your love for my meals planted the seed for this collection, and your requests for more have filled me with joy and inspiration. I don't know if "You could be a chef" came from full bellies or straight from your hearts, Karim and Stephen, but those words encouraged me more than you know.

To my family, who stood by me from the very first time I put a pot on the stove, thank you for your endless support. A special thanks! to my grandmother, Bi Fatma, who entrusted me with brewing my first cup of coffee in the traditional Yemeni way those moments shaped my love for sharing meals.

And to all the friends I've shared a good plate of food with, accompanied by smiling faces, happy hearts, and full bellies thank you. You've made this journey even more meaningful.

With love and gratitude,
Honeymoon

NOT SO ITALIAN
nor your
NONNA'S COOKING BOOK

Cooking Italian, No passport required, just taste for adventure and a pinch of parmesan!

This book belongs to

The only person I know who can burn water, just kidding, sort of if found, please return to above name, who is probably in a pasta coma!

This book contains unorthodox Italian recipes, proceed with caution and sense of humor.

Contains recipes that may cause excessive deliciousness, spontaneous cooking sessions, and a sudden urge to invite stranger over for dinner. Prolonged exposure to these recipes may lead to permanent damage to your taste buds (just kidding , that's a good thing .
by using this book recipes, you agree to hold the author harmless for any kitchen mishaps , burned dishes, or arguments with your significant other over whose turn it is to do the dishes.

If you're caught stealing our recipes and passing them off as your own, we'll send our Nonna after you (Just kidding...or are we?

Proceed with caution